"勤以立人"武侯区中小学劳动教育丛书

素养为纲 勤以立人

——成都市武侯区中小学劳动课程指南

王艺蓉 主编

四川科学技术出版社

图书在版编目（C I P）数据

素养为纲　勤以立人：成都市武侯区中小学劳动课程指南 / 王艺蓉主编. -- 成都：四川科学技术出版社，2023.7
（“勤以立人”武侯区中小学劳动教育丛书 / 周文良，魏虹主编）
ISBN 978-7-5727-1029-2

Ⅰ. ①素… Ⅱ. ①王… Ⅲ. ①劳动教育－教学研究－中小学 Ⅳ. ①G633.932

中国国家版本馆CIP数据核字(2023)第116632号

“勤以立人”武侯区中小学劳动教育丛书

素养为纲　勤以立人

——成都市武侯区中小学劳动课程指南

SuYang Wei Gang　QinYi Li Ren

——ChengDu Shi WuHou Qu ZhongXiaoXue LaoDong KeCheng ZhiNan

主　　编　王艺蓉

出 品 人　程佳月
责任编辑　夏菲菲
责任出版　欧晓春
出版发行　四川科学技术出版社
成都市锦江区三色路238号　邮政编码：610023
官方微博：http：//weibo.com/sckjcbs
官方微信公众号：sckjcbs
传真：028-86361756
成品尺寸　170mm×240mm
印　　张　15
字　　数　300千
印　　刷　四川川林印刷有限公司
版　　次　2023年8月第1版
印　　次　2023年8月第1次印刷
定　　价　58.00元

ISBN 978-7-5727-1029-2

邮　　购：成都市锦江区三色路238号新华之星A座25层　邮政编码：610023
电　　话：028-86361770

素养为纲　勤以立人

——成都市武侯区中小学劳动课程指南

编 委 会

学术顾问　郝志军　冯新瑞　杨颖东　朱雪林　肖　慧

丛书主编　周文良　魏　虹

本册主编　王艺蓉

本册副主编　唐月悦　杨应红　周屈舟　曹晓婧

编　　者（排名不分先后）

王　源　吕　敏　邢健飞　何俊容　李小燕

李思橦　李　霞　杜　锐　吴让洁　罗　秀

陈锦文　杨孝勇　杨　阳　周　兰　郑　雨

黄　茜　崔金涛　符媛媛　蔡　姝　魏子英

序

劳动是人存在的活动方式，也是人作为实践主体在与自然、与社会确立“自我本质力量”的基本方式，劳动创造了和创造着社会历史和人本身，是劳动价值的历史唯物辩证的核心观点。正如卡西尔在《人伦》指出的那样，我们不能以任何构成人的形而上学本质的内在原则来给人下定义；我们也不能用可以靠经验的观察来确定天生能力或本能来给人下定义。人的突出特征既不是他的形而上学本性，也不是他的物理本性，而是人的劳作。正是这种劳作，正是这种人类活动的体系，规定和划定了“人性”的圆周。可见，劳动与人形影不离，对下一代的劳动教育也不能滞留和怠慢。

正是如此，一直以来劳动教育都是促进学生身心发展的重要路径与内容。自2018年全国教育大会以来，新时代劳动教育被赋予了更高的育人使命，育人价值得到进一步彰显。劳动教育是五育之一，是学生德智体美劳全面发展的重要内容，具有树德、增智、强体、育美的综合育人价值。一方面，劳动教育作为社会主义教育制度的重要内容，直接决定社会主义建设者和接班人的劳动精神面貌、劳动价值取向和劳动技能水平，关系着社会进步和国家发展。另一方面，通过劳动教育培养学生热爱劳动、热爱劳动人民的劳动态度与情感，树立正确的劳动价值观是劳动教育的根本目的。近年来，各地学校都在国家相关政策的感召下，给予劳动教育以更高的认识和定位，并大力推动新时代劳动教育的落地见效。劳动课程是实施劳动教育的重要途径，在劳动教育中发挥主导作用。2022年4月，《义务教育劳动课程标准》正式颁布，为各地学校设计和实施劳动课程提供了基本的依据和指引。但是，劳动课程作为独立的课程与其他学科课程并列设置这还是第一次，劳动课程是新生事物，需要不断地探索、实践和总结提炼。

成都市武侯区是中国教育科学研究院和武侯区人民政府合作共建的教育综合改革实验区。我作为参与者、亲历者和合作者见证了武侯区过去七年的教育改革发展的辉煌历程。在区委、区政府的高度重视和正确领导下，在武侯区广大教育工作者的努力下，“十三五”期间，包括劳动教育在内，武侯区在推进教育治理体系现代化（两自一包）、优质高效课程教学改革、国家智慧教育示范区建设、“四有好教师”队伍建设、家校社共建共育建设等方面取得了显著成就，成为成都市乃至西部地区的教育高地。

长期以来，武侯区的劳动教育一直在持续开展，有着坚实的实践基础和优良的发展传统。在新时代党的教育方针指引下，2020年6月，武侯区召开了新时代中小学劳动教育推进会，在前期深入调研的基础上发布了《成都市武侯区全面推进新时代中小学劳动教育实施方案》，深刻把握劳动教育价值导向，从新时代全面育人全局和未来人才培养需求出发系统规划和重新设计劳动教育育人架构，确定“勤以立人”的劳动教育核心理念，构建区域“1356”劳动教育新格局，提出“系统构建、全面推进”的思路，推出“劳动教育八大行动”，涵盖了组织管理、智慧评价、队伍建设、课程开发、基地建设等方面，形成了导向正确、任务清晰、制度完备、措施有力、保障到位的劳动教育育人体系。本书是武侯区近年来在新的劳动教育总体规划下，对所进行的劳动教育育人的理论和实践成果的总结和提炼。

本书系统地反映了武侯区在全面推进新时代劳动教育的区域实践中，紧紧抓住劳动课程这一核心，结合区域实际探索课程开发策略与实施路径，探索区域劳动课程的深刻思考和生动实践。主要体现在以下几个特点：一是坚持目标导向，紧紧围绕培养学生的劳动素养目标来设计和开发课程。二是坚持问题导向，着力破解劳动课程实施的困惑和难题，究竟什么是劳动课程？什么是劳动课程核心素养？如何在劳动课程实践中落实素养导向？本书从政策解析、课程建构、创新实践三个维度，深入剖析了劳动教育的政策溯源与育人内涵，详细阐述了劳动课程体系构建的学理认识与方法策略。三是坚持实践导向，突出劳动课程实施的特点、重点和亮点，全面展示、总结和提炼了学校劳动课程规划与教师劳动课程实施的典型案例。

本书主编王艺蓉是武侯区劳动教育方面的专职教研员，是我在中国教育科学研究院指导的访问学者。求学期间曾参与了我们牵头的教育部教材局委托的《大中小学劳动教育指导纲要》等文件的编制工作，在《义务教育劳动课程标准（2022版）》编制和实施中也提出了不少建设性建议和典型案例，在指导武侯区劳动教育课程开发与实施中也作了许多卓有成效的研究和实践工作。“素养为纲 勤以立人”深刻回应了劳动课程的育人价值导向，书中的案例内容从一线研究与实践的视角深入浅出、简明扼要地回应了劳动课程“为什么教”“教什么”“怎么教”的问题，既注重理论内涵的深度剖析，又注重实践应用的策略介绍和案例呈现，对于一线劳动教育教师具有很好的指导与参考作用。我相信以本书为新的起点，通过不断地深耕实践、反思提炼，武侯区的劳动教育定会再上一个新的台阶，开拓一个新的局面。

（中国教育科学研究院课程教学研究所所长）

目录

上篇·政策解析篇

第一章 劳动教育课程政策的演进历程与阶段性特征 …… 2
第二章 劳动教育课程政策反思 …… 8
第三章 深化新时代中小学劳动教育课程政策的对策建议 …… 11

中篇·课程建构篇

第一章 课程开发的依据及目标 …… 16
第一节 劳动课程的性质与特点 …… 16
第二节 劳动课程的核心素养 …… 20
第三节 劳动课程的目标 …… 23
第二章 课程内容的安排及清单 …… 30
第一节 课程内容的分类及安排 …… 30
第二节 课程内容的开发特点 …… 31
第三节 武侯区劳动教育项目清单 …… 34
第三章 课程实施的建议 …… 45
第一节 课程实施的原则 …… 45
第二节 劳动项目开发 …… 46
第三节 课程实施的过程建议 …… 50
第四章 课程评价的建议 …… 58
第一节 劳动课程评价的原则 …… 58
第二节 劳动课程评价的主体 …… 59
第三节 劳动课程评价的内容 …… 60
第四节 劳动课程评价的操作建议 …… 63

下篇·创新实践篇

第一章 学校劳动课程规划案例 …… 70

乐劳动 悦成长 …… 成都市龙江路小学 70

勤劳善创·五育协同·立人生长 …… 四川大学附属实验小学 80

劳动创造幸福 …… 成都市磨子桥小学分校 94

“融”教育理念下“主题式”劳动教育的实践路径探索 …… 成都市龙祥路小学 104

家、校、社协同视域下学校“1+3”劳动课程的探索与实践 …… 四川大学附属实验小学江安河分校 115

真善劳动 成己成人 …… 成都市簇桥小学 123

出力流汗 乐在其中 …… 成都市龙江路小学武侯新城分校 133

城市初中劳动课程育人体系的构建与实施 …… 成都市棕北中学 145

聚焦“双自主、三融合、四驱动”的劳动教育 …… 四川大学附属中学初中部 155

出力流汗 启智润心 动手动脑 培根铸魂 …… 四川大学附属中学高中部 162

第二章 教师教学设计实施案例 …… 170

午餐后，我给地面“洗洗脸”——清洁地面油污 …… 靳 艳 170

熨烫衣物有方法 …… 杨应红 175

我是小厨工——学习择菜、洗菜 …… 乔 宁 180

土豆成长记——土豆的点播 …… 周屈舟 187

我是小小生活家—— 蚂蚁搬书 …… 孙 雪 192

心“礼”有您 “手”护温暖——制作护手霜 …… 何俊容 200

传承之旅 逐梦风筝——风筝的制作 …… 李 芹 204

画脸谱，识国粹——京剧脸谱DIY …… 徐 燕 210

乐收纳 悦成长——分享汇报家居收纳实践与收获 …… 罗 秀 216

泡菜的秘密——学做四川泡菜 …… 蔡 姝 223

小月饼，大团圆——冰皮月饼的制作 …… 郭志敏 228

上篇·政策解析篇

中华人民共和国成立70年（1949—2019年）来，受不同时期政治、经济、文化和科技等因素的影响，我国劳动教育的发展演变呈现出阶段化的样态。本研究通过对新中国成立以来中小学劳动教育政策的梳理，分析劳动教育在中小学实施的演变路径，以期廓清劳动教育政策的发展脉络及阶段性特征，反思问题，揭示演进规律，提出改进建议，为深化新时代中小学劳动教育提供有益借鉴[①]。

第一章 劳动教育课程政策的演进历程与阶段性特征

一、探索与重建阶段（1949—1956年）：以课外活动为主，配合学科课程

中华人民共和国成立初期，党和政府明确了建设新中国教育采用继承老解放区的教育经验和借鉴苏联经验的路径，十分重视教育与生产劳动相结合这一马克思主义基本原理。1955年以前，劳动教育未列入中小学教学计划。从1950年后颁布的《教育部关于颁发中学暂行教学计划（草案）》及《中等学校暂行校历（草案）的命令》《中学暂行规程（草案）》《小学（四二制）教学计划（草案）》《小学暂行规程（草案）》等一系列文件中表明，劳动教育主要包括生产劳动、家务劳动和实验实习，注重培养劳动观点和劳动习惯教育等，把它作为课外活动内容之一，有计划地配合学科课程进行。经过中华人民共和国成立以来四年的恢复与发展，到1953年我国中小学毕业生数明显增多，与1949年相比，小学生增加了1倍，中学生增加了185%以上[②]，但是这仍然不能满足初中和小学毕业生全部升学的需求。对此，教育部、宣传部、青年团中央等部门组织不能升学的高小和初中毕业生参加生产劳动的工作，陆续出台了一系列政策，组织了多样化的劳动教育活动。1955年，教育部颁发《小学教学计划及关于小学课外活动的规定》，规定小学阶段正式设立手工劳

① 郝志军，王艺蓉.70年来我国中小学劳动教育政策的反思与改进建议[J].西北师大学报（社会科学版），2020，57（03）：124-130.

② 卓晴君，李仲汉.中小学教育史[M].海口：海南出版社，2002.

动课，每周1节，并要求“和有关学科的教学密切联系起来”“充分结合当地生产的实际，并争取当地著名技术家的协助，尽量培养学生的创造才能”①。同时，将“生产劳动”作为“课外活动”的重要内容，提出分组进行栽培活动等，每周活动一次或两次。1956年3月教育部颁发的《1956—1957学年度中学授课时数表》又规定，“初中三年级增设工农业基础知识课，每周2小时”“初、高中各年级增设实习课，每周时数除初中三年级为1小时外，其他各年级均为2小时。初中进行教学工厂和试验园地两种实习，高中进行农业实习、机器学实习和电工实习。”②这表明，1955年以后，中小学课内开设手工劳动课和生产劳动课，除了注意培养劳动观点和劳动习惯外，增加了有关学科劳动教育的内容，使学生掌握工农业生产的基础知识和基本技能，以更好地为参加生产劳动准备条件，比较系统的中小学生产劳动技术教育体系基本形成。

总体上讲，在这一阶段中，教育与生产劳动相结合作为原则要求正式写入教育方针，劳动教育的育人功能开始得到重视和开发，并加强劳动教育课程内容的设置，结合学生的生活实际，把培养人的劳动品质和劳动技能提到重要位置。这个阶段的劳动教育政策明显的特征之一是学习苏联的教育经验，按照苏联的教育思想、制度和发展模式，确立了劳动教育为生产建设服务，为国民经济的发展服务的目的，制订了相关教育要为社会主义经济建设服务的教学计划。其二， 将劳动教育作为缓解中小学毕业生升学压力、动员毕业生就业的重要手段。为缓解当时初中和小学毕业生不能全部升学的需求，教育部、宣传部、青年团中央等部门专门组织不能升学的高小和初中毕业生参加生产劳动的工作，陆续出台了一系列政策，组织了多样化的劳动教育活动。其三，中小学劳动教育的目标是养成劳动习惯，培养劳动观点，掌握一定的劳动技术知识。通过劳动教育鼓舞民众从事劳动创造的热情和积极性，表扬和普及劳动事业中的发明和创造。1955年以后，中小学课内开设手工劳动课和生产劳动课，除了注意培养劳动观点和劳动习惯外，增加有关学科劳动教育的内容，使学生掌握工、农业生产的基础知识和基本技能，以更好地为参加生产劳动准备条件。初步构建了系统的生产劳动技术教育体系。③

---

① 吴履平.20世纪中国中小学课程标准·教学大纲汇编·课程(教学)计划卷[M].北京：人民教育出版社，2001：232.

② 吴履平.20世纪中国中小学课程标准·教学大纲汇编·课程(教学)计划卷[M].北京：人民教育出版社，2001：247.

③ 李珂，曲霞.1949年以来劳动教育在党的教育方针中的历史演变与省思[J].教育学报，2018(5).

二、强化阶段（1957—1976年）：生产劳动列为正式课程，时间和强度逐步增大

1958年，教育部颁布《1958—1959学年度中学教学计划》，在初高中正式设立生产劳动课，并大力扩充劳动教育的内容和时间，每周设置2节生产劳动课，每学年14～28天的体力劳动。1959年《国务院关于全日制学校的教学、劳动和生活安排的规定》中明确规定，课程设置可根据各级各类学校的特点做出不同的安排，初中每周的劳动时间为6～8小时，高中每周的劳动时间为8～10小时。劳动时数和强度的增大，在实践中影响了学科教学计划的完成和教学质量的提高。因此，从20世纪60年代起，党和国家及时调整教育方针，总结经验教训，并于1963年出台《全日制小学暂行工作条例（草案）》和《全日制中学暂行工作条例（草案）》，旨在使学校明确办学方向，建立正常的教学秩序。这两个条例丰富了劳动教育课程内容（如手工课、生产常识课、生产知识课、农业科学技术知识等科目），减少了劳动教育课程的授课时数，开始根据循序渐进的原则，对不同年级制定不同的规定和要求。

这一阶段劳动教育政策的特点是：摆脱苏联模式，开始结合中国国情探索我国社会主义学校的劳动教育政策。1958年9月，中共中央、国务院发布《关于教育工作的指示》，正式确立“教育为无产阶级的政治服务，教育与生产劳动相结合”的教育方针。劳动教育课程政策内容的要求更加具体和细化，对劳动教育的内容、课时安排、课程设置等都做了详细的说明。

三、调整与改进阶段（1977—2000年）：以劳动技术教育为主，多渠道多方式推进

1978年12月，党的十一届三中全会召开，开启了改革开放和社会主义现代化建设的新征程。1981年，教育部颁发了《全日制五年级小学教学计划（试行草案）》《全日制六年制重点中学教学计划（试行草案）》和《全日制五年制中学教学计划（试行草案）》。在三个草案的内容中，开始重视劳动教育的育人功能，明确提出劳动教育的目的是促进人的全面发展；重视劳动技术教育，为解决就业和人才输送问题提供保障，服务社会主义现代化建设。1982年教育部印发《关于普通中学开设劳动技术教育课的试行意见》，对成绩考核、培训提高师资、劳动场地、加强领导等方面都提出了具体意见。1987年，国家教委先后印发了《全日制普通中学劳动技术课教学大纲（试行稿）》和《全日制小学劳动课教学大纲（试行草案）》，这是中华人民共和国成立以来首次关于中小学劳动教育课程颁发的指导性独立文件，对新时期劳动教育的目的、内容、途径等都做了明确的规定。1998年，教育部办公厅出台《关于加强普通中学劳动技术教育管理的若干意见》，在明确中学劳动技术教育的组织领导责任和师资队伍建设要求的同时，明确要求“各级教育督导部门，在进行教育督导评估时，要把劳动技术教育纳入督导评估内容的指标体系”“把是否开设劳动技术课，是否重视劳动技术教育，作为评选教育先进单位和先进学校的重要内容之一；并作为考核教育部门、学校、领导干部的重要内容之一”。1993年2月，中共中央、国务院印发《中国教育改革和发展纲要》，提出：“教育必须为社会主义现代化建设服务，必须与生产劳动相结合，培养德、智、体全面发展的建设者和接班人。”① 后来对这个方针的表述经过文字上修改完善后被列入1995年3月颁布的《中华人民共和国教育法》第五条中。进入新世纪以来，在全球化和信息化的影响下，劳动教育比较注重对学生劳动技术知识的培养。2000年1月，在教育部发布的《全日制普通高级中学课程计划（试验修订稿）》中把必修课中劳动技术课的单独设置，调整为综合实践活动课程的组成部分，劳动技术教育为每学期1周。

这个阶段的劳动教育政策进一步明确了对学生的考核。1982年教育部印发《关于普通中学开设劳动技术教育课的试行意见》，对成绩考核、培训提高师资、劳动场地、加强领导等方面都提出了具体规定。1998年，教育部办公厅出台《关于加强普通中学劳动技术教育管理的若干意见》，在明确中学劳动技术教育的组织领导责任和师资队伍建设要求的同时，明确要求“各级教育督导部门，在进行教育督导评估时，要把劳动技术教育纳入督导评估内容的指标体系”“把是否开设劳动技术课，是否重视劳动技术教育，作为评选教育先进单位和先进学校的重要内容之一，并作为考核教育部门、学校、领导干部的重要内容之一”。

这个阶段劳动教育政策的特征是：①更加重视劳动教育的育人功能，课程内容的设置，能从学生的生活实际出发，将人的品质培养渗透到劳动教育课程中，注重发挥劳动教育的综合育人价值。②根据现时代要求，突出科学技术在劳动教育中的重要地位和作用，重视劳动技能培养，如1981年4月开始在中学开设劳动技术课，进行劳动技术教育，并在1987年的《全日制普通中学劳动技术课教学大纲（试行稿）》中明确。③劳动教育的政策引导和制度保障也进一步完善，劳动教育课程体系从课程目标、课程内容、课程实施和评价保障方面都进行了相应的调整和改进。一方面，以人的全面发展和适应国民经济发展的需要为导向，合理设置课程内容。

① 何东昌.中华人民共和国重要教育文献（1949—1975）[M].海口：海南出版社，1998：1952.

另一方面，依据中小学学生身心发展规律和学段特点，分学段安排课程内容，在开设专门的劳动课程、学科中渗透，参加学校组织的公益活动和生产劳动，自我服务劳动和一般家务劳动等多途径、多渠道实施劳动教育。

四、深化和创新（2001—2019年）：构建“五育并举”的全面发展育人体系

进入21世纪后，我国迎来了全面建设小康社会、加快推进社会主义现代化建设的新阶段。2001年国务院发布的《关于基础教育改革与发展的决定》中，将“坚持教育必须为社会主义现代化建设服务，为人民服务，必须与生产劳动和社会实践相结合，培养德、智、体、美等全面发展的社会主义事业建设者和接班人”。①同年6月，《基础教育课程改革纲要（试行）》（简称《纲要》）出台，标志着新一轮基础教育课程改革全面启动。《纲要》规定：“从小学至高中设置综合实践活动并作为必修课程，其内容主要包括：信息技术教育、研究性学习、社区服务与社会实践以及劳动与技术教育。”自此，劳动技术教育成为综合实践活动课程的一个组成部分，综合实践活动课程和通用技术课程成为劳动教育在学校教育中实施的主要课程形态。在实施过程中，出现劳动教育窄化为劳动技术教育的倾向。为解决“劳动教育在学校中被弱化，在家庭中被软化，在社会中被淡化”的现实问题，切实加强劳动教育，2015年8月，教育部联合共青团中央、全国少工委印发了《关于加强中小学劳动教育的意见》（以下简称《意见》）。《意见》基于现阶段基本实际，从国家战略发展对人才培养的高度阐明了劳动教育的重大意义。认为劳动教育是全面贯彻党的教育方针的基本要求，是实施素质教育的重要内容，是培育和践行社会主义核心价值观的有效途径。当前，我国正处在全面建成小康社会的关键阶段，切实加强劳动教育，培养学生的劳动兴趣、磨炼学生的意志品质、激发学生的创造力、促进学生身心健康和全面发展，对于推进教育现代化、实现“两个一百年”奋斗目标和中华民族伟大复兴的中国梦具有重要的现实意义。为此，《意见》对课程设置及实施提出明确要求，“通过落实相关课程、开展校内劳动、组织校外劳动和鼓励家务劳动，完善劳动教育的保障机制”“用3～5年的时间，统筹资源，构建模式，推动建立课程完善、资源丰富、模式多样、机制健全的劳动教育体系，形成普遍重视劳动教育的氛围。”②但在现实的教育教学实践中，这种倾向没有根本扭转。在2018年全国教育大会上，习近平总书记明确提出：“要努力构建德智体美劳全面培养的

① 何东昌.中华人民共和国重要教育文献(1998—2002)[M].海口:海南出版社,1998:887.

② 教育部,共青团中央,全国少工委.关于加强中小学劳动教育的意见[EB/OL].http://www.moe.gov.cn/srcsite/A06/s3325/201507/t20150731_197068.html.

教育体系，形成更高水平的人才培养体系。”①将劳动教育列入德智体美劳全面发展教育体系，把劳动教育从一般原则要求层面提升到全面育人的重要内容层面，真正确立“五育并举”育人格局，成为培养担当民族复兴大任时代新人的必然要求。

这个阶段劳动教育坚持目标导向和问题导向，从培养德智体美劳全面发展的时代新人目标出发，完善立德树人落实机制，逐步破解劳动教育被淡化、弱化、窄化、异化的问题，充分发挥劳动的树德、增智、建体、育美的综合育人功能，把劳动教育纳入人的全面发展的教育体系，构建起五育并举的新时代育人格局。值得指出的是，劳动与技术教育作为综合实践活动的重要内容之一，将现代信息技术与劳动教育课程深度融合，着重培养学生的实践能力和劳动精神，以适应21世纪对未来人才科技素养的基本需求，是这一时期劳动教育的新的实践导向。

① 习近平在全国教育大会上发表重要讲话[EB/OL].http://www.xinhuanet.com/politics/2018-09/10/c_1123406247.htm.

第二章 劳动教育课程政策反思

一、基本经验值得总结

中华人民共和国成立以来的劳动教育政策积累了宝贵的经验：一是高度重视意识形态的价值引领，确保劳动教育的政治方向。二是劳动教育被课程化、活动化，并与相关的学科相融合，重视学生的实践和体验，是劳动教育政策落实的基本方式。三是以学校劳动教育为主导、以家庭劳动教育为基础、以社会劳动教育为支撑的三位一体的实施架构，是劳动教育政策有效实施的基本途径。四是相关配套的制度和资源开发，特别是劳动教育基地建设，是劳动教育政策实施的有力保障。这些经验也是新时代劳动教育应当很好借鉴和吸收的。

二、主要问题值得反思

劳动教育政策演进过程中存在的主要问题有：一是劳动教育课程政策和体制机制不健全，各地实施过程中缺乏统一管理，比较分散。二是劳动教育的主体过于单一，主要依赖学校教育，家庭对学生的劳动教育严重缺位，没有形成全社会协同推进劳动教育的良好氛围。三是没有把劳动教育实施效果及考核评价纳入整体的评价机制。四是各地的实践经验有待于进一步总结提炼。新课程改革以来，在三级课程管理体制的推动下，各地在劳动教育方面开展了大量的尝试和探索，涌现出一大批优秀的实践案例。有益经验的有效总结并提炼，对全面深化劳动教育具有借鉴和指导作用。五是劳动教育基础理论的研究比较薄弱，没有为劳动教育政策的制定和落实提供有力的学理支撑。其根本原因在于对劳动教育的本体定位、价值理性和工具理性的认识观念存在偏差，对此，需要我们认真分析，深刻反思。

（一）劳动教育的本体定位：两级与中道

劳动教育在整个育人体系中处于何种位置？何种程度的劳动教育是适度的？如何兼顾不同地域、不同学段的实际需要和发展特点？诸如此类的问题是政策制定和执行过程中必须研究探讨的问题。从中华人民共和国成立之初以课外活动为主，开展劳动教育，到后来以生产劳动教育为主，逐步增加劳动强度和劳动课时，影响正常的教学秩序，再到新时期的坚持学校以教学为中心，调整劳动教育政策，突出技术教育，直到2018年全国教育大会的召开，把劳动教育纳入全面发展教育体系，确立“五育并举”的育人格局，才使劳动教育有了一个正确的定位。可以说，我国劳动教育政策走过了一条曲折的路子，这表明对劳动教育的地位和作用的认识是一个艰巨漫长的过程，也在不断地深化发展之中。要真正明确劳动教育在整个育人体系中的地位，还要认真探讨以下问题：如何正确处理劳动教育与其他四育的关系？如何正确处理统一要求和灵活多样的关系？如何正确处理劳动教育实施中的目标、内容、途径、方式和条件等方面的关系？这些仍然是新时代劳动教育推进中需要进一步思考和探究的问题。

（二）劳动教育政策的价值理性：社会与个人

马克思主义劳动观认为，劳动是人类生存和发展的基本方式，是创造社会文明成果的根本手段，无论对个人价值实现而言，还是对促进社会进步发展，都具有不可替代的作用，即劳动教育兼具促进个体和社会发展的双重价值。马克思指出：“正如我们在罗伯特·欧文那里可以详细看到的那样，从工厂制度中萌发出了未来教育的幼芽，未来教育所有已满一定年龄的儿童来说，就是生产劳动同智育和体育相结合，它不仅是提高社会生产的一种方法，而且是造就全面发展的人的唯一方法。”①陶行知先生特别强调劳动教育的育人价值，主张手脑并用，知行合一。“手脑并用的教育，才能培养创造的能力。唯独贯彻在劳力上劳心的教育，才能造就在劳力上劳心的人类，才能征服自然势力，创造大同社会。主张教育的内容方法必须改革，使科学的教育和运用现代科学技术的生产劳动相结合，改造现实，创造未来”②。从我国劳动教育政策的进程看，在劳动教育的价值定位和功能发挥上也出现过偏差。曾经一个阶段过分强调劳动教育的社会价值，个体无条件服从集体，对个体自身发展这是不够的，甚至把劳动教育异化成改造人的思想和世界观的手段。正确认识劳动教育的价值理性，促进个人和社会的共同发展、和谐进步，这是新时代劳动教育的必然走向。

（三）劳动教育的工具理性：技术与观念

劳动教育重在培养人的劳动技能，还是重在培养人的劳动价值观？是注重技术，还是注重观念、精神？对这个问题的不同理解和认识直接关系到劳动教育的实施重心和推进方式。20世纪90年代到21世纪一个时期，把劳动教育作为综合实践

---

① 卡尔·马克思，弗里德里希·恩格斯.马克思恩格斯文集（第五卷）[M].北京：人民出版社，2009：556-557.

② 毛礼锐，沈灌群.中国教育通史（第五卷）[M].北京：人民教育出版社，1988：681-682.

活动课程的内容之一，窄化为劳动技术教育，一些学校甚至以为在教室里进行手工活动就是劳动教育的全部。劳动技术固然重要，这是时代的必然要求，但劳动观念和精神的培养更为重要。一些青少年不爱劳动、不珍惜劳动成果、淡化同普通劳动者的感情等，这与不注重对学生劳动价值观和劳动精神教育直接相关的。我们重视技术教育，但不能“技术至上”；我们重视劳动技能培养，但不能忽视劳动价值观教育。应该说，劳动观念和劳动精神对人的影响和作用更持久、更深刻，是劳动教育目标的重要组成部分。新时代劳动教育不仅要培养学生具有必备的劳动技能，而且要培养学生弘扬中华民族勤劳、奋斗、奉献的优良品格。

第三章　深化新时代中小学劳动教育课程政策的对策建议

一、导向要明：强化目标导向和问题导向，着力增强劳动教育的目的性和针对性

劳动教育是按照新时代全面发展的人的总体目标，指导学生从日常生活、社会生产和社会服务实践出发，通过学校、家庭和社会多种途径和方式，在做中学、做中思、做中知、做中获，培养学生形成劳动观念和精神、劳动能力和习惯的实践活动。其目标是充分发挥劳动教育在立德树人中的树德、增智、强体、育美的综合育人价值，引导学生形成正确的劳动观念、劳动精神、必备的劳动能力和良好的劳动习惯，培养担当民族复兴重任的时代新人。具体而言，劳动教育在育人导向上，就是要全面贯彻党的教育方针，把准劳动教育的价值导向，坚持育人为本，把立德树人根本任务融入劳动教育的全过程、各方面，深入挖掘劳动过程中的育人因素，充分发挥劳动的综合育人价值，着力引导学生树立马克思主义劳动观，加深对劳动人民的感情，以诚实劳动、合法劳动和创造性劳动报效祖国、奉献社会、成就自我。

长期以来，一些地区和学校坚持教育与生产劳动相结合，积极开展劳动教育实践，取得了明显成效。但从总体上看，一个时期以来，受社会经济文化等多种因素的影响，劳动教育被弱化、淡化，一些青少年不珍惜劳动成果、不想劳动、不会劳动的现象较为突出。长此以往，会在青少年中滋生好逸恶劳、不劳而获的错误思想，产生铺张浪费、好吃懒做的不良行为，淡薄与劳动人民的情感，对青少年的身心产生不利影响，严重影响社会主义建设者和接班人的培养质量。为此，按照劳动教育的总体培养目标，针对目前弱化、淡化劳动教育等问题，必须从新时代人才培养和国家经济社会发展的战略需求出发，切实加强劳动教育。

二、内容要实：充实和创新内容形态，着力增强劳动教育的科学性和时代性

坚持以体力劳动为主，手脑并用，知行合一。遵循教育教学规律和学生身心发展规律，按照学生的年龄特点和学段特点，合理选择劳动内容和劳动类型，引导学生身体力行，亲力亲为，注重实践过程，强化实践体验，注意安全适度，在劳动实践中增强体质、增长才干、塑造品格。劳动教育的主要内容包括日常生活劳动、生

产劳动和服务性劳动教育等方面。日常生活劳动主要指个人生活自理和家庭生活事务处理等与衣、食、住、行直接相关的活动，是创造美好生活的基础，伴随每个人的一生。要在日常生活中对学生进行劳动教育，让学生懂得劳动自立，体验持家之道，养成劳动习惯；生产劳动主要指农业和工业生产活动，它是直接创造物质财富的过程，是强国富民之根基，为学生积累劳动经验，练就劳动本领，养成劳动素质，为未来就业创业奠基；服务性劳动指利用知识、信息、技能、设备、工具等为他人或社会提供服务的行动，是学生社会责任感、社会公德形成的必要基础。要引导学生从日常生活劳动做起，从身边事做起，积极参加校内外生产和服务性劳动。劳动教育要在手工、家政、园艺等技艺基础上，结合乡村振兴、中国制造2025等国家重大战略以及大力发展现代服务业的时代需要，积极探索适应当前环境和条件的劳动教育内容和形态，鼓励基于探究、基于项目、基于数据的创造性劳动，实现劳动中线上与线下的交互、体力与脑力的结合、科学与艺术的融通、规范与创造的统一，使劳动教育“香起来”“活起来”“亮起来”“强起来”。

三、方式要活：坚持因地制宜，灵活多样，着力增强劳动教育的适宜性和广泛性

我国幅员辽阔，差异较大。一方面，要充分考虑到人口、地域、经济水平、城乡之间的差异。另一方面，也要考虑不同阶段学生的年龄、心理成熟度和发展需求的特点和差异，因此，劳动教育的途径、方式和侧重点也要因地制宜，因时而异，因人而异，绝不能搞一刀切，大一统。必须根据不同地域和学生的实际，采取多渠道、多方式、多层次推进劳动教育实施，让不同需求、不同地域、不同学校的学生都有机会参加劳动，接受劳动教育。要把劳动教育渗透到学生的日常生活、学习生活、社会生活各个方面，融入政治思想教育、科学文化教育、社会实践教育全过程，融入大中小学和普教职教全过程，并融入到专业课程、实习、实训、社团活动、志愿者服务及创新创业活动等任务中去。充分利用劳动教育实践基地、综合实践基地和其他社会资源，结合研学旅行、团日队日活动和社会实践活动，开展形式多样的劳动实践。要紧跟科技发展和产业变革步伐，针对劳动新形态，注重新技术支撑，创新劳动教育方式，适应时代新人的培养需求。

四、体系要全：坚持动态开放、多方联动，确保劳动教育的实效性和长效性

劳动教育不仅仅是教育系统内部的事，而是需要全社会共同协作、合力推进的系统工程。要充分利用和开发校内外劳动资源，构建以家庭为基础、学校为主导、社会为支撑的劳动教育格局，形成合力推进劳动教育的育人体系和长效机制。学校要发挥劳动教育的主导作用，建立健全专兼职相结合的劳动教育师资队伍，并以多种方式吸引各行业专业人士担任劳动实践指导教师。开展教师劳动教育全员培训，强化劳动教育责任意识，提高教师组织和引导劳动教育的能力和水平。家庭和社会要密切配合学校，积极创造条件为学生提供必要的劳动实践场所，特别是企业应当为学校组织的劳动教育活动提供帮助和便利。全社会要为构建立德树人落实机制尽心尽力，共同激活“德智体美劳”五大要素、“生师家校社”五大主体和“人财物时空”五大条件，形成上下一条心、左右一盘棋的劳动教育育人体系。

五、典型要立：总结经验，树立榜样，着力增强劳动教育的示范性和引领性

新课程改革以来，在三级课程管理体制的推动下，很多地区在劳动教育方面形成了适合地方实情、具有地方特色的课程经验，如江苏、浙江、上海、北京等几个省、市坚持在必修课中单独设立劳动课和劳动技术课不变，而且课程内容和教学目标不断随着时代的发展而不断发展。学校也涌现出一批新时代开展劳动教育的优秀案例，许多地方的中小学开发了富有地方和学校特色的劳动教育课程。特别是新课程改革以来，在三级课程管理体制的推动下，各地在劳动教育方面开展了大量的尝试和探索，涌现出一大批优秀的实践案例。对此要系统地总结新时期劳动教育发展的新情况、新特点、新任务，不断总结经验，提炼各地、各校开展劳动教育的有益做法和典型案例，示范引领劳动教育蓬勃开展。各地在实践过程中要注重大中小学劳动教育经验的收集和提炼，促进区域内外的交流和学习，形成并推广有价值的经验做法，集中宣传推广劳动教育优秀成果，树立劳动模范和劳动标兵，大力弘扬新时代劳模精神、工匠精神和劳动精神，在全社会形成崇尚劳动、敬业奉献、团结奋斗的生动局面。同时，中小学要集中开展劳动实践，结合植树节、学雷锋纪念日、五一劳动节、农民丰收节等节日开展劳动主题教育。在校园文化建设中要加强崇尚劳动、崇尚奋斗、崇尚创造、弘扬劳动精神的教育。设立校园劳动节，举办劳模报告会，举办校园劳动技能、劳动成果展示交流活动，营造浓郁的校园劳动文化氛围。

六、评价要真：客观真实地反映学生劳动教育的表现，增强劳动教育的针对性和功能性

将劳动教育的内容纳入学生综合素质评价，在学生综合素质评定中加大劳动素养的权重。建立健全学生参与劳动情况方面的活动记录，将学校、家庭和社会劳动教育方面的活动表现作为劳动教育的评价内容，全面客观地评价学生接受劳动教育的实际情况。要通过定期或不定期的督查，提高各级教育行政部门和学校领导对劳动教育重要性的认识。各级教育行政部门需制定具体的劳动教育实施细则，并将劳动教育纳入督导评价的范围。学校应该制定具体的劳动教育评价考核方案，并认真按照方案组织实施。评价要以写实记录、综合考察为抓手，增强劳动教育的实效性与操作性。劳动教育主张过程考察和综合评价，要求突出评价劳动对学生的发展价值，充分肯定学生参与劳动过程的真实性、多样性，客观记录学生参加劳动实践的所获、所感、所悟，鼓励学生进行自我评价，并与同伴进行合作交流和经验分享。提倡多采用质性评价方式，避免将评价简化为分数或等级。要将学生在劳动中的各种表现和活动成果作为分析考察劳动教育实施状况与学生发展状况的重要依据，确保劳动教育的育人实效。

七、研究要强：加强理论政策研究和应用开发研究，增强劳动教育的学理性和指导性

理论研究上的不足，一直是我国劳动教育的短板，制约了劳动教育政策的科学性，助长了实践中的随意性。要深入系统地研究马克思主义劳动理论，形成马克思主义基本原理的中国化成果，深刻阐明新时代劳动教育的内涵、特征，明确劳动教育的时代新要求及实施的具体路径等。一是系统梳理和分析中华人民共和国成立以来特别是改革开放以来，国家有关劳动教育的政策文件，明确国家对各级各类学校开展劳动教育主要内容、途径和策略（包括教学计划或课程标准中的有关劳动教育）等相关规定，把握各学段劳动教育的特点，为提出符合奠定各级各类教育特点的劳动教育实施策略奠定基础。二是开展国外劳动教育实施情况比较研究 。重点对国外主要国家（特别是对开设劳动教育课程、路径、方式等提出明确要求的国家）（地区）进行深入研究，把握劳动教育目标、内容要求及相关政策规定等，获得有益于我国劳动教育的启示和借鉴。三是开展中小学、普通高等学校、职业院校劳动教育实践案例研究。收集整理中小学、普通高等学校、职业院校劳动教育优秀案例，提炼总结劳动教育的有效途径和好的经验做法，为提升劳动教育质量提供实施指导和参考。四是开展劳动教育情况调查研究。真实了解不同类型的学校劳动教育的开展情况，了解劳动教育实施部门、管理部门、协作机构的意见建议，为研制相关文件提供真实可靠的一手信息和资料。

中篇·课程建构篇

劳动是马克思主义理论体系的一个起始范畴和核心范畴。劳动创造人类社会历史和人本身；劳动创造财富及价值；劳动促进人的自由解放、幸福快乐；综合技术教育是弥补体脑分离的必要手段。马克思认为，生产劳动同智育和体育相结合，不仅是提高社会生产的一种方法，而且是造就全面发展的人的唯一方法。“当社会成为全部生产资料的主人，……生产劳动就不再是奴役人的手段，而成了解放人的手段，因此，生产劳动就从一种负担变成一种快乐”①。教育与生产劳动相结合是人全面发展的基本方式。

习近平总书记指出，劳动是财富的源泉，也是幸福的源泉。人世间的美好梦想只有通过诚实劳动才能实现；发展中的各种难题，只有通过诚实劳动才能破解；生命里的一切辉煌，只有通过诚实劳动才能铸就②。长期以来，劳动教育融入改造自然、创造历史、发展自我的过程之中，发挥了兴国利民的重要作用。热爱劳动是中华民族的优秀文化基因，《孟子》就有“后稷教民稼穑，树艺五谷；五谷熟而民人育”的记载。勤劳创业、耕读传家是中国教育的重要内容，“劳”与“学”在历史上从未分离过。成都市武侯区立足文化传承与时代创新，着眼中小学劳动教育的落地与落实，提出具有中国特色的劳动教育核心理念——“勤以立人”。勤既有劳动的本意，还有自觉主动的劳动态度、持之以恒的劳动习惯、坚持不懈的劳动精神。通过劳动教育，把“勤以立人”的核心理念融入教育教学的全过程、全方位。通过出力流汗，使中小学生的意志品质得到锻炼，真正做到做事要勤快、技能要勤练、学习要勤奋、做人要勤勉、生活要勤俭，树立天道酬勤、厚德载物的人生观和价值观，自觉将勤劳奋斗的精神内化为个人品质，充分发挥以劳树德、以劳增智、以劳强体、以劳育美的综合育人价值。

第一章 课程开发的依据及目标

第一节 劳动课程的性质与特点

一、劳动课程的性质

劳动课程是实施劳动教育的重要途径，具有鲜明的思想性、突出的社会性和显

① 马克思，恩格斯．马克思恩格斯选集：第 3 卷[M]．北京：人民出版社，1995：644.

② 习近平．在同全国劳动模范代表座谈时的讲话[N]．人民日报，2013-04-29(1).

著的实践性，在劳动教育中发挥主导作用。劳动课程以丰富开放的劳动项目为载体，重点是有目的、有计划地组织学生参加日常生活劳动、生产劳动和服务性劳动，让学生动手实践、出力流汗，接受锻炼、磨炼意志，培养学生正确的劳动价值观和劳动品质①。

新时代全面加强劳动教育的核心是培养学生树立正确的劳动价值观、良好的劳动习惯和品质。劳动课程的思想性直接体现为劳动教育的育人价值导向和培养目标，就是要把新时代马克思主义劳动观、立德树人的根本任务观、社会主义核心价值观等内容贯穿于家庭、学校和社会劳动教育的全过程、各方面，着力解决劳动教育的有“劳动”无“教育”问题。这就要求劳动教育必须将马克思主义劳动观贯彻始终，强调劳动是一切财富、价值的源泉，一切劳动和劳动者都应该得到鼓励和尊重；倡导通过诚实劳动创造美好生活，实现人生梦想，反对一切不劳而获、好逸恶劳、贪图享乐的错误思想。社会性是劳动课程的本质规定，新时代劳动教育不排除个人独立劳动，但更多的劳动形态和内容（特别是社会生产劳动和服务性劳动）都是社会性、合作性、集体性劳动，即使是家庭日常生活劳动纳入了劳动教育内容体系，同样也需要学校的引导和家长的支持，特别是低学段的学生。实践性则更加体现劳动课程的本质，劳动就是让学生在真正的实践场域和实践情境中动手实践、出力流汗、接受锻炼、磨炼意志，培养学生正确的劳动价值观和良好的劳动品质。这要求劳动教育必须加强学校教育与生活世界、生产实践的直接联系，发挥劳动在个人与社会之间的纽带作用；同时注重让学生学会分工合作，体会社会主义社会平等、和谐的新型劳动关系。这就要求劳动教育必须面向真实的生活世界和职业世界，以动手实践为主要方式，在认识世界的基础上，学会建设世界，在改造世界的过程中塑造自己，实现树德、增智、育美、强体的目的。

二、劳动课程的特点

劳动课程不同于传统的学科教学，劳动的多样性决定了劳动课程的多元性，其课程性质决定着独特的课程形态。准确把握劳动课程的特点，是有效实施劳动课程教学的基础和前提。

（一）教育功能的综合性

对于劳动教育的理解，既是“通过劳动”的教育，也是“为了劳动”的教育。因此，劳动教育既是手段，也是目的，具有双重属性机制。一方面，劳动课程本身具有很强的综合性。学生在完整的劳动项目体验中需要积极主动的劳动态度、严

① 中华人民共和国教育部.义务教育劳动课程标准[M].北京:北京师范大学出版社,2022.

谨细致的劳动精神，具备完成劳动任务的设计能力、操作能力和创造能力等，学生在劳动过程中需要调动自身所具备的基础知识和综合能力。可以说劳动课程本身就蕴含了学生在德、智、体、美、劳方面的综合发展。另一方面，劳动教育是五育融合的起始点和凝结点①。劳动课程具有树德、增智、强体、育美的综合育人价值。以劳树德——劳动是最好的防腐剂。以劳增智——劳动的过程是手脑并用、知行合一的过程，也是学生思维发展的过程。以劳强体——劳动可以强健人的体魄，磨炼人的意志②。以劳育美——智慧劳动增加了人的审美情趣，劳动最美丽。以劳创新—— 创新创造始于劳动，劳动为学生提供了创新创造的无限空间。教育是按一定的要求培养人的工作，劳动教育属性的丰富性决定了劳动课程育人功能的综合性。

（二）教育主体的协同性

劳动课程的实施需要家庭、学校、社会三方协同的教育合力。只有将劳动教育真正融入学生成长的全过程和生活各方面，才能使劳动观念入脑入心，使劳动技能内化为个人素养，使劳动习惯伴随一生，使劳动品质成为学生精神特质的重要内容，从而为学生全面发展和终身成长打好人生底色。家庭、学校、社会在推进劳动教育的过程中，其地位和作用不尽相同，各有优势和侧重。这一项系统工程必须有效连接家庭、学校和社会的教育场景，各有侧重地发挥育人功能，共建协同运行机制，形成整体育人合力。家庭是基础，重在日常生活自理、自助和自我生活管理，主要目的是培养学生的基本生活技能和劳动习惯，体现劳动教育的日常性、连续性和生活化；学校是主导，重在有目的、有计划地对学生进行劳动能力的培养，以及基本劳动品质的塑造，体现劳动教育的系统性、规范性和制度化；社会是支撑，重在劳动知识的运用、职业体验和服务能力的锻炼，更加强调劳动价值观和奉献精神的培养，体现劳动教育的服务性、创造性和职场化③。

发挥家庭、学校、社会各自的育人功能。家庭在劳动教育中要发挥好基础作用。一方面家长要树立正确的劳动观，以身作则，亲身示范，树立崇尚劳动的良好家风。另一方面，家长要树立正确的劳动教育观，注重引导学生形成正确的劳动观念，培养自强自立的意识和能力，运用亲子劳动、项目合作、打卡计划等多种方式，增进家庭成员之间的交流合作，养成劳动习惯，营造美好的家庭氛围。学校在

① 徐长发.新时代劳动教育再发展的逻辑[J].教育研究，2018，39（11）：12-17.

② 刘春晓.恩格斯“劳动创造了人本身”与达尔文生物进化论——再读恩格斯《自然辩证法》[J].新视野，2007（03）：75-77.

③ 郝志军等.学校、家庭、社会是推进劳动教育的基本途径[J].人民教育，2020（8）.

劳动教育中要发挥好主导作用。充分挖掘校内外各方资源，建立健全人才培养和评价机制，引导家庭和社会共同开展劳动教育。以课程为载体，以课堂为主阵地，从人力、物力、时间、场所等多方面保障劳动教育的稳健发展，促使劳动教育规范化、制度化、创新性开展。社会在劳动教育中要发挥好支持作用。在政府统筹下，企业公司、工厂农场、公益场馆、临近社区等组织机构要全力支持和配合劳动教育的开展，拓宽学生的实践场所，丰富劳动体验。

共建三方协同育人机制。学校、家庭、社会三方在劳动教育中发挥着不同的作用，互为整体、缺一不可。在学校层面要落实到明确的部门和师资，充分利用家庭、社会教育资源，共建协同开发、协同实施、协同评价和协同保障的育人机制。课程化实施是新时代劳动教育开展的必然要求和关键路径。在劳动教育的课程建设上，要打破以往单一的实施主体，以家庭、学校和社会三方为主体科学设计劳动项目，规划劳动教育内容，协同组织课程实施，客观记录学生的劳动过程并实施多元评价，共建起资源丰富、路径多元的课程体系。同时，三方应各司其职，明晰参与主体间的各方责任，共同完善好劳动教育的安全保障机制。

（三）教育内容的丰富性

劳动课程以培养学生的核心素养为导向，围绕日常生活劳动、生产劳动和服务性劳动，以任务群为基本单元，构建内容结构。日常生活劳动立足学生个人生活事务处理，涉及衣、食、住、行、用等方面，比如烹饪营养、整理收纳、洗涤等任务群，注重培养学生的生活能力和良好的卫生习惯，树立自理、自立、自强意识。生产劳动让学生在工农业生产过程中直接经历物质财富的创造过程，体验从简单劳动向复杂劳动、创造性劳动的发展过程，提高生产劳动技能，体会物质产品的来之不易，认识劳动与自然界的基本关系。比如农业生产劳动、植物养护、传统工艺制作等。服务性劳动让学生利用知识、技能等为他人和社会提供服务，在现代服务业劳动、公益劳动与志愿服务中认识社会，树立服务意识，体悟劳动中人与人、人与自然、人与社会的关系，强化社会责任感，比如现代服务业劳动、志愿者服务等。

因地制宜的原则也更加体现了劳动课程内容的丰富性。学校可以结合当地自然、经济、文化等方面的条件，充分挖掘自身可利用的资源，宜工则工、宜农则农，因地制宜，探索多元化的劳动实践项目。通过完善劳动实践教室、实训基地建设，切实提高劳动课程实施的可行性和有效性。在新时代背景下，劳动课程的内容开发要与新产业、新业态、新技术紧密结合，为学生参与劳动体验、明晰职业规划、适应未来生活打下基础，丰富劳动教育内容。

（四）教育过程的完整性

劳动课程的实施突破了场域和时间的限制，并不局限于教室或家庭的单一场景，也不局限于学校的课堂教学时间。劳动课程的实施以学生的真实劳动过程为主线，贯穿学生学习和生活的全过程。因此，学校劳动课程的实施应当树立大课程观念，通过整体性把握劳动教育目标，确保劳动教育目标落实的完整性，确保劳动教育内容组织的系统性。学校劳动教育要根据本校实际情况选择任务群，开发课程清单；重视在情境创设阶段、准备阶段、实施阶段和反思阶段开展适宜的教学活动。教师在情境创设的指导中，要注重真实性，凸显教育性，体现开放性。在准备阶段，围绕课程内容进行劳动观念、劳动方法和劳动纪律的学习，对劳动知识和技能进行讲解示范，对劳动过程中的安全和组织方式进行教育，保障劳动课程顺利开展。劳动实施阶段是劳动实践的核心环节，指导学生经历完整的劳动过程，完成真实的劳动任务，引导学生在自主实践、分工合作中进行劳动技能的提高、劳动习惯的培养及劳动品质的塑造。在反思阶段，教师选择适宜的时机对劳动成果进行展示和交流，组织学生对劳动过程进行反思，总结和优化劳动方法，交流和生成对劳动过程的体悟和感受。

（五）教育方式的多样性

劳动教育的实施，既要注重它的综合性、实践性，同时也要注重学科的主体性。劳动课程作为大中小学必修课的重要地位，要进一步通过课堂的落实，提升课堂的质量得以充分保障。劳动教育是否可教？答案是明确的。在内容设计上，教原理、规则、程序、方式；在教学方式上，要选取灵活多样、多措并举的方式，如手工制作、项目设计、方案研讨、成果展示、榜样示范等。劳动课程是有效开展劳动实践，保障劳动教育实效的基础和前提。《大中小学劳动教育指导纲要（试行）》中也明确要求教师要把握劳动教育任务的特点，抓住关键环节，灵活运用讲解说明、淬炼操作、项目实践、反思交流、榜样激励等多种方式方法，增强劳动课程的育人实效。

第二节 劳动课程的核心素养

中小学劳动课程核心素养，是指青少年为适应现在生活和面对未来挑战及社会发展需要，在真实的劳动实践中逐步形成和深化的相关必备人格品质和关键能力，是劳动素养在日常生活劳动、生产劳动及服务性劳动等学习与实践中育人价值的集中体现，具体内涵为劳动观念、劳动能力、劳动习惯和品质、劳动精神。

一、劳动观念：劳动价值观是劳动素养的核心内涵，即确立正确的劳动观念、积极的劳动态度，对热爱劳动和劳动人民等方面的认知和总体看法，以及在此基础上形成的基本态度和情感。

观念先行，观念一旦形成就会影响人的态度和行为，成就未来人的思想。培养劳动观念，即通过中小学劳动课程，培育他们积极的劳动态度，强化其鲜明的劳动意识，培养优良的劳动品德，激发家国情怀的和谐劳动情感，由此形成正确的社会主义劳动价值观。社会主义劳动观念是正确认识劳动创造价值的核心，其主张以辛勤劳动为荣，以好逸恶劳为耻，强调劳动不仅是一种单纯的谋生手段，劳动的价值不能完全等同于金钱，如果人们只想在前人创造的物质文明上只讲索取，不讲奉献，那这样的国家和民族是毫无希望的。劳动无高低贵贱之分，但劳动观念有是非之别。进入新时代，面对新的历史使命，培育学生尊重劳动，尊重普通劳动者，正确理解劳动对于家庭幸福、社会进步、国家富强和人类发展的重要意义，不断提升劳动观念和劳动境界，崇尚劳动，尊重劳动，牢固树立劳动最光荣、劳动最崇高、劳动最伟大、劳动最美丽的观念。劳动观念是中小学生自我价值实现的隐形奠基石，为学生全面发展提供保障。

二、劳动能力：是学生表现出来的能够胜任劳动任务需求的能力，是中小学生劳动知识储备、劳动技能掌握及劳动实践创新等多方面的综合表现。它是学生劳动观念、劳动精神及劳动习惯和品质形成的坚实基础。

劳动能力需要系统的劳动知识，包括劳动项目的起源、发展历程、社会作用及未来意义等内容，体系化和专业化的知识掌握以及来自中小学阶段的各学科课程学习，获得与社会发展要求相一致的劳动知识，为培养学生的劳动能力打基础。同时，劳动能力更是一种实践能力，需要在劳动参与中熟悉与锻炼劳动技能，验证劳动知识，发展成具体的劳动能力，并形成劳动的创新思维及在以往劳动基础之上继承创造的能力。马克思的劳动价值论表明，劳动者所创造的价值是与他们的体力和脑力直接相关的，是他们的文化和身体素质的动态表现，劳动者拥有的知识深度和广度，运用知识的能力和创造力成为生产力发展的动力和第一要素。在劳动实践中学好劳动知识，练就劳动技能，增强体力、智力和创造力，使学生获得发现问题、解决问题、认知和改造世界的能力，提升中小学生的劳动能力，为劳动品质与劳动习惯等素养的形成奠定基础。

三、劳动习惯和品质：是学生一贯的劳动思想和行为中表现出来的稳定特质，体现为日常的自觉化劳动行为与思考方式，是从学生内在思维、思想到外在行为表现的素养体现。它是有效促成学生的劳动素养“知行合一”及“健全人格”的养成

的重要途径

劳动习惯和劳动品质是随着学生成长而养成的人格品质，积极的劳动行为习惯激励中小学生劳动热情，督促学生规范劳动行为，并以此促进学生形成正确的劳动品格。《大中小学劳动教育指导纲要》指出，学生要能够自觉自愿、认真负责、安全规范、坚持不懈地参与劳动，形成诚实守信、吃苦耐劳的品质"，学生的良好劳动习惯和品质的生成，需要形成自觉自愿、安全规范的劳动意识和主动劳动、认真负责的劳动习惯，养成对个人、学校、家庭及社会的劳动责任感和诚实守信、尊重劳动事实、遵守劳动规范的行为品格。正如俄国教育家乌申斯基所言，"如果你能成功地选择劳动，并把自己的全部精神灌注到它里面去，那么幸福本身就会找到你"。选择、坚持良好的劳动习惯不仅是中小学生养成劳动品质、形成劳动精神和劳动能力的关键，也是自身实践能力发展的重要举措。

四、劳动精神：是学生面对劳动所秉持的精神风貌和信念信仰，是思想、意识、思维等心理认知的凝练与升华，它指导并规范学生的外在劳动行为，是劳动素养的核心内容

劳动精神是新时代社会发展对未来人才品行的要求，也是当下青少年所要学习和具备的个人品行标准。新时代的劳动精神，坚持以劳动人民为中心的价值取向，劳动者辛勤劳动，诚实劳动，创造性劳动，肯定奋斗依靠劳动者的伟大主张。生命不止，奋斗不息，从"铁人"精神到"脱贫攻坚"精神，从"青藏铁路"精神到"载人航天"精神，中华人民共和国的成长史是一部光辉的劳动史。劳动精神的培育关键在行动，是让学生确认自我在实现中华民族伟大复兴中国梦过程中的意义和价值，投入伟大的中国梦的实现之中，形成核心力量，以此促使学生在日常生活劳动、生产劳动及服务性劳动中感受爱岗敬业、甘于奉献的劳模精神和精益求精、追求卓越的工匠精神，培育学生坚持不懈、持之以恒、勤俭节约等良好的德行修养和百折不挠、艰苦奋斗的革命精神，继承中华民族勤俭节约、自立自强的优良传统，弘扬开拓创新、砥砺奋进的时代精神。

劳动课程核心素养具有强大的关联与融通性，它能够带动并有助于其他"四育"。让学生体验劳动的意义，磨炼顽强的意志，培养他们吃苦耐劳的精神，因而能"树德"；让学生在劳动历练中提升他们的动手能力和发现问题、解决问题的能力，因而能"增智"；让学生在劳动中活动肢体、愉悦身心、强健体魄，因而能"健体"；让学生参与劳动的过程中感知美、品味美、创造美，提高他们欣赏、鉴赏美的能力，因而能"育美"。劳动带给学生的不是单向的着力，而是让学生用身体去丈量物理和心灵的世界，因而劳动课程的核心素养对学生人格和综合素养的发展影响深刻。正如卢梭在《爱弥儿》所说的："一个小时劳动教育给他的，比终日向他讲述所记住的东西还要多。"

总体来说，劳动观念、劳动能力、劳动习惯和品质、劳动精神四者相辅相成，劳动观念是劳动课程核心素养的认知基础，劳动能力是劳动课程核心素养形成的实践基础，劳动习惯和品质是劳动课程核心素养行为外化与品格内化的稳定体现，劳动精神则凝结了中小学生劳动观念行为的"知行合一"样态，是劳动观念、劳动能力、劳动习惯和品质的升华，相互联系的四部分共同构筑了劳动课程的核心素养。它从内部塑造学生健全的心灵，从外部规范学生的行为，为学生成长和社会发展奠定基础。

第三节 劳动课程的目标

一、中小学劳动课程总目标

劳动课程的育人目标充分体现国家和学校教育目的的价值定位。《义务教育劳动课程标准（2022年版）》坚持素养立意，强化了劳动课程的育人导向，明确提出"劳动课程围绕核心素养，体现课程性质，反映课程理念，确立课程目标"。劳动课程核心素养是劳动课程目标的制定依据，也是中小学劳动课程目标的集中体现。劳动素养的要求是对学生完成阶段性劳动课程学习后需要达成的素养表现的总体刻画，即劳动观念、劳动能力、劳动习惯和品质、劳动精神的综合体现。通过对《义务教育劳动课程标准（2022年版）》核心素养导向的课程目标体系的分析，我们可以明确，从课程总目标到学段目标、教学目标的制订要立足发展学生核心素养，将核心素养的培育作为教学的出发点和落脚点，即要指向核心素养培养目标来确定课程目标和具体教学目标。

课程目标科学化、合理化，是开展中小学劳动课程的先决条件。课程目标有效落实核心素养，更好地适应劳动课程赋能。《大中小学劳动教育指导纲要（试行）》中的劳动教育总体目标从宏观的角度让学生理解和形成马克思主义劳动观，牢固树立劳动最光荣、劳动最崇高、劳动最伟大、劳动最美丽的观念；让学生动手实践、出力流汗、热爱劳动、尊重普通劳动者；具备满足生存发展需要的基本劳动能力，接受锻炼，磨炼意志，形成良好的劳动习惯，体会劳动创造美好生活，体认劳动不分贵贱，培养勤俭节约、努力奋斗、勇于创新和无私奉献的劳动精神，为学生成为担当民族复兴大任的时代新人奠定良好的基础。

《义务教育劳动课程标准（2022年版）》明确指出劳动课程的总体目标为：

1.形成基本的劳动意识，树立正确的劳动观念。正确理解劳动是人类发展和社会进步的根本力量，认识劳动创造人、劳动创造价值、创造财富、创造美好生活的道理，体验劳动的艰辛和快乐，形成劳动效率意识、劳动质量意识；尊重劳动，尊重普通劳动者，牢固树立劳动最光荣、劳动最崇高、劳动最伟大、劳动最美丽的思想观念。

2.发展初步的筹划思维，形成必备的劳动能力。能从目标和任务出发，系统分析可利用的劳动资源和约束条件，制定具体的劳动方案，发展初步的筹划思维，发展基本的设计能力，掌握基本的劳动知识和技能，正确使用常见的劳动工具，增强体力、智力和创造力，具备完成一定劳动任务所需要的设计、操作能力及团队合作能力。

3.养成良好的劳动习惯，塑造基本的劳动品质。能够自觉自愿、认真负责、安全规范、坚持不懈地参与劳动，形成诚实守信、吃苦耐劳的品质。珍惜劳动成果，杜绝浪费，养成良好的消费习惯和吃苦耐劳、持之以恒、责任担当的品质。

4.培育积极的劳动精神，弘扬劳模精神和工匠精神。体会幸福是奋斗出来的内涵与意义，继承中华民族勤俭节约、敬业奉献的优良传统，弘扬开拓创新、砥砺奋进的时代精神，爱岗敬业、甘于奉献的劳模精神，精益求精、追求卓越的工匠精神和不畏艰辛、锐意进取的奋斗精神。

在劳动课程核心素养的统领下，结合《大中小学劳动教育指导纲要（试行）》和《义务教育劳动课程标准（2022年版）》的明确要求，成都市武侯区厘清新时代劳动课程的核心价值理念，以新时代劳动课程核心素养为纲领，并落实细化，构建“懂劳动、会劳动、勤劳动、爱劳动”的劳动课程四维目标体系。

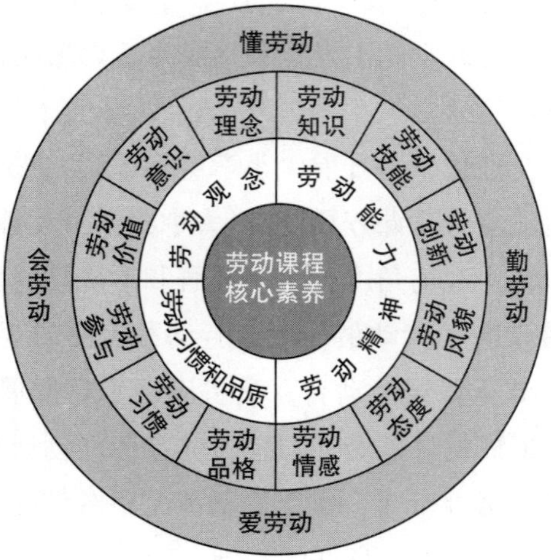

如图所示，作为劳动课程育人价值集中体现的劳动素养，我们劳动课程的目标就是要培育好劳动观念、劳动能力、劳动习惯和劳动品质、劳动精神。其中，劳动

观念主要是培养学生形成劳动对社会发展和个人发展的意识、理念和价值的认识，劳动能力是指向劳动知识、劳动技能和劳动创新的教育，劳动习惯和品质主要包括劳动参与、劳动习惯和劳动品格，劳动精神主要包括劳动情感、劳动态度和劳动风貌。武侯区劳动教育课程目标注重学生学习和掌握劳动知识技能的过程，注重对学生劳动观念的培养，将培养学生正确的劳动观念和精神融入劳动教育的全过程，融合在学校、家庭和社会生活的方方面面，整体实现“懂劳动、会劳动、勤劳动、爱劳动”的四维劳动课程目标。从劳动素养出发，通过四个方面、十二个要素，达成“懂劳动、会劳动、勤劳动、爱劳动”的发展性课程目标，从而又回馈到劳动素养的提升。各因素各维度间互相呼应，既相互独立，又互相联系；既有纵向的衔接，又有横向的统整，共同构成完整的有机体。

二、劳动课程分段目标

根据学生身心发展阶段性特点，结合各学段学情，以“懂劳动”“会劳动”“勤劳动”“爱劳动”为指向，将中小学的劳动教育课程目标具体化，制定以下学段目标。

小学低年级：以个人生活起居为主要内容，开展劳动教育，注重培养劳动意识和劳动安全意识，使学生懂得人人都要劳动，感知劳动乐趣，爱惜劳动成果。

劳动教育分段目标（小学低段）

劳教教育目标	爱劳动	劳动情感	认识到人人能劳动，劳动很快乐。关爱生命，体验自己动手劳动，自己创造美的快乐
		劳动信念	乐于使用工具进行劳动，领悟长期坚持劳动的可贵，养成认真负责、有始有终的劳动信念
		劳动人格	乐于做力所能及的班级服务劳动，和周围人合作劳动，并敢于尝试。体会个人在集体中的作用和为集体做贡献的光荣感
	懂劳动	劳动意识	1.在劳动中学会借助工具提高劳动效率。在劳动中能保护自身安全。关心、照顾身边常见的动植物，初步形成关爱生命、热爱自然的意识 2.懂得人人都要劳动、劳动成果来之不易的道理。初步感知劳动的艰辛与乐趣，学会尊重他人的劳动付出，形成以自己的劳动服务他人的意识
		劳动知识	初步掌握穿衣服、洗漱等生活自理劳动技能；认识常见的家务劳动工具——拖把、洗碗布等，并学会使用；参与简单的家庭烹饪
		劳动思维	在劳动中善于思考，能在劳动中发现问题、提出问题、解决问题
	会劳动	劳动工具	能安全、正确地使用剪刀、胶水等工具，能规范操作、传递工具，养成工具规范操作的安全意识
		劳动方法	1.学会整理书包、书桌、抽屉、书柜的基本方法，习得将工具合理地进行收纳的技能，并能够做到勤于整理；掌握简单的食物蒸煮的基本步骤和操作方法 2.学会照顾身边常见的动、植物 3.了解班级有哪些责任岗位，初步学习并掌握自我责任区的整理、用餐管理等班集体中的服务劳动技能，并在岗位长期坚持服务中熟练掌握该岗位的劳动技能
		劳动创新	掌握家务劳动小技巧，提高劳动效率

续表

劳动教育目标	勤劳动	劳动参与	1. 养成自觉收拾整理学习用品的习惯，能够整理书桌、抽屉，做到有序摆放、合理取用、物归原处 2. 积极参与家务劳动，主动承担力所能及的劳动
		劳动态度	初步养成认真负责、不怕苦、不怕累、不怕脏的劳动态度
		劳动品格	尊重劳动者，能在合作劳动中包容他人，懂得珍惜劳动成果

小学中高年级：以校园劳动和家庭劳动为主要内容开展劳动教育，体会劳动最光荣，尊重普通劳动者，初步养成热爱劳动、热爱生活的态度。

劳动教育分段目标（小学中段）

劳教教育目标	爱劳动	劳动情感	感悟劳动对于美好生活的作用与意义，体会劳动带来的自我价值感和幸福感，愿意长期参加家务劳动，养成吃苦耐劳的劳动精神
		劳动信念	善于发现班级同学的需求，乐于为他人做一些服务劳动，愿意为校园服务做贡献。体会人人为我、我为人人的劳动价值
		劳动人格	乐于做力所能及的劳动，向周围人学习劳动技能，并敢于尝试。尊老爱幼，敢于担当，培养家庭责任感，能够在生活中做到节约用水、用电、用气，养成勤俭节约的美德
	懂劳动	劳动意识	1.具有家用电器使用安全意识和初步的器具保养意识 2.懂得“一份耕耘、一份收获”的道理。初步养成主动为他人、为班级提供帮助和服务的意识。初步养成通过服务劳动保护学校公共环境、为校园公共服务的意识
		劳动知识	1.掌握早餐的制作，注意营养搭配；学会合理购物，能够选择合理的食物储存方式 2.学会小件衣物的手洗清洗、晾晒、收纳方法；知道机洗过程中的安全操作方式和注意事项；了解衣物洗涤标识，不同洗涤剂和清洗工具，并能够对破损衣物进行简单修复
		劳动思维	有劳动安全和制作卫生的劳动思维，并懂得珍惜劳动成果，物尽其用。学会根据劳动需求设计制作劳动工具
	会劳动	劳动工具	通过木工、手工创意制作用品和工艺品，能正确认识并正确使用代表性工具
		劳动方法	认识常用的家用器具，掌握家用小器具的使用方法。掌握简单的日常饮食制作的方法，学会整理房间和家庭功能区的方法，培养生活自理能力
		劳动创新	1.主动发现班级需要服务的事项，初步学会为身体有疾患或学习有困难等班内同学提供服务劳动。初步学会为班级同学提供对应的服务劳动 2.学习精细化服务的一些方法，能知晓校园执勤岗要求，能与同伴协作完成任务
	勤劳动	劳动参与	养成认真细致的购物习惯，养成整理书柜、鞋柜、衣柜等习惯，自己能保持其清洁，形成衣物、公物养护意识。能够做到自己的事情自己做，独立承担，形成认真完成劳动任务的好习惯
		劳动态度	1.认识到每个学校成员都有承担校园公共劳动任务的责任和义务 2.进一步认识到为校园服务劳动是一项需要长期坚持的劳动。培养关心班集体的意识，树立助人为乐、为班级做一些力所能及的服务劳动观
		劳动品格	1.能在劳动过程中对遇到的问题保有好奇心和探究欲望 2.初步养成坚持劳动、热爱劳动的品格。初步养成主动为他人、为班级提供帮助和服务的习惯。初步养成通过服务劳动保护学校公共环境、坚持为校园公共环境服务的态度和品格

劳动教育分段目标（小学高段）

劳教教育目标	爱劳动	劳动情感	在服务的过程中，善于发现学校、同学的需求，乐于为他人做一些服务劳动，有责任意识和同理心。感受为他人奉献的快乐，继承坚持不懈、与人为善的优良传统
		劳动信念	培养热爱劳动的精神，能吃苦，会劳动，愿意长期参加家务劳动；培养勤俭节约、珍惜劳动成果、吃苦耐劳的精神，具有依靠奋斗造福生活的信念
		劳动人格	善于发现身边的普通劳动者的责任和艰辛，体会劳动的“难”与“乐”，体会普通劳动者的价值和奉献，感恩劳动者，弘扬砥砺奋进的时代精神
	懂劳动	劳动意识	树立为他人服务也是成就最好的自己的观念，积极帮助同学做一些力所能及的服务劳动，培养主动为他人服务的意识，并能长期积极地参与志愿者活动。树立助人为乐、为他人做一些力所能及的服务意识
		劳动知识	学会衣物、书籍等合理分区收纳整理，保持整洁。学会家庭物品换季清洗、收纳的技巧。能记录家庭日用品损耗情况，学会制订切实的采购计划，具备基本的理财知识。掌握简单的川菜的烹饪方法
		劳动思维	能明白工具的进步对提高劳动效率、工艺精密水平和综合质量的价值。能感受劳动和劳动者光荣，珍惜劳动成果，树立乐于与他人合作的观念
	会劳动	劳动工具	1.能根据劳动选择合适的材料和工具、技术与方法，安全、规范、有效地开展劳动 2. 养成使用防护工具（如手套、口罩、目镜等）的习惯。养成劳动安全和卫生意识
		劳动方法	1.掌握家庭生活中常用的清洁与卫生、整理与收纳的基本方法，学会规范、安全地操作与使用家用电器 2.初步体验种植养殖、手工制作等简单的生产劳动
		劳动创新	学会推荐图书、指导学习的技巧，并能够掌握一些帮助身体有缺陷的孩子正常生活的技能，以及照顾他人的一些方法。主动在学校科技节、艺术节等校园活动中承担学校志愿服务岗位
	勤劳动	劳动参与	培养参与家务劳动的兴趣，能够长期参与家务劳动
		劳动态度	养成勤俭节约、科学合理的消费习惯，避免浪费和冲动型消费。在家中爱劳动，勤学习，多动手，多分担
		劳动品格	具有主动关心同学的意识，养成主动奉献、主动服务的习惯；养成通过服务劳动关心帮助他人和周到服务的品格

初中：兼顾家政学习、校内外生产劳动、服务性劳动，安排劳动教育内容，开展职业启蒙教育，体会劳动创造美好生活，养成认真负责、吃苦耐劳的劳动品质和安全意识，增强公共服务意识和担当精神。

劳动教育分段目标（初中段）

劳教教育目标	爱劳动	劳动情感	认识到做一名青春、阳光、大方、自信中学生的重要性；通过辛勤劳动可以让生活环境更加干净、舒适、美好；认识到家乡及乡味的重要意义
		劳动信念	关注生产发展，善于从劳动者身上习得奋斗拼搏、精益求精的工匠精神；初步将劳动成果升华为社会的关爱反哺行动
		劳动人格	乐意坚持主动参加志愿服务劳动，培养吃苦耐劳、奉献担当的精神和社会责任感
	懂劳动	劳动意识	坚持参与微公益活动，主动关心弱势群体，扶弱助残济困，用自己的劳动帮扶他们
		劳动知识	体验包括金工、木工、电工、陶艺、布艺等项目在内的劳动及传统工艺制作过程，尝试家用器具、家具、电器的简单修理，参与种植、养殖等生产活动
		劳动思维	发现生产生活中用具的各种问题，养成动手制作修补、改进功能的习惯。在生产劳动中获得初步的职业体验，形成初步的生涯规划意识
	会劳动	劳动工具	尝试改进劳动工具，提高劳动效率
		劳动方法	1.学习掌握和改进教室美化的方法和技能，班级电教设备的使用维护方法，学习掌握与需要帮扶人员的真诚沟通交流、心理疏导和陪伴技能 2.掌握制作家乡美食的基本技能；掌握搭配衣服的方法，学会自我形象设计；掌握居室美化的方法和技巧，学习操持家务的基本常识、技能，学会生活，提高独立生活的能力。学会简单的按摩等护理技能，能营造家庭相互关爱的氛围
		劳动创新	能够通过自身和调动身边资源对需要帮扶人员提供力所能及的心理、物质和行动帮扶，提高公益服务社区村落意识和发现问题、解决问题的问题处置能力，提高服务他人的能力
	勤劳动	劳动参与	养成坚持生活上自理的习惯，坚持做自信阳光的中学生；养成用劳动创设良好居室环境的习惯；培养主动关心家庭成员的习惯，并坚持照顾身体不适的家人。注重对家乡饮食文化的传承，爱家乡，坚持对家乡的美味进行宣传
		劳动态度	积极投身于校内劳动服务，爱心帮扶、济弱助残帮困，乐于志愿服务，让需要帮扶的人感受人间友爱。用自己的劳动去践行中华文明的优良传统，树立劳动最光荣、劳动最崇高、劳动最伟大、劳动最美丽的观念
		劳动品格	培养及时发现教室环境、校园环境问题和电教设备故障等意识，用自己的劳动创设良好生活环境的习惯，养成主动融入社区村落的安全、环保、美化建设等社会服务意识和服务他人、奉献社会的品格

高中：注重围绕丰富职业体验，开展服务性劳动和生产劳动，理解劳动创造价值，接受锻炼、磨炼意志，具有劳动自立意识和主动服务他人、服务社会的情怀。

劳动教育分段目标（高中段）

劳教教育目标	爱劳动	劳动情感	加强学校教育与社会生活、职业生产的直接联系，发挥劳动在个人与社会之间的纽带作用，引导学生认识社会，增强社会责任感；同时注重让学生学会分工合作，体会社会主义社会平等、和谐的新型劳动关系
		劳动信念	面向真实的生活、生产、职业世界，引导学生以动手实践为主要方式，在认识世界的基础上，获得有积极意义的价值体验，树立正确的就业择业观，坚定劳动塑造自身、劳动创造价值、劳动建设祖国的信念
		劳动人格	通过家校合作，组织校内劳动和家庭劳动，提高学生劳动技能，增强自理能力。培养珍惜劳动成果、尊重劳动、热爱劳动的思想品德，并增进亲子沟通、师生沟通、生生沟通，增强学生在家庭、学校的归属感，对学生进行感恩教育。通过与社区、生产基地合作，组织实施生产劳动、社区志愿服务，培育学生的道德感、责任感、使命感
	懂劳动	劳动意识	将马克思主义劳动观贯彻始终，强调劳动是一切财富、价值的源泉，劳动者是国家的主人，一切劳动和劳动者都应该得到鼓励和尊重；倡导通过诚实劳动创造美好生活、实现人生梦想，树立服务社会的意识和责任
		劳动知识	体验日常生活劳动过程；尝试选择1~2项生产劳动，经历完整的实践过程，并尝试创意物化过程；经历真实的岗位工作过程，获得真切的职业体验
		劳动思维	在劳动教育中渗透学科知识与思维方法，促进手脑并用、脑体结合，通过系统的劳动教育，锻炼学生动手能力和协作能力；通过劳动教育，鼓励学生主动发现问题、积极解决问题，激发学生思维的发展和能力的提高
	会劳动	劳动工具	鼓励学生尝试根据劳动情境需要改进劳动工具，提高劳动效率
		劳动方法	在工业、农业、现代服务业及中华优秀传统文化特色项目中，鼓励学生在学习和借鉴他人丰富经验、技艺的基础上，进行问题解决，尝试新方法、探索新技术，推陈出新
		劳动创新	通过开展创造性劳动实践项目，培育学生的创新意识与能力，尤其是将构想化为现实的能力；在劳动教育中努力发现问题，不断探索解决问题的新途径、新方法
	勤劳动	劳动参与	持续开展日常生活劳动，增强生活自理能力；选择服务性岗位，经历真实的岗位工作过程，获得真切的职业体验；积极参加大型赛事、社区建设、环境保护等公益活动、志愿服务；统筹劳动教育与通用技术课程相关内容，从工业、农业、现代服务业以及中华优秀传统文化特色项目中自主选择1~2项生产劳动，经历完整的实践过程，提高创意物化能力
		劳动态度	积极投身职业体验活动、公益活动、志愿活动、传统文化特色项目，热爱劳动、崇尚劳动、尊重劳动者，自觉投身中国特色社会主义伟大事业，将爱国情、强国志自觉融入劳动实践中
		劳动品格	通过开展强度合适的劳动教育活动，激动学生感知劳动艰辛，锻炼学生身体素质和意志品质，以辛勤劳动为荣，以服务他人为荣，培养勤劳勇敢、乐于奋斗、敢于创新的劳动品格

第二章　课程内容的安排及清单

第一节　课程内容的分类及安排

新时代劳动教育以日常生活劳动、生产劳动和服务性劳动三大类别劳动为主要劳动内容。其中，日常生活劳动教育立足个人生活事务处理，注重生活能力和良好卫生习惯培养，树立自立自强意识。生产劳动教育要让学生在工农业生产过程中直接经历物质财富的创造过程，体验从简单劳动、原始劳动向复杂劳动、创造性劳动的发展过程。学会使用工具，掌握相关技术，感受劳动创造价值，增强产品质量意识，体会平凡劳动中的伟大。服务性劳动教育让学生利用知识、技能等为他人和社会提供服务，在服务性岗位上见习实习，树立服务意识，实践服务技能，在公益劳动、志愿服务中强化社会责任感。

《大中小学劳动教育指导纲要（试行）》中进一步明确了各学段劳动教育的要求：

第一学段（1~2 年级）：以个人生活起居为主要内容，开展劳动教育，注重培养劳动意识和劳动安全意识，使学生懂得人人都要劳动，感知劳动乐趣，爱惜劳动成果。

第二学段（3~4 年级）：以校园劳动和家庭劳动为主要内容开展劳动教育，体会劳动光荣，尊重普通劳动者，初步养成热爱劳动、热爱生活的态度。

第三学段（5~6 年级）：参加校园卫生保洁和环境美化等劳动，进一步体验新技术支持下的现代服务业劳动，积极参加社区环保、公共卫生维护等公益劳动，形成关爱他人、积极参与社区建设的劳动意识，初步形成社会责任感。

第四学段（7~9 年级）：兼顾家政学习、校内外生产劳动、服务性劳动，安排劳动教育内容，开展职业启蒙教育，体会劳动创造美好生活，养成认真负责、吃苦耐劳的劳动品质和安全意识，增强公共服务意识和担当精神。

普通高中学段：注重围绕丰富职业体验，开展服务性劳动和生产劳动，理解劳动创造价值，接受锻炼、磨炼意志，具有劳动自立意识和主动服务他人、服务社会的情怀。

《义务教育劳动课程标准》规定，劳动课程的内容是以培养学生的核心素养为导向，围绕日常生活劳动、生产劳动和服务性劳动，以任务群为基本单元，构建内容结构。内容共设置十个任务群，每个任务群由若干项目组成。其中，日常生活劳动包括清洁与卫生、整理与收纳、烹饪与营养、家用器具使用与维护四个任务群；生产劳动包括农业生产劳动、传统工艺制作、工业生产劳动、新技术体验与应用四个任务群；服务性劳动包括现代服务业劳动、公益劳动与志愿服务两个任务群。让学生在十大任务群的指引下，通过劳动实践体悟劳动中人与人、人与自然、人与社会的关系，强化社会责任感。

日常生活劳动中的四大任务群（清洁与卫生、整理与收纳、烹饪与营养、家用器具使用与维护）是围绕个人生活自理与家务劳动开展的，在劳动中增进了人与人的关系，强化了自我服务、自我成长、自我管理的意识，进一步突出自立自强的劳动精神。

生产劳动中的四大任务群（农业生产劳动、传统工艺制作、工业生产劳动、新技术体验与应用）是围绕工农业生产、传统工艺与新技术的体验与应用开展的，在劳动中促进了人与自然的关系，强化了人与自然的和谐共生、紧密共存的关系，激发了对中华优秀传统文化的传承，推动了新技术在劳动创造美好生活中的引领作用；突出了劳动者追求精益求精、大国工匠的劳动精神。

服务性劳动中的两大任务群（现代服务业劳动、公益劳动与志愿服务）是围绕服务他人、服务社会、增强社会责任感开展。在劳动中增进了人与社会的关系。强化了劳动知识和技能在促进自身成长的同时，还能为他人提供便利，让社会更美好，通过劳动提升自己关心他人、服务他人的公共服务意识与社会责任感，增强民族自豪感和为他们服务的幸福感，养成服务他人、提升自我的公益精神。

三类劳动亦是相辅相成、相互联系，共同构建“做中学”“学中做”，手脑并用，出力流汗的劳动实施途径和载体，让学生在劳动中动手实践，在劳动中动脑思考，知行合一。

第二节　课程内容的开发特点

劳动是人类社会进步与发展的根本力量，是自强不息、艰苦奋斗的主旋律。选择适宜的劳动项目是有效发挥劳动育人功能的基础和前提。为构建并完善德、智、体、美、劳全面培养的教育体系，在国家关于劳动教育文件的指导下，结合武侯区“勤以立人”的劳动教育理念，在区域劳动教育课程内容的开发中应具备以下的特点。

一、课程内容开发应遵循整体性的特点

劳动课程不是单一的活动，而是一种综合性的育人活动，更是指向学生核心素养的提升。在开展劳动教育过程中，应充分考虑活动“多育”功能，即以劳树德、以劳增智、以劳强体、以劳育美、以劳创新，共同服务于“培养全面发展的人”这一目标。

因此，在劳动课程内容开发时，应立足于劳动与各学科课程，再结合区域文化和学校实际，不断丰富和充实劳动教育课程内容。在劳动教育实践中，学生不仅能增强朴素的劳动感情、提高劳动教育价值认同，还能习得必备的劳动知识、劳动技能及终身受益的劳动素养。学校劳动教育必须面向全体与全面育人的整体性特点，把劳动教育作为引领全体学生全面发展的必由之路，在“动手实践、出力流汗、脑体并用”的劳动实践中，学会做事，学会做人。学生学习必要的劳动知识技能，形成健全的人格和良好的思想道德品质，成为懂劳动、会劳动、爱劳动的时代新人，促进学生德、智、体、美、劳全面发展，突出劳动实践，培养完整之人。在劳动课程内容开发时应强化劳动与教育的有机统一，劳动学科与其他学科有机结合，形成整体育人的价值观。

二、课程内容开发应遵循协同性的特点

生活无时无刻不存在劳动，生活靠劳动创造，劳动教育要从书本走向生活，服务于生活，让生活更加美好。劳动课程作为必修课程，必须让每个学生都能获得劳动实践体验的机会和过程，培养基本的劳动素养和相关能力、品质。

因此，劳动课程的内容开发应遵循协同性的特点，积极构建“家—校—社”协同育人的共同性。充分发挥家庭、学校、社会在劳动教育中的协同育人作用，整合家庭、学校、社会各方面的力量。强调家庭是基础，重在日常生活自理、自助和自我生活管理劳动，通过基本生活技能和劳动习惯的培养，开展劳动教育启蒙，体现劳动教育的日常性、连续性和生活化；学校是主导，重在有目的、有计划地对学生进行劳动知识技能、劳动观念的培养，进行基本的劳动品质的塑造，体现劳动教育的系统性、规范性和制度化；社会是支撑，重在劳动知识的运用、职业体验和服务意识的养成，更加强调劳动价值观和奉献精神的培养，体现劳动教育的服务性、创造性和职场化。

强化综合施策，依靠校内、校外，协调家庭配合，做好社会统筹，积极创新劳动教育载体，实现家庭劳动自觉化，校园劳动规范化，社会劳动多元化，形成协同育人的生动局面。培养学生正确的劳动价值观和良好的劳动品质，增强获得感、成就感、责任感、荣誉感。

三、课程内容开发应遵循进阶性的特点

劳动教育作为中国特色社会主义教育的重要组成部分，根本原因在于其具有鲜明的思想性和价值性。在学生的生活中蕴藏着丰富的劳动教育资源，日常生活中的劳动资料和劳动工具能够为劳动课程提供素材性资源，真实生活中的劳动场所和劳动情境能够为劳动课程提供条件性资源。

因此，在劳动课程内容开发中应遵循进阶性的特点。一方面是要把握学生认知的进阶性。在充分理解劳动教育的内涵特性的基础上，考虑学生身心发展中对于劳动教育的认知和劳动技能的掌握，强调劳动强度的适应性，要让学生在不同的年龄干好不同的事，亲历劳动过程，在出力流汗中培养劳动品质，体认劳动精神。另一方面还要把握内容知识的进阶性。要遵守课程开发由易到难，由简到繁的知识结构，遵循教育教学规律，讲究课程的科学性，让学生从懂劳动，到会劳动，再到爱劳动，最后养成勤劳动的习惯和品质。

武侯区劳动课程内容以三大类别为主题，构建适应不同阶段学生成长发展需要的十大任务群，探索劳动课程实施的基本教学方式，讲究课程的实效性操作，开发适合武侯区域文化特色的学习生活、动手实践的劳动课程，适应学生身心成长规律。

四、课程内容开发应遵循序列性的特点

劳动是创造物质财富和精神财富的过程，是人类特有的基本社会实践活动。劳动课程内容的开发应坚持因地制宜、有序进行，宜工则工、宜农则农。注重培养学生自理、自立能力，选择日常生活劳动内容；注重培养从时令特点和区域产业特色出发，选择工农业生产劳动内容；注重培养学生的社会责任感，选择学生力所能及的公益劳动和现代服务业劳动内容，注重选择体现中华优秀传统文化和工匠精神的手工劳动内容，适当引入体现新形态、新技术、新工艺等的现代劳动内容。

课程内容开发的序列性特点：一是构建了劳动内容序列，即日常生活劳动、生产劳动、服务性劳动，三者虽然是独立的劳动类别，但又相互补充、相互支撑，进一步体悟劳动中人与人、人与自然、人与社会的关系，强化社会责任感。二是劳动主题的序列性，每一项内容在课表框架下根据地方、区域及学校情况在课程开发中体现十大任务群的关系，重在育人的逻辑关联性。因此，根据《义务教育劳动课程标准》，武侯区提出“勤以立人”的劳动教育理念，围绕三类劳动项目树立做事要勤快、技能要勤练、学习要勤奋、做人要勤勉、生活要勤俭的“五勤”劳动价值观，构建区域劳动教育课程内容，聚焦十大任务群，涵盖小学、初中、高中各学

段。三是劳动学段序列性。三类劳动、十大任务群是按照学生的年龄特点以学段的形式不断递增，呈螺旋上升、循序渐进的特点。即1～2年级侧重在日常生活劳动、生产劳动内容中选择。3～4年级及以上各个学段涵盖了三类劳动内容。5～9年级在开展清洁与卫生劳动的同时，结合日常课外劳动和家庭劳动要求开展。7～9年级结合相关任务群走进社会，增强家庭责任感，进行生涯规划教育。普通高中以区域的劳动教育辅以社会教育开展职业劳动教育，进一步体现劳动教育的序列性特点。

第三节　武侯区劳动教育项目清单

为切实促进劳动教育在武侯区各中小学的落地落实，以“三全育人”理念推进中小学劳动教育，使劳动教育贯穿学生学习生活的全过程、各方位，武侯区以国家劳动教育文件精神为纲领，结合武侯区区域特色和中小学学生特点，开发区域劳动教育项目清单，确保“时时有事做、事事有人做”，使学生在真实的生活情境中动手实践、出力流汗，接受锻炼、磨炼意志。

成都市武侯区中小学劳动教育项目清单

小学低段（1～2年级）

类别	任务群	清单内容	素养表现	实施建议
日常生活劳动	清洁与卫生	1.清洁地面卫生 2.清洁桌椅卫生 3.会清洗红领巾 4.学会垃圾分类	选择合适的劳动工具，掌握清扫地面、洗小件衣物等简单劳动的方法。养成讲究个人卫生的意识和习惯。养成不随便扔垃圾的习惯 初步建立垃圾分类的意识和维护公共卫生的意识。在清洁地面、衣物、桌椅等过程中，感受劳动的快乐，愿意参加劳动	1.场景运用：通过家校结合的方式开展本任务群活动 2.路径实施：适时开展班级卫生打扫活动，要求人人有劳动任务
	整理与收纳	1.学会整理书包 2.学会整理课桌 3.学会整理玩具 4.学会系好鞋带	初步掌握简单整理与收纳的方法。初步养成及时整理与收纳的习惯。初步具有管理自己的生活用品、学习用品等能力。感知劳动的辛苦和乐趣	1.场景运用：通过家校结合的方式开展本任务群活动 2.路径实施：指导学生在劳动课程学习与实践中掌握整理与收纳的基本方法
	烹饪与营养	1.学会摘菜、洗菜 2.学会削水果皮 3.冲泡美味饮品 4.学会凉拌三丝	能在家庭烹饪劳动中进行简单的食材粗加工，掌握日常简单的烹饪工具、器皿的使用方法和注意事项。具有安全劳动意识，以及“自己的事情自己做”的生活自理意识。初步具有科学处理果蔬、制作饮品的意识和能力。收获劳动的快乐	1.场景运用：通过家校结合的方式开展本任务群活动 2.路径实施：可以在教室开展削水果皮、泡茶等学习活动。有条件的学校可利用食堂资源，组织开展剥毛豆、择韭菜等活动
生产劳动	农业生产劳动	1.种植常见植物 2.饲养金鱼、乌龟	具有种植和养护常见植物或养殖小动物的意愿，初步了解身边常见动植物的养护方法，知道种植、养殖活动与自然界的紧密关系。能表达参与农业劳动后收获的快乐，初步具有关心、照顾身边常见动植物的责任心和农业生产安全意识，知道劳动需要长期坚持的道理	1.场景运用：学校要积极利用现有资源组织实施，并根据不同场景进行有针对性的指导 2.路径实施：开辟校园农业劳动区，分班级管理；创设班级“植物角”，由全班分组管理；家里已有植物或动物的学生，可在父母指导下参加植物养护或动物饲养劳动

续表

类别	任务群	清单内容	素养表现	实施建议
生产劳动	传统工业制作	1.巧手折纸、剪纸 2.巧手胶泥造型	能设计并制作简单的传统工艺作品，感受传统工艺技术的精湛，以及劳动的艰辛和收获的快乐，形成传承并发扬传统工艺的意识。初步养成专心致志的劳动品质	1.场景运用：通过家、校、社结合的方式开展本任务群活动 2.路径实施：结合日常生活情境开展传统工艺制作活动。例如，从春节等传统节日特点出发学习纸工，激发学生的劳动兴趣
	新技术体验与运用	1.参观现代工厂 2.走进现代农场	了解新技术创造性解决农业生产过程的问题。感受高新技术，对提高生产效率、降低加工成本、提高工件质量的意义	1.场景运用：充分利用学校班级来组织参观体验活动 2.路径实施：以学校、班级为主，充分利用相关资源组织集体性的参观活动
服务性劳动	现代服务业劳动	1.服务班级午餐 2.体验校园服务	对服务性劳动的类型特征有初步了解，初步树立“由己及人”的服务意识，在参与服务他人，服务班级和校园的劳动中收获快乐	1.场景运用：学校班级提供学生体验和参与机会 2.路径实施：人人参与午餐服务，协助老师管理用餐，如餐品发放、纪律管理等。了解校内的服务岗位，如保安、清洁工、园艺工等工作内容，并用笔和照片记录他们的工作情况。主动参与校园服务，体验校内的服务岗位，如体验保安、清洁工、园艺工等
	公益劳动与志愿服务	1.做好班级值日 2.参与班级管理 3.参与社区公益	认识到学校、社区中存在多种公益劳动和志愿服务的需求与机会，清楚值日生和班级管理工作的职责并做好相关工作。初步参与社区公益活动，如担当社区绿色小卫士、派发宣传单等	1.场景运用：以校园、社区为主，参加1~2项力所能及的公益劳动与志愿服务，满足他人需要、帮助他人解决问题 2.路径实施：学校开展相关常态化劳动，落实班级值日生和班级管理工作制度。有至少一项班级服务岗位，认真负责完成岗位工作。学校和班级可利用班队会让学生初步了解社区公益宣传活动的内容与方式

续表

小学中段（3～4年级）

类别	任务群	清单内容	素养表现	实施建议
日常生活劳动	清洁与卫生	1.做好垃圾分类 2.清洁课桌、椅子 3.清洗袜子、鞋子 4.清洗书包、文具	能正确使用简单的卫生工具和日常消毒物品，具有打扫卫生的劳动能力和个人防护能力。初步学会与他人合作劳动	1.场景运用：在班级大扫除活动中和居家个人卫生劳动中 2.路径实施：在家长的指导下，学生尝试清洗自己的鞋袜、书包等，通过多种方式在班级展示、分享、交流劳动过程与成果
	整理与收纳	1.整理鞋柜、衣橱 2.清洁讲台、桌面 3.分类整理书柜 4.教室环境美化	掌握居室、教室内物品整理与收纳的方法，理解及时整理与收纳能让生活、学习环境变得整洁、美好的道理，初步培养热爱劳动的态度。逐步养成及时收纳、分类存放的好习惯。初步具有做事有条理、整理有方法、收纳有规律的生活能力	1.场景运用：通过家校结合的方式开展本任务群活动 2.路径实施：定期整理居室里的书柜、衣橱、鞋柜和教室里的“图书角”、卫生柜、讲台桌面
	烹饪与营养	1.学会凉拌黄瓜 2.制作水果拼盘 3.蒸煮营养鸡蛋 4.尝试面点蒸煮 5.制作四川泡菜	能用简单的凉拌、蒸、煮等烹饪方法，满足自己基本的饮食需求。培养生活自理能力，初步建立健康饮食的观念。具有初步的食品安全意识。能正确认识烹饪劳动的价值，形成热爱劳动、尊重普通劳动者的观念	1.场景运用：通过家校结合的方式开展本任务群活动 2.路径实施：以“我会做早餐”“厨房新人秀”等活动开启本任务群的学习
	家用器具使用与维护	1规范使用家电 2.用电饭煲煮饭 3.正确使用水壶 4.维护家电设备	初步掌握家庭常用小电器的使用方法，会根据需要选择和使用，初步具有家用电器使用安全意识和器具保养维护意识，培养生活自理能力。养成用后及时清理、收纳到位的良好劳动习惯	1.场景运用：家庭实践与学校指导相结合，家校合作开展本任务群活动 2.路径实施：可以让学生在家中实践后，到学校交流不同类型小电器的使用方法、使用心得体会
生产劳动	农业生产劳动	1.种植蔬菜、水果 2.科学饲养春蚕	掌握1~2种当地常见蔬菜水果的种植方法，或1~2种家禽饲养方法。初步形成关爱生命、尊重自然的观念，遵循动植物生长规律和季节特点进行科学劳动的观念。初步学会与他人合作劳动，在种植、饲养过程中不怕困难，养成有始有终的劳动习惯，懂得“一份耕耘，一份收获”的道理	1.场景运用：充分利用学校等场地来开展农业劳动 2.路径实施：城市学校可利用校园一角建设“开心小农场”，可以利用家庭场地（如阳台、庭院等，让学生在家中进行植物种植）

续表

类别	任务群	清单内容	素养表现	实施建议
生产劳动	传统工艺制作	1.设计制作窗花 2.设计制作灯笼 3.设计制作香囊 4.巧手制作泥塑 5.制作木制书签	能设计并制作简单的传统工艺作品，感受传统工艺技术的精湛，以及劳动的艰辛和收获的快乐，形成传承并发扬传统工艺的意识。初步养成专心致志的劳动品质	1.场景运用：可以结合春节、元宵节、劳动节、国庆节等节日，开展主题活动 2.路径实施：根据春节贴窗花的习俗，安排剪纸项目，让学生设计、制作窗花；也可在元宵节开展小灯笼的设计与制作活动，并进行展示、交流
服务性劳动	现代服务业劳动	1.创意设计班徽 2.参加文创活动 3.体验服务行业	获得参与现代服务业劳动的初步体验，对服务性劳动的类型与特征具有初步认识。体悟现代服务业劳动对于创造便利、美好生活的重要意义，形成尊重现代服务业劳动、劳动者、劳动成果的观念，以及积极参与现代服务业劳动的态度。体验服务性劳动中的创造性及其带来的挑战与乐趣	1.场景运用：在现代服务行业中，选择1~2项与自身日常生活密切相关的项目进行实践、体验 2.路径实施：在父母的帮助和指导下开展与学生日常生活密切相关的现代服务业劳动。例如：帮助家长收取快递，体验现代物流服务；在餐厅中利用智能设备点餐、体验现代餐饮服务；到银行、钱币博物馆、金融教育示范基地等金融实践基地，体验现代金融服务
	公益劳动与志愿服务	1.参加校园讲解 2.参与公益劳动 3.参与捐赠义卖 4.维护社区环境	认识到学校、社区中存在多种公益劳动和志愿服务的需求与机会，初步具有以自己的劳动服务学校、服务社区的信心与能力。初步形成主动关心他人的意识和公共服务意识，体悟以自己的服务性劳动为他人创造便利的自豪感与幸福感。初步学会与他人合作劳动，形成尊重劳动和普通劳动者的态度，以及感恩他人劳动付出的劳动情感	1.场景运用：以校园、社区为主，参加1~2项力所能及的公益劳动与志愿服务，满足他人需要、帮助他人解决问题 2.路径实施：可以更多地采用以班级为单位的集体服务性劳动形式

续表

小学高段（5～6年级）

类别	任务群	清单内容	素养表现	实施建议
日常生活劳动	清洁与卫生	1.做好厨卫清洁 2.清洗个人衣物 3.清洁教室卫生 4.清洁校园公区	掌握生活中常用的清洁与卫生的技能。主动参加校园、班级卫生保洁和环境美化等劳动，并能根据劳动任务制订劳动计划，提高劳动效率。懂得劳动创造美好生活的道理	1.场景运用：在校园、班级大扫除活动中和居家个人卫生劳动中 2.路径实施：在家长的指导下，学生尝试清洁厨卫、清洗衣物。学校组织大扫除活动，并通过多种方式在班级展示、分享、交流劳动过程与成果
	整理与收纳	1.清理过期物品 2.定期整理房间 3.更换床单被套 4.整理换季衣服	具有较高的整理与收纳的能力，懂得有依据地整理与取舍，建立及时整理、清洁，以及清除学习和生活环境中的病原微生物的意识。体悟劳动对于创造美好生活的意义，具有初步的劳动筹划思维和家政能力	1.场景运用：通过对物品的整理与取舍，清理自己的学习与生活空间 2.路径实施：在劳动之前，要了解个人生活空间里的物品是否需要占据空间大小，并进行劳动规划，制定解决方案。整理与收纳劳动实践要有一定的依据，如必要、合适、整洁等
	烹饪与营养	1.设计一顿食谱 2.学会煎炒鸡蛋 3.学会炖骨头汤 4.学会做赖汤圆 5.学会做担担面 6.学会炒回锅肉	能进行家庭餐食的设计和营养搭配，并掌握简单的烹饪方法。初步养成营养搭配和健康饮食的习惯，具有食品安全意识。树立乐于为家人服务的劳动观念，初步形成家庭责任感	1.场景运用：能根据家人需求设计一顿午餐或晚餐的营养食谱 2.路径实施：用简单的炒、煎、炖等烹饪方法制作2~3道家常菜
	家用器具使用与维护	1.正确用电冰箱 2.正确用洗衣机 3.能电饭煲做饭 4.清洗安装风扇	掌握家庭常用电器的功能特点和使用方法，在学习和操作过程中养成耐心、细心的劳动品质，形成运用现代科技参与日常生活劳动的能力。初步养成良好的家用电器使用习惯。感受家用电器对提高家务劳动效率、提升生活品质的作用。养成在劳动中勤于观察、乐于思考的品质	1.场景运用：在生活动中提高家务劳动效率和提升生活品质 2.路径实施：以家用电器的使用为主题开展活动，设计不同难度层次的活动
生产劳动	农业生产劳动	1.种植时令蔬菜 2.合理种植盆栽 3.体验动物喂养	能种植与养护1~2种当地常见的蔬菜或植物，定期养护和观察。体验饲养1~2种小动物，了解饲养动物的生活习性，精心照料；观察和记录动物的成长过程。感受持续性劳动的艰辛和不易，懂得珍惜劳动成果，养成持之以恒的劳动品质。形成热爱自然、热爱土地的情感态度	1.场景运用：可将本任务群的学习与农业生产新技术、新模式结合起来 2.路径实施：可采用项目学习的方式开展学习与实践，将学生亲历劳动实践与现代农业技术考察、探究结合起来，注重与农民、技术人员的交流，聆听他们的劳动故事，还可与党史学习相结合，体会农业生产劳动的价值

续表

类别	任务群	清单内容	素养表现	实施建议
生产劳动	传统工艺制作	1.体验陶艺制作 2.设计制作风筝 3.设计制作皮影 4.学习绘制糖画 5.学习印染、扎染	能根据劳动需要，设计并制作简单的传统工艺作品，说明传统工艺的价值，感受传统工艺劳动的智慧，初步形成传承中华优秀传统文化的意识。感受工匠精神，初步形成追求创新的劳动精神	1.场景运用：根据学校实际情况、地方历史文化，选择开展适宜的劳动实践 2.路径实施：本任务群的学习可以与非物质文化遗产的保护与传承、工匠精神的弘扬结合起来，可以邀请当地的非物质文化遗产代表性传承人、技能大师进校园，开展劳动实践指导
	工业生产劳动	1.参观工坊工厂 2.制作传统玩具 3.制作木制相框 4.体验金工组装	掌握某项工业生产项目工具、设备的操作方法。能依据简单的技术图样，规范地使用常用的生产工具，设备加工制作产品的模型或原型。理解日用产品的来之不易，懂得爱惜日用产品，初步形成安全规范地进行工业生产劳动的意识。初步形成产品质量意识和精益求精的劳动品质	1.场景运用：根据所在地区工业生产特色、学校实际情况、学生学习兴趣等，选择适宜的产品载体开展劳动实践活动 2.路径实施：通过“工匠大讲堂”、观影、座谈等方式，帮助学生了解社会主义现代化建设的艰苦历程
	新技术体验与应用	1.学习三维打印 2.学习智能控制 3.了解激光切割	掌握某项新技术的使用方法。能根据需要，应用某项新技术制作简单的产品模型或原型。初步具有亲近新技术的情感和使用新技术进行劳动的意愿，具有进行创造性劳动的热情	1.场景运用：感受新技术在提高生产效率、产品质量及创造性解决问题等方面的重要作用，感受现代劳动中的创新精神 2.路径实施：根据学校实际条件和学生兴趣，选择适宜的新技术项目开展劳动实践 3.拓展清单内容:利用三维打印技术设计与打印小笔筒和茶杯，利用激光切割技术设计与制作木制益智玩具七巧板，利用智能控制技术模拟实现红绿灯自动控制、抢答器等
服务性劳动	现代服务业劳动	1.体验小区物管 2.设计班级文创 3.体验餐饮服务 4.设计推广方案（农产品）	理解1~2项现代服务业劳动的过程与特征，以及智能技术等对服务行业发展带来的促进作用。增强公共服务意识、与他人协同劳动的意识。对现代服务业劳动中所涉及的个人信息安全问题具有初步认识。初步感知服务性劳动中的契约精神，形成诚实劳动的品质。感知爱岗敬业、乐于奉献的劳模精神	1.场景运用：在现代服务业劳动项目进行参与、体验初步感知，服务性劳动中的契约精神 2.路径实施：可以结合职业体验、专题教育，开展具有高参与度的现代服务业劳动
	公益劳动与志愿服务	1.维护校园环境 2.参与社区公益 3.走进敬养老院 4.帮扶低段同学	了解公益劳动与志愿服务中的调查、准备、组织、实施、反思等环节，在服务性劳动过程中形成发现问题、关注他人需要与服务他人的意识与能力，进一步发展筹划能力。形成积极主动参与学校公共事务管理的劳动态度。体会服务社区的意义，增强公共服务意识，初步形成社会责任感	1.场景运用：根据学校、社区的实际需要与条件，立足社会现实问题，设立或选择主题性的公益劳动与志愿服务项目 2.路径实施：在开展公益劳动与志愿服务之前，指导学生进行必要的调研活动，了解服务对象的真实需要，并以此为基础来实施。在公益劳动与志愿服务结束之后，指导学生对服务过程与结果进行反思和总结

续表

初中学段

类别	任务群	清单内容	素养表现	实施建议
日常生活劳动	清洁与卫生	仪容仪表整洁 清洁厨房油污 清除卫生死角	善于整理个人形象，利用各种劳动工具打扫厨房清洁卫生，对厨房油污定期保洁。对家庭卫生死角，如厕所马桶、便池，床底柜底、沙发角落及消防通道等进行家庭日常保洁 坚持生活自理，自己的事情自己做。做阳光大方的中学生	1.场景运用：以家庭为基础完成劳动任务，在校内或班内交流分享劳动收获 2.路径实施：做好个人卫生的日常维护，利用所学的知识在周末或节假日做好家庭厨房及卫生死角的清洁
	整理与收纳	衣物熨烫有方 服饰整理收纳 开展居室美化	掌握不同材质、不同油污衣物的清洗方法，学会衣物的熨烫，能对卧室的床单、被套进行清洗、更换。主动对家庭的物品进行收纳，学会对不同季节、不同材质的衣物进行归类整理，通过收纳和整理让服装更有序，使家庭更加整洁，养成勤劳的好习惯，懂得劳动最美丽的道理	1.　场景运用：以家庭为基础完成劳动任务，在校内或班内交流分享劳动收获 2.路径实施：从自己衣物着手清洗、熨烫、收纳，再到制定居室美化方案并实施
	烹饪与营养	西式面点制作 中式面点蒸煮 制作特色川菜	能为家人设计食谱，合理搭配饮食，在制作膳食中学会中西面点如面包、蛋糕、馒头、包子、叶儿粑等面点的制作，掌握特色川菜的烹饪方法，劳动中注意用电、用气、用刀具的安全，养成健康生活方式，明白劳动让生活更甜蜜的道理	1.场景运用：以家庭为基础完成劳动任务 2.路径实施：通过查阅资料，在家长或老师的指导下掌握中西式面点的制作方法，掌握八大菜系之一的川菜烹饪的基本技艺
	家用器具使用与维护	家电维修保养 当好一周管家 我为家人按摩	能运用学科知识看懂使用说明书，掌握家用电器的科学使用，日常保养、维护及简单的安全维修；通过对家庭事物的管理，用劳动的形式去关爱家庭成员，从衣、食、住、行等多方面去当一周的家庭管家，体会父母在生活中的不易，为父母分担家庭事务，懂得劳动能让生活更幸福的道理	1.场景运用：以家庭为基础完成劳动任务，在校内或班内交流分享劳动收获 2.路径实施：利用周末及节假日学会家用器具的使用和维护，用行动当好家庭的“管家”，用劳动感恩父母长辈

续表

类别	任务群	清单内容	素养表现	实施建议
生产劳动	农业生产劳动	学习园艺嫁接	了解中国的二十四节气知识，熟知四季的作物，学会各节气中的农作物种植、收割和存储方法。掌握如扦插、嫁接、移栽、搭架、无土栽培、园艺种植等种植技术。养成辛勤、诚实的劳动价值观，明白劳动最光荣的真正意义	1. 场景运用：以家庭或周边农场、养殖园为基础完成劳动任务，在校内或班内交流分享劳动收获
		勤于四季劳作		
		现代农业种植		2. 路径实施：利用周末及节假日走进社区、农田、农场开展农业种植生产劳动
	传统工艺制作	非遗项目创作	了解校园文化，试着设计并制作校园文创产品，体验非遗项目，尝试非遗作品的制作，如熬制中药、绘制糖画、竹编、年画、剪纸，感受传统文化的人文价值和工匠精神。懂得劳动创造美、劳动塑造美的价值观念	1. 场景运用：在学校或非遗中心开展传统工艺制作
		制作文创产品		2. 路径实施：利用周末及节假日在学校或家长的陪同下，开展传统工艺制作
	工业生产劳动	陶艺泥塑创作	掌握金工木工陶艺的方法，能在劳动操作规范，制作生活用品、学习用品或金属工艺品等。养成安全生产的劳动习惯，养成工业制作的环保意识，进一步弘扬精益求精的工匠精神	1. 场景运用：在学校或工厂车间开展工业生产劳动
		体验金工制品		
		木工手艺制造		2. 路径实施：利用周末及节假日在学校或家长的陪同下，开展工业生产劳动
	新技术体验与应用	3D创客制作	利用3D打印机，试着通过计算机建模等新技术建成的三维模型，并逐层打印。通过参观新生产工具、机械等展会或博物馆，激发创新思维，塑造不断创新的劳动精神	1. 场景运用：校外或高新技术产业园区
		神奇工具创造		
		体验高新技术		2. 路径实施：在学校的组织下，利用研学或劳动周时间开展新技术参观体验与实践应用
服务性劳动	体验现代服务业劳动	校园职业体验	参与体验校园职业服务岗位，如门卫保安、食堂管理员、清洁保洁员、图书管理员、维修工人。和父母一起去上班，体验父母职业制度、流程管理和安全生产要求，体会父母职业工作的工作精神和职业态度，感受社会建设发展，为职业规划和生涯规划提供意义。增强使命感，懂得劳动创造美好社会责任感	1. 场景运用：在校园或者父母的职业工作地点
		父母岗位体验		2. 路径实施：在老师的指导下参与校园职业服务岗位；在家长的指导下参与职业岗位体验
		社会职业体验		
	公益劳动与志愿服务	走进公益机构	了解学校、社区（村镇）的服务需求，通过网络发起各种微公益活动，积极参与其中，如环保宣传、帮助弱者等。用劳动参与学校、周边、社会志愿服务，弘扬奉献他人、提升自我的志愿服务精神，树立服务意识，体悟劳动中人与人、人与自然、人与社会的关系，强化社会责任感	1. 场景运用：走进社区或公益机构
		参与志愿服务		2. 路径实施：善于发现问题，并在老师或父母的指导下以个人或小组为单位主动帮助弱者
		开展校园公益		

续表

高中学段

类别	任务群	劳动项目	素养表现	实施建议
日常生活劳动	清洁与卫生	洗涤大件物品 深度清洁房间 保持仪容仪表	掌握大件物品的洗涤方法，能够完成房间的深度清洁，养成定期整理房间的意识。注重个人仪容仪表，衣着得体	1. 场景运用：通过家校结合的方式开展本任务群活动 2. 路径实施：学生每天的起居。学校开展（如成人礼、专题班会）活动等
	整理与收纳	定期整理物品 科学整理物品	能够主动整理家中的衣柜、书柜、橱柜、抽屉、茶几等，根据物品的使用频率、功能作用等科学合理地摆放物件。养成定期清理废旧物品的习惯，养成分类收纳、物归原处的习惯	1. 场景运用：通过家校结合的方式开展本任务群活动 2. 路径实施：根据个人使用物品的习惯、使用频率，有条理地摆放物品
	烹饪与营养	制作一日三餐 准备节日家宴	能够协助筹备家宴，能够制订用餐计划，能独立采购物品，养成不浪费、不挥霍的意识；了解食材的营养成分，重视膳食营养，能够关注家庭成员的膳食习惯，提出健康生活建议。学会从生活上照顾家人，增加家庭观念	1. 场景运用：通过家庭成员合作的方式开展本任务群活动 2. 路径实施：学生利用假期、重大节日（如生日会、中秋、春节等）在家完成
	家用器具使用与维护	电器安装拆卸 器具深度清理	掌握家庭常用电器使用过程中简单的保养和维修方法，能够完成厨具的深度清理，提升家政技能和实践操作能力，养成在劳动中不畏艰辛、勇于创造的精神	1. 场景运用：通过家庭成员合作的方式开展本任务群活动 2. 路径实施：对电风扇、吸尘器、抽油烟机、空调等进行拆除、清理和安装。分享对工具的认识和使用情况，以及家用电器的工作原理。通过举行技能大赛、表彰劳动能手等形式，牢固树立尊重普通劳动者的观念
生产劳动	农业生产劳动	设计美化方案 四季劳作实践 体验现代农业	掌握一定的植物、果树的种植、养护、修剪、嫁接等技术，能够利用学校资源，参与学校绿化和美化、果树养护等工作，了解常见农作物的种植时间、生长周期等，参加四季劳作，能够通过探究解决生产过程中遇到的问题。结合资源条件具备开展现代农业实践的能力。体验劳动创造生活，从而热爱劳动、崇尚劳动	1. 场景运用：通过校、家、社合作方式开展本任务群活动 2. 路径实施：通过花盆种植的方式可以在家、学校等地方完成植物、农作物、果树等的种植和养护，也可以在责任田、校外的实训基地进行绿化。有条件的通过家乡土地开展实践活动

续表

类别	任务群	劳动项目	素养表现	实施建议
生产劳动	传统工艺制作	工艺设计创新	能够根据非遗作品的制作流程、制作工艺完成工艺品的设计和创新，使其具有时代性，如川派盆景、棕编、漆艺、酿酒、篆刻、纸伞等。了解和热爱传统工艺	1. 场景运用：通过校、家、社合作的方式开展本任务群活动 2. 路径实施：通过学校开展相关课程，组织实践活动。主动请教身边的传统工艺的师傅，向长辈等学习
		非遗工艺制作		
	工业生产劳动	服装设计制作	充分体验设计图的绘制、立体纸模的制作、服装的改造制作。熟悉技术设计的过程与方法，对建筑的整体或局部开展设计或改进设计。掌握汽车日常维护的主要内容。运用传感器、数字电路、电磁继电器和电子控制系统技术等，组合成一个控制系统并进行应用型设计。运用工具，制作一些有创意的物件	1. 场景运用：通过校、家、社合作方式开展本任务群活动 2. 路径实施：通过学校的木工房等场地，进行家庭日常简单的电器维修，以及利用到工厂、工地参观学习等方式开展实践活动
		体验工程设计		
		汽车保养维护		
		了解电控技术		
	新技术体验与应用	做简易机器人	理解机器人的基本构成、典型结构和应用背景，掌握机器人常用路径规划和运动控制。利用合适的材料，制作模拟住宅，以模拟的家居电器及家电设备为主要控制对象，利用网络通信技术、自动控制技术等搭建智能家居系统，并进行操作和远程控制。能够积极关注新技术，新观念，顺应时代发展	1. 场景运用：通过校、家、社合作的方式开展本任务群活动 2. 路径实施：通过学校开展相关课程，组织实践活动。学生自主学习，主动参与，主动学习，掌握智能家居的原理，能自己设计简单实用的家居
		设计智能家居		
服务性劳动	公益劳动与志愿服务	关爱老、弱、病、残	具有服务他人、服务社会的意识。能够关注弱势群体，开展一定的帮扶，有爱心。能参与大型赛会的宣传与志愿服务，能参与公园城市志愿服务，开展绿道宣传活动、公园定点服务等。具有合格公民的修养，能够甘于奉献、服务他人	1. 场景运用：通过学校组织活动的方式开展本任务群活动 2. 路径实施：通过全程承担 1 ~ 2 项校园服务岗位工作。帮助他人。通过志愿服务的网站参与大运会、非遗文化节、西部国际博览会等志愿服务
		参与赛会服务		
		城市志愿服务		
	体验现代服务业劳动	体验旅行服务	能够基于当地地理、文化、历史等开展旅行景点设计等现代旅行服务，具备针对当地的某一特色产品开展基于营销方案设计的现代销售服务能力	1. 场景运用：通过学校组织活动的方式开展本任务群活动 2. 路径实施：通过在网络平台制作并发布熊猫基地、金沙遗址等地电子导游指南等。通过在电商平台上直播推销柑橘、茶叶等以及自己制作的产品等
		体验销售服务		

第三章 课程实施的建议

第一节 课程实施的原则

为了提升劳动教育的育人实效，结合劳动教育课程的性质与特点，落实劳动教育的课程目标，秉承武侯区劳动教育“勤以立人”的核心理念，在劳动教育的实施过程中需要遵循以下六大原则。

一、以育人为宗旨，铸课程之灵魂

劳动课程的目标首先是育人，形式多样的劳动项目是劳动课程的实施载体，而劳动精神、品质、习惯、观念和劳动能力才是劳动教育的真正目标。所以，在劳动课程实施中，需要把握育人宗旨，以劳动观念与劳动精神为灵魂主线，着眼于学生劳动精神、劳动品质、劳动态度习惯的探究和创新精神的培养，为学生将来能够辛勤劳动、诚实劳动、创造性劳动，成为社会主义建设者和接班人奠定基础。

二、以实践为主线，明课程之重点

劳动是人类的最基本实践活动，是联系知识与现实生活的纽带，所以劳动教育的核心是“实践”。从教育形式来讲，新时代劳动教育是通过劳动所开展的教育，劳动教育的课程实施需要以实践为导向，体脑结合，将“劳心”和“劳力”结合起来，在“做劳动”中培养、弘扬劳动精神。

三、以科学为准绳，夯课程之根基

新时代的劳动教育要注重学生劳动技能的培养，教师在劳动课程的实施中要以科学为准绳，寻找适合相应年龄阶段学生的方法，对劳动的程序、流程和方式加以提炼，形成科学化、规范化、程序化的劳动技能。技能指导要避免生活化、随意化，要注重在劳动过程中探究劳动原理、方法和步骤，引导学生在规范严谨的劳动中掌握劳动技能。

四、以项目为单位，促课程之内生

劳动教育是中小学教育的重要内容，是学校课程教育的有机组成部分。劳动课程的实施，需要系统化地进行课程设计，按计划开展课程实施。在课程设计上，特别要关注大主题、长周期、序列化的项目开发，打造树德、增智、强体、育美的综合育人劳动课程，着力于引导学生持续做，在润物无声中持续培养学生良好的劳动习惯。

五、以时空为突破，拓课程之外延

新时代劳动教育的一个重要特点，就是要充分调动家庭、学校和整个社会的积极性，共同推动劳动教育的深入开展。因此，在课前、课中、课后一体化设计中，需要突破时空的界限，注重学校教育、家庭教育和社会教育的联动和协同，促进劳动教育实践路径、场景、资源等的开放。

六、以评价为导向，增课程之实效

劳动教育是一个长期的培养过程，离不开有效的评价。通过劳动评价，可以展示学生的劳动技术成果，促进学生创新品质形成和创新能力发展。在建立学生劳动实践动态评价体系时，除了劳动成果，更要关注劳动精神、劳动品质、劳动态度习惯的培养，强调过程和结果并重，从而以课程评价落实劳动课程核心素养的达成，将学生的劳动行为固化为持续的劳动习惯。

第二节 劳动项目开发

一、项目设计建议

劳动项目是落实劳动课程内容及其教育价值，体现课程实践性特征，推动学生“做中学”“学中做”的重要实施载体。项目设计包括制订项目目标、选择项目内容、确定劳动场域、明确项目过程、提炼项目操作方法等方面。以武侯区小学学段“川厨蜀味”劳动项目主题为例，从以上几个方面提出项目设计建议。

（一）制订项目目标

在明确劳动课程目标、学段目标及项目目标关系的基础上，结合项目对应的具体任务群的课程内容要求，制订具体项目目标。项目目标的制订要精准、具体、可操作，力求最大限度地反映劳动项目实施的预期结果和学生身心方面的变化，注重劳动观念、劳动能力、劳动习惯和品质、劳动精神的有机融合。

在“川厨蜀味”项目主题中，1~2年级项目目标可确定为“初步认识常见蔬菜，了解蔬菜的主要食用部位，选择合适的方法和工具对蔬菜进行粗加工，具有初步的科学处理蔬菜的意识和能力，初步形成劳动安全意识，生活自理意识”；3~4年级项目目标可确定为“能规范使用简单烹饪器具对食材进行切配，按一定流程制作简单川菜，形成生活自理能力，初步建立健康饮食的观念，具有初步的食品安全意识，感受烹饪劳动的价值”；5~6年级项目目标可确定为“初步掌握简单的川菜烹饪技法制作2~3道家常川菜，参与从择菜、洗菜到烧菜、装盘的完整过程，了解简单的烹饪方式与食物营养的关系，具有食品安全意识，树立乐于为家人服务的劳动观念，形成家庭责任感”。

（二）选择项目内容

针对不同学段学生的经验基础和发展需要，考虑到四川地区的特点和武侯区所属学校劳动教育环境，把握不同学段劳动素养培养要求，在《义务教育劳动课程标准（2022版）》中体现“日常生活劳动”的“烹饪与营养”任务群中，选择和确定1~2年级项目内容为“认识蔬菜、择洗蔬菜”，3~4年级项目内容为“制作四川泡菜”，5~6年级项目内容为“炒回锅肉”。从参与简单的家庭烹饪劳动逐步过渡到使用烹饪器具切配食材、学习基本的家庭饮食烹饪技法，从单一到综合，从简单到复杂，逐步发展安全劳动意识、生活自理能力、家庭责任意识，形成健康生活理念和基本能力，体现不同学段的纵向衔接和递进关系。

（三）确定劳动场域

劳动场域是项目实施的基础条件，包括劳动场所、工具设备、材料及劳动文化氛围等。1~2年级“认识蔬菜、择洗蔬菜”项目的劳动场所可以是菜市场、农场、专用教室等适合认识蔬菜、择洗蔬菜的场所。完成3~4年级“制作四川泡菜”项目必需的工具是能密封的泡菜瓶、秤、剪刀、调料盒、筷托、小勺、干净的筷子、口罩、围裙、头套；必备的设备是能播放视频、能投屏的多媒体。项目操作过程中需要使用的消耗性材料有切配好的蔬菜，以及矿泉水、白酒、泡菜盐、冰糖、干辣椒、花椒、乳酸菌粉等调料。劳动文化氛围通过播放《诸葛亮与泡菜的故事》营造。

（四）明确项目过程

项目过程分为明确任务、劳动准备、制订计划、组织实施、交流评价等环节。以3~4年级“制作四川泡菜”项目为例，明确任务环节是在老师的指导下，了解任务的目的是掌握泡菜制作的大致流程和方法；成果形式是能当场做出一瓶泡菜；评价标准一是看劳动成果（做好的瓶装泡菜）是否完成，二是看学生操作是否专注，三是看学生操作是否规范，四是看小组分工合作是否有序。劳动准备环节让学生根据制作泡菜的任务，了解和熟悉制作泡菜的工具和材料，制作过程所需的基本知识和技能。计划环节引导学生在观看制作教学视频的前提下，明确制作泡菜的程序和步骤及人员的分工。组织实施环节让学生按照计划和分工制作泡菜。交流评价环节让学生对自己的泡菜成品进行自我评价，同学间交流展示、师生共同讨论评价，让学生在学会做泡菜的同时，体会劳动成果来之不易，懂得珍惜自己和他人的劳动成果。

（五）提炼操作方法

项目操作方法是学生完成劳动项目、形成劳动感悟的重要基础和前提。在设计项目时，老师要对项目操作的主要方法加以提炼。例如，3~4年级“制作四川泡菜”的项目，就涉及泡菜制作的方法步骤：一涮瓶、二调水、三泡菜，这些方法需要学生通过观看模仿、体验巩固等过程才能真正掌握。考虑到在制作过程中会遇到的困难和误区，以及存在的安全隐患，老师在示范和指导时，提出了解决问题的策略和注意事项：泡菜瓶要消毒保证卫生；制作泡菜水的配料时称料要准确；泡菜时不易熟的根茎豆类泡在下面，易熟的瓜果叶类在上面；保证泡菜水足够淹没蔬菜，但又不能装满整瓶；封盖时需要压紧蔬菜，水面和瓶口之间留有空间。这些策略和注意事项可以确保泡菜制作项目的顺利实施和劳动课程目标的实现。

二、项目安排建议

项目安排依据三大类劳动课程内容及十个任务群在各学段的分布设计，总体体现“整体规划、纵向推进、因地制宜、各有侧重”的原则。依据学段任务群所体现的课程内容要求，选择和确定所需实施的任务群，整体安排每个学段的项目，体现项目在不同学段的纵向衔接与递进关系。

以成都市磨子桥小学分校为例，学年项目安排覆盖了三大类劳动教育内容，选择了八个任务群，结合学校的现有资源和实际情况，确定了该学段的具体劳动项目。

成都市磨子桥小学分校劳动项目学年安排表（六年级示例）

劳动内容	任务群	六年级上期	六年级下期
日常生活劳动	整理与收纳	学会整理衣柜	学会整理厨房
	烹饪与营养	学做营养早餐	学做回锅肉
	家用器具的使用与维护	学会使用电饭煲煮饭	学会清理冰箱
生产劳动	农业生产劳动	玉米成长记	土豆成长记
	传统工艺制作	陶艺花卉摆件	麦秆编制
	新技术体验与运用	人工智能	人工智能
服务性劳动	现代服务业劳动	秋冬季农产品义卖	春夏季农产品义卖
	公益劳动与志愿服务	班级服务劳动岗	“幸福小使者”学校服务劳动岗

三、项目统筹规划建议

《大中小学劳动教育指导纲要（试行）》中指出：“将劳动教育纳入人才培养全过程，丰富、拓展劳动教育实施途径。”并明确提出劳动教育的四条基本途径：独立开设劳动教育必修课、在学科专业中有机渗透劳动教育、在课外校外活动中安排劳动实践和在校园文化建设中强化劳动文化。在劳动课程的实施中，既要发挥劳动必修课的基础作用，又要注意与学科教学有机结合起来，同时在课外活动中进行充分劳动实践。

以上表中六年级下期“土豆成长记”项目为例，实施路径和要点安排如下：

“土豆成长记”项目规划方案

学月	主题	实施路径及要点		
		劳动必修课	学科融合	实践活动
第一学月	认识土豆	了解土豆的名称、种类及种植历史等知识		小调查：调查不同国家、地区对土豆的叫法
		了解土豆生长必须的生长周期及特点		
		了解土豆的营养成分及作用	科学：了解土豆的营养成分。（教科版科学六年级下册二单元第3课《米饭、淀粉和碘酒的变化》）	
第二学月	播种土豆	学习如何选择优良的土豆种		选购土豆：在家长的带领下，去超市或农贸市场选购合适的土豆
		学习辨认芽眼、切块并做防腐和风干处理	科学：用显微镜观察土豆表皮和芽眼的特点。（教科版科学六年级下册一单元第5课《用显微镜观察身边的生命世界》）	
		学习翻土、起垄和点播土豆的技能并实践	数学：测量地块的面积并划分箱面。（北师 大版数学六年级下册第5单元“面积”）	
第三学月	田间管理	学习辨认常见的杂草，定期给土豆苗除草		观察记录土豆苗的长势情况并做好记录
		学习用物理方法和生物制剂来防虫	科学：了解化学防虫的方式对环境的危害。（教科版科学六年级下册四单元第8课《环境问题和我们的行动》）	观察记录土豆苗的长势情况并做好记录
		学习给土豆苗施加有机肥		观察记录土豆苗的长势情况并做好记录
第四学月	收获加工	了解常见的土豆美食的做法，并确定餐谱		
		制作一道土豆美食		
		小组合作，回顾整理前几个阶段资料，制作一份土豆主题小报，展示交流	美术：运用美术课知识来装饰小报。（人美版六年级下册第14课《留给母校的纪念》）	活动策划：结合相关学科内容，策划一次关于土豆的知识竞 赛
备注：1.第一学月，劳动必修课总课时为4课时，建议实践活动不少于1.5小时 2.第二学月，劳动必修课总课时为4课时，建议实践活动不少于1小时 3.第三学月，劳动必修课总课时为4课时，建议实践活动不少于3小时 4.第四学月，劳动必修课总课时为4课时，建议实践活动不少于1.5时				

第三节 课程实施的过程建议

一、课程实施的四个阶段

劳动课程实施的四个阶段是指情境创设、准备阶段、实施阶段、反思阶段。把握四个阶段的特点，教师要当好课程实施的启发者、指导者和呵护者。

情境创设要注重真实性，即面向现实生活，从真实的劳动需求出发创设情境，从真实的问题出发生成任务。情境创设也要凸显教育性，即创设有利于学生理解劳动任务价值、激发劳动热情、解决挑战性问题、能有机融入劳动文化的学习情境。情境创设还要体现时间和空间的开放性，即根据当前劳动项目的实际进程或结合特定节日创设学习情境；根据劳动项目开展的需要，不局限于校内，也可依托校外场所创设情境。

准备阶段要对学生、家长、劳动场域的准备情况做出指导。针对学生的指导，主要围绕劳动项目实施所涉及的劳动观念、劳动纪律、劳动相关法律法规、劳动知识与技能进行讲解和示范，帮助学生了解实践过程中可能遇到的困难与挑战，指导学生设计相应的劳动方案。针对家长的指导，要及时全面地与家长沟通项目的情况，获得家长的知情同意、理解支持。针对劳动场域的指导，要事先做好劳动场所、工具设备、材料，以及文化氛围营造等方面的可行性、安全性、适应性的准备。

实施阶段是劳动实践的核心环节，主要进行学生劳动技能淬炼、习惯培养、品质塑造。该阶段教师既要做好协调工作，帮助鼓励学生，答疑解惑，又要适当放手，给学生操作实践的空间；既要注意观察学生，把握任务技能的完成掌握情况，又要保护学生的好奇心和探究欲望；既要注重学生规范意识、质量意识的培养，也要强化专注品质和合作意识的培养。

反思阶段是围绕劳动过程体验、成果评价、价值体认，引导学生理解劳动实践的价值与意义，感悟劳动成果来之不易，养成反思交流的习惯。鼓励学生以身边劳动表现优异的同学和普通劳动者为榜样，发现自身优势与不足。组织学生开展成果展示、讨论、演讲、辩论等活动，通过讲述劳动故事、撰写劳动日志、制作劳动微视频等方式进行反思交流。

二、课程实施的五个关键环节

《大中小学劳动教育指导纲要（试行）》中所阐述的劳动教育关键环节是劳动教育教学实施的重要路径，对学校和教师开展劳动教育有重要的指导意义。

【讲解说明】

讲解说明环节涉及两个主要内容，一是关于劳动观念、劳动纪律、劳动相关法律法规等多方面的内容；二是关于劳动知识技能的讲解，要让学生掌握实践操作的基本原理、程序、规则；学习正确使用工具的方法和技术；知道劳动安全与注意事项。“讲解”需要教师结合实际情况，把握劳动任务的特点，有针对性地对劳动内容进行详细解释和说明。讲解的内容不一定面面俱到，根据劳动类型的不同，侧重点不同。日常生活类劳动侧重于劳动观念的引导，需要教师正面引导，让学生明辨是非，了解轻视劳动带来的危害。生产性劳动更注重于劳动流程的讲解，加强劳动技能的指导，让学生明确劳动内容、过程与方法。服务性劳动更注重引导学生理解劳动的意义与价值，感受劳动与个人和社会生活间的关联，认同劳动创造幸福生活。无论是哪一类型的劳动讲解，都要强调劳动安全，养成安全劳动的基本意识。

【淬炼操作】

淬炼，是指反复经受考验和磨炼，最终得以成长。淬炼操作环节让学生在反复的实践练习中学会劳动技能，允许失败，尝试试错，通过多次练习锤炼劳动品质，弘扬劳动精神。淬炼操作注重示范与练习。学生在理解教师讲解说明的劳动内容后进行实践练习。教师作为指导者参与这个环节，对劳动内容的要点和注意事项等进行补充说明，进一步明晰劳动要求和防范劳动风险，指导学生能更准确地完成劳动实践。教师作为观察者参与这个环节，在指导学生练习过程中要引导学生自己加强对操作行为的评估与监控，及时发现操作行为不足与改进之处，并迅速调整，甚至对劳动内容进行整体改进与创新；引导学生加强责任意识，对自己当前从事和负责的劳作项目与内容一以贯之，有始有终。教师作为组织者参与这个环节，操作过程中教师可以通过多种方式进行指导，过程中强调规范意识、质量意识和专注品质。

【项目实践】

项目实践在讲解说明和淬炼操作完成的基础上开展，不固定时间段，不固定场所，以劳动实践的方式贯穿学生生活的全方位和全过程，让学生完成真实、综合任务，经历完整劳动过程。项目实践让学生从需求出发确立项目，教师可以引导学生有目的地对家庭生活、学校生活和社会生活进行观察、调查，发现生活中存在的劳动需求，进而确立劳动实践项目。规划设计项目实践时，教师给予指导和支持，和学生共同拟定劳动实践项目实施的方案，明确劳动场所、劳动内容和任务、劳动步骤和要求、劳动成果、劳动学习评价等。在项目实践过程中教师要先行示范，与学生共同劳动，积极参与和指导学生进行项目实践；引导学生经历“提出项目需求—拟订方案—实施方案—项目总结”的整个过程，给予学生完整的项目经历；强化劳动内容的连续性，给予学生完整运用劳动技能解决现实问题或需求的经历。最后的劳动成果可以是文本性质的成果，如项目计划等，也可以是实践成果，如照片、视频等。

【反思交流】

反思交流要促进学生形成良好的反思交流习惯，引导学生围绕劳动价值意义建构，进行总结、交流、思考、分享等。在反思交流中教师把握三个方向：一是可以将反思交流与改进相结合，通过同伴间的交流分享，促进正确的劳动观念的形成，提升劳动技能，养成好的劳动习惯，使学生在劳动中成长。二是在组织学生交流分享劳动的体验和收获的过程中，教师要纠正观念的偏差，反对一切不劳而获、崇尚暴富、贪图享乐的错误思想，肯定具有积极意义的认识，倡导通过诚实劳动创造美好生活、实现人生梦想。三是要引导学生思考劳动过程和结果与社会进步、个体成长的关联，充分认识劳动之于个体、家庭和社会的重要意义和价值，在相互交流过程中正确理解劳动是人类发展和社会进步的根本力量，认识劳动创造人、劳动创造价值、创造财富、创造美好生活的道理，牢固树立劳动最光荣、劳动最崇高、劳动最伟大、劳动最美丽的思想观念，避免停留在简单的苦乐体验上。教师的及时反馈往往会对学生的反思起到画龙点睛的作用，对学生劳动体验的深化和劳动价值的内化起着重要的促进作用。

【榜样激励】

榜样激励主要是围绕劳动的精神追求，树立典型，激发学生的劳动热情。树立劳动榜样，可以分为劳动者榜样和劳动事实或现象榜样两种。榜样遴选时要注意树立多类型榜样，不仅要有大国工匠、劳动模范，还要有身边劳动表现优异的普通劳动者和同学，选择各种层次、各种类型的先进典型，不仅仅只追求“高、大、全”的典型，要让学生感受到榜样的可学习性。指导学生从榜样的具体事迹中领悟他们的高尚精神和优良品质，在重大、关键和相连的系列具体事迹中体验榜样的心灵转化和实践历程，感受到榜样的真实性、生活性，避免大而空、华而虚的道德说教。明确要求学生在日常劳动实践中努力向榜样看齐，用实际行动来践行榜样的高尚精神和优良品质，促进学生的榜样学习由产出过程向动机过程转化。

三、课程实施的三种课型探索

在武侯区劳动课程实施过程中，基于课程实施的四个阶段和五个关键环节，彰显“勤以立人”的核心理念，武侯区探索出具有区域特色的活动策划课、实践操作课、反思拓展课三种课型。

（一）活动策划课

柳夕浪教授在讲座中提到，实践型课程作为一种新的课程形态，包括情境、工具、活动三个基本要素。活动策划课则是围绕这三大要素来开展设计的一种课型，用以确保学生成功完成劳动实践操作。活动策划课的目的和任务主要包含两个方面，一是在创设的情境中指导帮助学生提前了解、准备劳动工具，这是开展劳动实践的基础。二是要在情境中引导学生积极主动地策划切实可行的活动方案，这是保障劳动实践活动有序进行的前提。

【情境创设】

情境指的是学习活动的背景和条件，蕴含着体验、探究、调适、建造等目的或任务，与社会、文化有着广泛的意义连接。活动策划课尤其需要教师设计好具有趣味性、启迪性、互动性、开放性的教学情境，激发学生探究、设计、劳动的兴趣。

1.注重真实性。创设真实的情境是活动策划课的核心要求。教师在涉及活动策划课时，需要立足学生真实的生活经历或体验，面向现实生活，构建与学生的真实成长形成意义关联的场景氛围、环境条件和任务境况，才能让学生基于真实的需求、真实的问题、真实的生活进行真实的思考，开展真实的策划。一方面，教师可以从真实的劳动需求出发创设情境，另一方面也可从真实的问题出发，指导学生明确劳动任务。

2.凸显教育性。实施劳动教育的初衷在于培养体力、脑力均衡发展的人才，由此可见，劳动教育是通过“劳动”这一实践载体，让学生领会劳动的价值，学会相应的劳动知识和劳动技能。因此，活动策划课要注重创设有利于学生理解劳动任务价值、激发劳动热情、解决挑战性问题等劳动实践学习的情境。特别要注重劳动文化在情境创设中的有机融入，充分挖掘与劳动项目相关的儿歌、谚语、警句、人物事迹等在劳动实践学习中的育人价值。

3.体现开放性。要注重从学校和学生的特点出发，充分利用好各方面的资源，为学生的日常生活劳动、生产劳动和服务性劳动选择适合的时间和空间。就时间而言，既可根据当前劳动项目的实际进程创设学习情境，也可结合特定节日创设学习情境，如学雷锋纪念日、植树节、“五一”劳动节、中国农民丰收节等；就空间而言，根据劳动项目的开展需要，既可将劳动实践学习情境创设于学校劳动实践室，也可依托其他校外场所创设，如家庭、田地、工厂、餐饮机构，以及公共图书馆、科技馆、博物馆、植物园、动物园等。

【工具准备】

劳动工具是一定情境中的活动主体作用于活动对象不可缺少的中介因素。它既是活动手段，也是学习的对象。活动策划课的一个重要目标，就是要让学生针对具体的劳动任务，了解和熟悉相应的劳动工具与材料、劳动场所及劳动过程所需的基本知识与技能等，为后面开展劳动实践奠定基础。劳动工具主要包括思维工具、操作工具、媒介工具三类。

1.学习领会思维工具。思维工具是指学科核心概念、跨学科范畴以及关于思维过程知识、元认知技能，具体包含劳动实践所需要的科学规律、理论知识、逻辑思维等，是学生进行劳动实践的理论基础。在活动策划课时，需注重全面梳理劳动实践所需要的思维工具，采取调研、讨论、专项学习等多种方式，让学生学习领会好相应的思维工具，并根据学生的需要进行答疑解惑。

2.熟练掌握操作工具。操作工具是指仪器设备、技术手段等，本质上是人肌体的延续，例如查询知识的电脑、打扫卫生的扫帚、手工制作的刻刀、记录时间的手表等，是学生开展劳动实践的物质基础。要结合学生自身年龄特点和家庭、学校的客观条件，有针对性地选择适合劳动实际的操作工具，并充分考虑学生实践时可能遇到的困难、陷入的误区及存在的安全隐患，作出示范和指导，提出解决问题的策略，以确保劳动实践的顺利实施。

3.充分利用媒介工具。媒介工具是指共通语言媒介、图像、音频视频以及学科特有的符号体系，是教师营造教学情境、传授技能知识、沟通交流经验等的手段，是高效联系老师和学生的媒介。劳动实践往往关注现实生活问题的发现、分析与解决，需要运用多个学科知识分解学生面临的复杂生活问题，仅靠普通的板书难以讲解清楚，需要老师充分利用各种媒介工具，帮助学生理解思维模式、掌握劳动技能。

【活动准备】

制定活动方案是学生实施活动前的必要准备，要引导学生在统筹各种资源的前提下，确定劳动的程序和步骤，形成合理的劳动计划，以保障劳动活动有序地进行。做好活动准备，需要从教师和学生两个方面入手。

1.教师方面。教师要让学生明白制订计划的重要性和必要性，指导学生正确把握活动方案的基本要素和基本格式，自主、规范地进行活动设计。通过制定活动方案，使学生对活动的目标更明确、活动的步骤更清晰、活动的过程更科学，并对后面劳动实践内容有基本的认识和初步思考。做好劳动场所、工具设备、材料，以及劳动文化氛围营造等方面的可行性、安全性、适应性等准备。

2.学生方面。学生要通过交流、合作、论证，结合自身实际提出劳动实践过程中可能遇到的困难与挑战，进一步优化行动计划、完善活动方案。主动学习实践活动所涉及的劳动观念、劳动纪律、劳动相关法律法规等。可适时开展参观、调研等前期活动，加深劳动主题的理解。

（二）实践操作课

劳动实践课坚持以实践锻炼为主，不能只是口头上喊劳动、课堂上讲劳动，引导学生在家庭生活、社会生活和学习生活中不断应用和反复操练劳动操作内容，让学生在实践中学会劳动。在劳动实践过程中围绕如何做的问题，指导学生对劳动内容进行实际动手演练，充分发挥教师以身示范作用，以自己的劳动感染学生、引导学生，让学生会劳动。

【教学要点】

劳动实践课要注重示范与练习，为学生创造更多课内外实践劳动操作的机会。首先教师可以通过回顾复习、创设情境等多种方式让学生感知本堂课的劳动内容或劳动过程。其次教师做好讲解示范，讲解是指有针对性地将流程化的、规范化的劳动实践步骤通过微课或者图片或者文字总结传递给学生，让学生感受劳动过程，总结归纳劳动流程。其中，特别强调对劳动工具的讲解，让学生认识了解劳动实践过程中需要用的劳动工具，有助于学生高效完成劳动实践任务，掌握劳动实践技巧。示范则可以是教师课堂亲身的示范，或者让个别学生先行示范劳动内容的操作，目的在于帮助学生加深理解劳动实践的流程和劳动技巧，提前发现和纠正容易失误的环节和步骤。如若需要，则教师再进一步结合实际情况，对劳动内容的要点和注意事项进行再一次的说明，目的是在于进一步明细劳动要求和防范劳动风险。再次学生进行“实践操作”，学生开展劳动内容的操作实践，教师根据学生实践情况进行指导。最后根据学生劳动实践的具体情况，学生对实践操作过程和感受进行分享交流，教师进行多方位总结。

如小学高段劳动项目“整理与收纳”劳动实践课中。

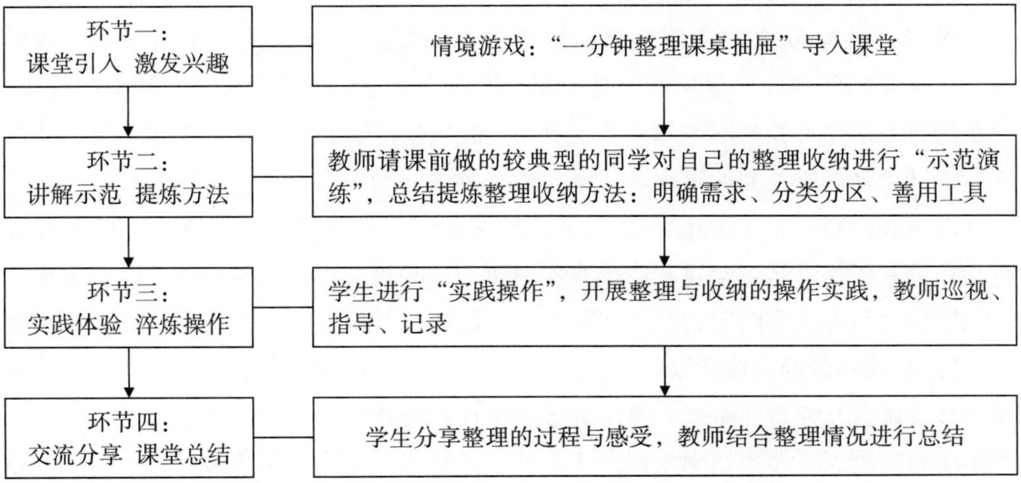

【教学建议】

劳动实践课让学生在实践中学会劳动。劳动方法和技巧的掌握是需要反复多次练习的。在劳动实践课中，注意发挥家校协同，把握课前、课中、课后一体化。

1.在课前，教师要做好课前的指导。教师可以提前发放劳动任务单，或者微课学习视频，指导学生在课前尝试练习，初次感受实践过程。如小学高段劳动项目“整理与收纳”劳动实践课前，教师提前发放了自我检查单，对家庭收纳的问题进行收集，并且尝试让学生进行预整理和收纳，提前感受了实践中可能出现的问题以及做的好的地方。

2.在课中，教师要对学生劳动实施过程进行规范化梳理和设计，强化规范意识，注重从最基本的程序学起，严守规则，避免主观随意，注意劳动过程的安全。

3.在课后，学生需要进一步反复实践，熟悉劳动流程，学习直至掌握劳动技巧。教师需要根据实际的劳动项目进行课后劳动实践任务的布置，对学生劳动内容的掌握，实践操作的亮点与不足进行进一步的指导，实践成果可以以照片、视频或者实物等方式进行提交。如小学高段劳动项目“整理与收纳”劳动实践课后，教师进行课后实践练习的任务布置：根据家中实际情况收纳出干净整洁的书桌（衣柜、厨房、冰箱等区域），完成活动记录表。根据学生反馈的成果，教师进一步个别差异化指导学生如何进行整理和收纳，直至学生掌握整理与收纳的劳动方法。

实践课通过动手实践、出力流汗，引导学生在劳动过程中树立劳动过程观，关注劳动细节，每个步骤、环节都要精准到位，以精细的劳动过程实现高质量的劳动成果。

（三）反思拓展课

【反思拓展课的定义与重要意义】

新时代劳动催生劳动新样态，劳动教育的新内涵需要劳动课程实施的新形态——反思拓展课。反思拓展课是在实践操作课之后，引导学生对实践中的收获、不足进行反思，并指导学生进一步开展劳动拓展实践，在做中学，在学中做，从而不断提升劳动核心素养的过程。

反思拓展课是劳动教育课区别于劳动技术课，体现劳动教育育人性的关键过程，目的在于将学生劳动过程中的真实感悟与体验培育为正确的劳动观念、丰富的劳动情感，培养优秀的劳动品质和高尚的劳动精神。

【反思拓展课的实施建议】

1.以真实的劳动过程为基础，涵育学生的劳动情感

反思拓展课，要组织学生回顾真实的劳动过程，交流分享劳动过程中的体验和

感悟，引导学生感受劳动的趣味或艰辛，体味收获的快乐或来之不易，并指导学生思考劳动过程和结果与社会进步、个体成长的关联，避免停留在简单的苦乐体验上，从而增强获得感、成就感、荣誉感，涵育学生爱劳动、乐劳动的积极情感，培养学生对劳动人民的感情，具有服务他人、服务社会的情怀。

2.以多样的劳动成果为载体，提升学生的劳动能力

反思拓展课，要充分利用多样的劳动成果，如照片、视频、实物、劳动日记或小报等，进行分享交流，让每一个学生都有展示自我的机会，并将反思交流与深化改进结合起来，给予学生再实践的空间，促进学生形成在反思交流中提升自我的习惯，使学生在劳动中获得成长，掌握劳动基础知识和基本技能，做到手脑并用、知行合一，增强体力、智力和创造力，具备与其年龄相适应的生存生活、团队合作、综合应用、创新创造能力。

3.以综合的劳动评价为依托，塑造学生的劳动品质

在反思拓展中，注重评价内容多维、评价方法多样、评价主体多元，既要关注劳动知识技能，更要关注劳动观念、劳动习惯和品质；既要关注劳动成果，更要关注劳动过程中的表现，以劳动态度、时间为主，兼顾技能与效果，在学生自评、互评的基础上，进行教师评价，并引入家长评价、劳动服务对象的评价等，以综合的劳动评价，引导学生自觉自愿、认真负责、安全规范、坚持不懈地参与劳动，形成诚实守信、吃苦耐劳的劳动品质。

4.以优秀的劳动者为榜样，培育学生的劳动精神

在反思拓展中，通过讲述劳动故事，遴选、树立多类型的榜样，鼓励学生以身边劳动表现优异的同学和普通劳动者为目标，以大国工匠、劳动模范为目标，在对榜样们的实际表现和具体事迹的学习中，明确自身在日常劳动实践中的方向，深刻理解劳模精神、工匠精神和科学家精神的丰富内涵，深入领会“幸福是奋斗出来的”内涵与意义，继承中华民族勤俭节约、敬业奉献的优良传统，培育勤俭节约、艰苦奋斗、创新实干、敬业奉献的劳动精神。

第四章 课程评价的建议

开展劳动课程评价是检验学校劳动教育实施效果的重要手段，对引导学校进行劳动课程改革具有重要意义。各中小学校实施劳动课程评价需着眼于武侯区劳动教育的核心理念——“勤以立人”，把“勤以立人”的核心理念融入劳动课程评价的全过程中去，促进中小学生全面发展、健康成长。各中小学校实施劳动课程评价需以劳动素养为导向，引导中小学生真正做到做事要勤快、技能要勤练、学习要勤奋、做人要勤勉、生活要勤俭，树立天道酬勤、厚德载物的人生观和价值观，自觉将勤劳奋斗的精神内化为个人品质。各中小学校实施劳动课程评价需不断推进学校劳动课程评价过程的科学化，科学认识、有效实施和妥善利用评价，关系到课程开发的质量和效益，是劳动课程开发的重要前提和保障。劳动课程开发是一个持续的、动态的、循环往复的过程，评价是劳动教育活动开发的关键环节和重要依据，它既是活动的相对终结，也是活动的持续起点，更是活动的循环过程，简言之，劳动课程评价是判断活动价值，改进课程实践，促进学校、学生、教师及课程整体发展的过程。

第一节 劳动课程评价的原则

劳动课程评价应关注劳动教育的全过程，关注学生的劳动实践体验，关注学生劳动素养的养成，关注学生在劳动过程中的增值表现，力求全面科学地评价学生，为保障劳动课程评价的有效性和育人实效性，应遵循以下原则：

一、导向性原则

劳动教育评价要把准劳动教育价值取向，遵循国家教育方针政策，把握育人导向，坚持立德树人根本任务，把劳动教育纳入人才培养的全过程，围绕培养担当民族复兴大任的时代新人，以劳动教育核心素养为导向，关注核心素养四个方面的发展状况，以及在劳动过程中的体现。通过评价的积极引导作用，促进劳动育人价值的实现。

二、系统性原则

应整体、系统地进行评价，并贯穿学习始终。发挥教师、家长和学生等多元主体评价作用，依据学生年龄特征和学习特点，制订循序渐进的评价目标。注重过程性评价与结果性评价相结合，兼顾家庭劳动实践评价与社会劳动实践评价，采用多样化评价方式，如项目实践、交流对话、技能测试等，持续地反馈信息。

三、发展性原则

发挥评价的反馈改进功能，促进学生认真参与劳动学习与实践，改进教师的教学安排。评价的目的在于推动每个学生在原有的劳动态度、劳动水平上进步得到提高，应从发展性的角度探讨评定学生的劳动成果、表现，教师要着眼于学生劳动过程的动态发展，充分肯定学生在劳动中的进步，正确对待劳动中出现的问题，激发学生学习的自信心和进取心，促进学生反思和持续发展。

四、过程性原则

劳动教育的评价要重视对学生参与劳动活动过程的评价。对学生进行评定的劳动任务应该揭示学生在活动过程中的表现以及他们是如何劳动的，而不仅是完成劳动任务而已，即使最后劳动效果不尽人意，也应从学生获得劳动经验的角度视之为重要成果，肯定其劳动价值，营造参与劳动体验的喜悦情景。

第二节　劳动课程评价的主体

就评价主体而言，要走向多元化，逐步构建以学生为主体、教师为主导、家长为后援、社会专业技术人员或服务对象为辅助的多元综合性评价体系。

一、充分尊重学生自评和他评的主体地位

劳动课程评价中，最重要的也最关键的是学生作为主体对自我以及对同伴的评价。当前的劳动教育给学生自评和他评的机会与时间均有限，不自觉地剥夺了学生体验与表达的机会，致使评价流于形式。学生本身的意见被忽视，体验表达的机会被剥夺，这不利于学生全身心参与劳动实践以及劳动精神的涵养、技能的学习。学生主动参与评价活动本身就是对劳动过程的认可，这种积极情感是享受劳动的重要体现，是获得幸福感的动力源泉。充分发挥学生的主体作用，增强学生的自我意识和独立性，让学生在自我反思、他人点评、相互对比的基础上全方位地了解自己、完善自我。

二、发挥教师对课程评价的主导作用

在劳动教育评价过程中，教师要用发展的眼光看学生，观察学生在劳动实践过

程中的成长增量情况，让劳动教育评价激发学生的潜能，鼓励其在实践中逐渐养成良好的劳动习惯，树立正确的劳动价值观和劳动态度，从而不断养成与提升学生的劳动素养。教师在实施评价的过程中应面向全体学生进行积极评价，而不能只惠及优秀学生，要从多个角度评价不同学生在劳动实践中取得的进步，同时应帮助学生发现自己的不足，以评促学、以评促思，发挥评价的激励和诊断调节作用。

三、调动家长参与成为过程性评价的观察者

调动家长积极参与到劳动课程评价，形成学校、家庭、社会多角度评价，使学生的劳动过程更加真实，更加立体，更加鲜活。家长观察评价学生在家劳动情况，为学校劳动课程考核提供另一视角的参考。学生在家庭中接受到的劳动教育是在校劳动教育的基础，老师可以通过家长过程性的评价了解学生在家进行家务劳动的情况，这样有利于对学生日常生活劳动领域内的劳动习惯的养成有全局的把握。在过程性评价中，家长处于从旁协助的位置，最核心的还是学生自己的劳动体验，家长可以提醒和引导孩子，但不能因为希望自己的孩子在劳动中完成得更优秀而包办代替，那就完全违背了评价的初衷。

四、辅助社会专业技术人员或服务对象的评价

劳动过程与结果的价值判断，难免涉及劳动技能专业知识，如果教师、学生难以判断，寻求专业技术人员的帮助，是完全必要的，有时还是完全必需的。针对劳动技能的专业判断借力社会专业技术人员，能培养学生精益求精的劳动品质和一丝不苟的匠人精神。在服务性劳动领域内辅助于服务对象的评价，有利于培养学生为人民服务的劳动意识和敬业奉献的劳动精神。学生只有在参与劳动服务实践活动中才能真切体会到劳动过程的辛苦不易，当学生收获到来自服务对象的真切评价，才会有劳动的获得感、成就感和荣誉感，才能发自内心地尊重劳动、热爱劳动、珍惜劳动。

第三节　劳动课程评价的内容

一、评价内容聚焦劳动素养，突显维度整体性

劳动素养作为新时代劳动教育的核心，既是学生全面发展的根本要求，也是学生必须具备的关键能力。全面提高学生劳动素养应作为学生评价的主要内容，劳动素养的构建应以《意见》所明确的劳动教育总体目标为主要依据，考虑维度结构、层级结构及要求。从劳动素养的组成部分来看，涉及思想认识、情感态度、能力习惯等不同方面，包括劳动观念、劳动能力、劳动精神、劳动习惯多个维度。新时代背景下的劳动素养强调以学生的劳动精神与劳动观念为核心，形成能够适应时代特点及需求的劳动能力、劳动习惯等方面的综合素质。

劳动观念：劳动观念是指在劳动实践中逐渐形成的，对劳动、劳动者、劳动成果等方面的认知和总体看法，以及在此基础上形成的基本态度和情感。主要表现为：学生能尊重劳动、尊重普通劳动者，了解不同职业劳动者的辛苦与快乐，理解“三百六十行，行行出状元”的道理；能正确理解劳动对于个人生活、家庭幸福、社会进步、国家富强和人类发展的意义，懂得劳动创造人、劳动创造财富、劳动创造美好生活的道理；能崇尚劳动，牢固树立劳动最光荣、劳动最崇高、劳动最伟大、劳动最美丽的观念。学生是否正确理解劳动是人类发展和社会进步的根本力量，认识劳动创造人、劳动创造价值、创造财富、创造美好生活的道理，崇尚劳动，尊重劳动，尊重普通劳动者，牢固树立劳动最光荣、劳动最崇高、劳动最伟大、劳动最美丽的思想观念。

劳动能力：劳动能力是指顺利完成与个体年龄及生理特点相适宜的劳动任务所需的胜任力，是个体的劳动知识、技能、行为方式等在劳动实践中的综合表现。主要表现为：学生具备基本的劳动知识和技能，能正确使用常用的劳动工具；能在劳动实践中增强体力，提高智力和创造力，具备完成一定劳动任务所需要的设计能力、操作能力及团队合作能力。学生是否掌握基本的劳动知识和技能，具备完成一定劳动任务所需要的能力，包括对劳动的方案设计、过程规划、材料与工具选择为主的设计能力，以工具使用、工艺操作为主的操作能力，以分工合作、共同解决问题为目的的团队合作、协作能力等。

劳动精神：劳动精神是指在劳动观念、劳动能力、劳动习惯和品质的培养过程中形成和发展的，在劳动实践中秉持的关于劳动的信念信仰和人格特质。主要表现为：学生能领会“劳动是一切幸福的源泉”“幸福是奋斗出来的”的内涵与意义；继承中华民族勤俭节约、敬业奉献的优良传统；弘扬开拓创新、砥砺奋进的时代精神；感知爱岗敬业、甘于奉献的劳模精神；培育百折不挠、艰苦奋斗的革命精神，以及精益求精、追求卓越的工匠精神。学生是否领会“幸福是奋斗出来的”内涵与意义，继承发扬中华民族勤俭节约、敬业奉献的优良传统，形成勤俭、奋斗、创新、奉献的劳动精神。

劳动习惯和品质：劳动习惯和品质是指通过经常性劳动实践形成的稳定行为倾向和品格特征。主要表现为：学生具有安全劳动、规范劳动、有始有终等习惯；养成自觉自愿、认真负责、诚实守信、吃苦耐劳、团结合作、珍惜劳动成果等品质。学生是否能够自觉自愿、认真负责、安全规范、坚持不懈地参与劳动，把劳动行为转化为日常生活中的本能行为，形成诚实守信、吃苦耐劳的品质。

二、评价内容呈现多元价值，突显实践目的性

劳动教育一直崇尚促进人的全面发展，试图突破传统劳动教育的局限，让学生在生活中发现真实问题，在实践中创新劳动形态。社会的快速发展迫切需要新型的劳动形态，学生的个人发展需要个性化、多元化的劳动教育。基于社会和学生的双重需求，劳动课程评价强调多元价值取向和多元标准，其评价内容强调多元性、实践目的性，针对不同类型的劳动内容，评价的侧重点也有所不同：日常生活劳动侧重于卫生习惯、生活能力和自理、自立、自强意识等的评价；生产劳动侧重于工具使用和技能掌握、劳动价值观、劳动质量意识及劳动精神等的评价；服务性劳动侧重于服务意识、社会责任感等的评价。

三、评价内容符合教育规律，突显学段进阶性

新时代劳动教育必须遵循教育规律，遵循学生的身心成长规律，各中小学制定评价内容时还需考虑学生的年龄特点，不违背学生的身心发展特点，需要根据不同阶段的学生特点进行系统设计。小学低年级要注重围绕劳动意识的启蒙，让学生学习日常生活自理，感知劳动乐趣，知道人人都要劳动。小学中高年级要注重围绕卫生，劳动习惯养成，让学生做好个人清洁卫生，主动分担家务，适当参加校内外公益劳动，学会与他人合作劳动，体会到劳动光荣。初中要注重围绕增加劳动知识、技能，加强家政学习，开展社区服务，适当参加生产劳动，使学生初步养成认真负责、吃苦耐劳的品质和职业意识。普通高中要注重围绕丰富职业体验，开展服务性劳动、参加生产劳动，使学生熟练掌握一定的劳动技能，理解劳动创造价值，具有劳动自立意识和主动服务他人、服务社会的情怀。因此，劳动课程评价内容要突显学段进阶性，小学阶段侧重基本生活技能、劳动意识和劳动习惯的培养，中学阶段侧重培养劳动技能、劳动价值观、劳动精神。

四、评价内容融合有机整体，突显评价系统性

劳动教育评价的整体观要求在评价中把课程、教学和评价进行统一，使他们融合为一个有机整体并贯彻到劳动活动中去。对学生劳动技能、劳动素养的全面评价，涉及劳动成果评价和劳动过程评价两个部分，综合评价结果为劳动教育优化提供了依据。劳动成果评价是对学生上传的作品依据新颖程度、完成度等方面进行评判，以判断学生的基本劳动技能的掌握程度；劳动过程评价主要依据学习环境中的情境感知、技术感知学生在劳动活动过程中的行为，通过学生与同学、老师及学习环境的交互情况，对学生团队协作等能力、劳动精神进行评价。通过劳动成果、劳动行为的交流共享，学生不断发现自己存在的问题并加以改正。同时，可以利用数字画像技术对学生的学习行为大数据进行分析，得出学生的认知特点、学习风格等，为个性化劳动学习模块的内容选择、活动设计提供依据。

第四节　劳动课程评价的操作建议

一、评价组织的建立

组建评价组织需要在确定的原则下进行。第一，有利于在学生活动情境中评价；第二，有利于根据学生实际情况进行个性化评价；第三，有利于帮助学生进行自我评价；第四，有利于评价信息和资料的收集。劳动课程评价组织类似课程审议小组，主要从实践意义上选择评价人员，由从事劳动课程研究与开发的教师、校长、学生代表、家长代表、社区代表和相关专业技术人员组成。由这些人员组成的评价小组扮演着重要角色，参与劳动课程研究与开发的教师和校长作为劳动课程的整体评价人起主导作用，在一定程度上可避免评价的主观性；学生代表在自我评价和小组评价中能凸显学生的主体地位；家长代表是学生劳动教育实施的合作者、参与者，在家政课程中担任第一评价人；社区代表和相关专业技术人员在服务性劳动和生产劳动中担任评价主力军，有利于促进学生服务意识和责任感的形成，有利于促进学生养成精益求精的劳动品质。

二、评价程序的遵守

劳动课程评价程序遵循一般评价的步骤，但是需要更加注重“过程中激励”原则。

（一）界定课程评价对象和制定评价标准

评价是因为对象存在而存在。准确界定评价对象和评价标准直接关系到评价报告的内容，也关系到受“激励”的范围。如前所述，劳动课程评价对象来自“课程本身”“发展绩效”和对“评价的评价”(在这里，“评价的评价”作为一个独立的部分单独描述)，针对每方面，均需要立足学校实际，认真回答相关问题，制定明确的评价标准。

界定评价对象，制定相应的评价标准，可以率先体现“过程中激励”原则的内在意义。通过对评价对象的特别描述，可以将过程中的激励放到显著的位置。学生在活动过程中的表现，如在活动中的主动参与、活动气氛、合作互助、兴趣拓展、新知识的增加等，可以特别描述；教师在指导学生活动过程中的发展，如协调能力、组织能力、情感态度变化等可以特别描述；学校发展与课程发展方面，如学校师生凝聚力、课程意识、协作能力等，需要特别描述。部分标准“权重”系数的特殊规定，更是能够直接赋予过程中激励以重要地位。

（二）设计评价工具

量表、反思表、综合评定表、现代教育技术APP都可以成为劳动课程评价的重要工具。如“课堂劳动评价记录卡”和“项目课程阶段性劳动评价表”都是学生劳动教育评价的量表。不论是何种评价工具，在编制过程中都要处理好以下三大关系。

第一，形成性评价与终结性评价的关系。劳动课程关注过程，量表如何将学生活动过程予以科学、有效的评价非常重要。因此，不能仅仅重视学生的活动结果，诸如成果展示、研究报告等终结性评价，而且要关注学生在活动过程中的体验和收获。

第二，小组评价与个体评价的关系。学生的实践活动大量地通过小组或集体展开，个人的独立活动相对较少。及时以课题为单位进行的实践活动，也常常以小组为多，毕竟学生的课题研究与专家的课题研究有着实质性的区别。因此，量表编制需要以小组为基础，考查学生个体的成绩。

第三，发展与评价的关系。评价不是为了评价而是为了管理和督导，最终为了活动参与者的发展。因此，量表的编制要有利于诊断、考核、激励、导向功能的发挥，与管理、督导学生实践活动结合起来。

（三）收集评价信息和资料

上述评价工具可以收集评价信息。此外，通过下列途径可收集到大量有效的相关资料。

第一，教师、学生、家长座谈会。通过座谈，在宽松、民主的讨论氛围中，教师、学生和家长可以自由讲述自己的“话语”，发表对劳动课程开发中出现的一系列问题、困惑以及如何完善课程开发的看法和意见，这些来自一线的真实话语是劳动课程评价的第一手材料。

第二，劳动日记。学生在劳动活动中的各种体验与收获均可以通过日志方式得到反映，经历的挫折与失败，团队合作的喜悦，走出书本世界、步入社会的收获，问题解决的艰辛、获取资料的困难等，可以从学生的劳动日记中解读出来。

第三，问卷调查。学生对劳动教育主题活动内容是否感兴趣，主题活动对学生发展有哪些影响，在活动过程中遇到了哪些挫折，得到了何种感受，以上这些通过问卷调查在一定程度上能够反映出来。

第四，观察记录单。教师可以通过设计观察记录单，及时记载相关活动情况，成为评价的依据。如考察学生活动过程中独立与寻求合作情况。

第五，学生活动卡。事先设计学生活动卡，将活动过程、活动反思及时记载下来，这也是评价资料收集的便捷途径。

除学生活动情况资料收集之外，教师、课程、学校整体发展方面的资料也需要全部占有。因为评价对象不仅仅是学生。收集资料的途径和方法同样可以借助座谈会、教师日志、问卷调查等。

（四）做出个性化分析和判断

在全面掌握评价相关数据和信息之后，评价小组需要汇集数据和信息，发现其中的变化规律。需要的时候，可以就学生、教师、学校、课程的发展变化过程用图、表格显示出来。不过，评价小组需要做的重要工作是学生发展的个性化分析和判断，指以学生个体发展历史过程为参照系，比较学生某一阶段发展在整个历史发展中的位置，也就是让学生自己与自己比较，让自己的今天与自己的昨天比较，发现进步与退步。评价者的重要任务是描述学生个体发展的轨迹，展望其进一步发展的方向，提示发展的途径和方法。

（五）阶段综合评价

《大中小学劳动教育指导纲要（试行）》指出学段结束时，要依据学段目标和内容，结合综合素质档案分析，兼顾必修课学习和课外劳动实践，对劳动观念、劳动能力、劳动精神、劳动习惯和品质等劳动素养发展状况进行综合评定。《义务教育劳动课程标准（2022版）》中提到，劳动课程阶段综合评价是学期、学年或学段结束时进行的综合评价，反映学生劳动课程学习的水平和核心素养的阶段性达成情况。劳动课程阶段综合评价应采用过程性评价与结果性评价相结合的方式。过程性评价可结合档案袋进行；结果性评价可采用测评形式，通过考查学生在完成测评任务过程中的表现来进行。

（1）过程性评价。“过程性评价往往是在教学设计或教学过程中进行的”，过程性评价主要是对学生学习过程中的情感、态度、价值观做出评价。过程性评价的内容是在教育教学活动中将一个相对较长的阶段（如一学年）划分成一些相对短暂的阶段，将一个个小阶段或章节的评价看成过程性评价。因此，广义地说，过程性评价是一种以学习过程和学习绩效为主要评价对象，以促进学生发展为目的的评价方法。从教学评价标准所依据的参照系来看，过程性评价属于个体内差异评价，即一种把每个评价对象个体的过去与现在进行比较，或者把个体的有关侧面相互进行比较，从而得到评价结论的教学评价类型。评价的功能主要在于及时反映学生的学习情况，促使学生对学习过程进行积极反思和总结。

（2）结果性评价。结果性评价指的是在教育活动结束后为判断其效果而进行的评价，一个单元，一个模块或一个学期、学年、学段的教学结束后对最终效果所进行的评价，都可以说是结果性评价。这种评价模式主要以量化评价方式对学生的学习成绩进行测验，以了解学生的学习情况，并为进一步学习提供反馈信息。

三、有效评价方法的选择

学校应根据劳动课程的不同组织形式选择不同的评价方式，在教师评价的基础上倡导小组互评、学生自评，以便激发学生的劳动积极性。劳动教育的具体评价方式要具有多样化，对理论知识的测试可采用常规考试形式或是开展知识竞答赛，对操作实践的测试可采用组织大赛的形式，对观念、思想、精神的测试可采用团体赛、创新大赛等方式。在劳动教育的评价方式上，应当以过程性评价为主，将对学生的观察作为评价前提，同时应注重将展示评价与竞技评价相结合、量化评价与质性评价相结合。

（一）展示评价与竞技评价相结合

《大中小学劳动教育指导纲要（试行）》明确指出，劳动教育要“关注学生劳动过程中的体验和感悟，引导学生感受劳动的艰辛和收获的快乐，增强获得感、成就感、荣誉感”。因此，劳动教育课程评价侧重于展示评价与竞技评价相结合，围绕劳动成果、劳动效率以及学生在劳动过程中的情感体验展开，重在引导学生体验劳动成就感。展示性评价可以采取小组展示形式，也可以采取个人展示形式（如蔬果种植成果展示、剪纸作品展示、水果拼盘展示等），分享收获、体验劳动快乐。竞技评价可以组织学生参与比赛（如包书皮比赛、缝纽扣比赛、包水饺比赛等），通过比赛提高劳动技能、发展兴趣、培养精益求精的劳动品质。

（二）量化评价与质性评价相结合

需要将量化评价与质性评价结合起来，劳动表现的等级评定不可或缺，但要重视对学生劳动作品、演说视频、作文、实践行动、口头回答等资料的收集，力求全面、深入地对学生进行评价，生动地展现出学生在劳动认知、劳动情感与劳动行为方面的进步。量化评价重视对学生劳动作品、演说视频、作文、实践行动、口头回答等资料的收集，力求全面、深入地对学生进行评价，还可以运用所编制的量表定量分析，描述趋势。质性评价能生动地展现出学生在劳动认知、劳动情感与劳动行为方面的进步，将学生的外在行为与内在体验相结合，均衡化选择劳动次数、劳动态度、实际操作和劳动实践成果等内容进行教学评价。

此外，劳动教育课程丰富的实践形式要求课程评价不能局限于静态的口头评价或常规的评价清单等形式，而要走向动态生成的档案袋评价，要建立起以学生劳动素养为核心的个性化档案袋，融合学生劳动过程与劳动成果。档案袋评价旨在记录学生一段时间内在劳动过程与劳动结果中的幸福状态，因此档案袋记录的周期建议以一学期为限，以学生个人为单位。一方面，教师要追踪学生劳动素养的成长轨迹，覆盖各类型劳动教育活动，明确劳动实践类型、次数、时间等考核要求，针对阶段性的反馈信息，将学生在学校劳动情况、家庭劳动情况和参加的社会公益劳动情况记录在册，依据学段目标和内容，结合综合素质档案分析，兼顾必修课学习和课外劳动实践，对劳动观念、劳动能力、劳动精神、劳动习惯和品质等劳动素养发展状况进行综合评定。另一方面，要将学生劳动学习过程中具有代表性、典型性的劳动成果（如观察调查结果、访谈录、简报、手工艺作品、劳动日记等）放入档案袋中。学生在经历了某一主题的劳动实践活动后，对劳动的过程、劳动的体悟等用表现性方式记录下来，把在劳动过程中体验到的乐趣以及对劳动的情感用文字、作品等方式表达出来，从而有利于促进学生劳动精神的领悟和劳动习惯的养成。

四、评价结果的表述和使用

评价的目的在于推动每个学生在原有劳动态度、水平的新提高，要从发展性的角度探讨评定学生的劳动成果、表现和进行，并给予充分的肯定和鼓励，评价重在发现和肯定学生身上所蕴藏的潜能，所表现出的闪光点，鼓励、激励和维持学生在劳动过程中的积极性、主动性和创造性；要引导学生通过评价认知自己的强项和潜能，激发学生学习的自信心和进取心，促进学生的反思和持续发展。如果对有关评价结果表述不当，不仅不能提高学生进一步参加劳动实践的积极性，反而会阻碍学生劳动素养的提升。因此，评价结果的表述要依据学生年龄、心理特点、个人成长的角度给予正面、积极地描述，并且要遵循实事求是，充分发挥评价的导向性功能。“评价最重要的意图不是为了证明，而是为了改进”。评价小组将分析结果运用学生能够和愿意接受的语言或方式表述出来，让学生明确要点，帮助学生提出活动改进建议、制定改进计划。

各中小学校对学生的劳动观念、劳动能力、劳动精神、劳动习惯和品质进行评价，将对学生劳动素养的评价纳入学生综合素质档案中，把劳动素养评价结果作为衡量学生全面发展情况的重要内容，作为评优选先的重要参考和毕业依据，作为高一级学校录取的重要参考或依据。同时，学校还可以通过对学生劳动素养情况的考核评定，发现当前学校劳动教育存在的一些问题，从而找到一些解决措施，不断完善学校劳动课程。以劳动教育目标、内容要求为依据，将过程性评价和结果性评价结合起来，健全和完善学生劳动素养评价标准、程序和方法，鼓励、支持利用大数据、“智汇云”平台、数字画像等现代信息技术手段，开展劳动教育的专题评价，发挥评价的育人导向和反馈改进功能。

下篇·创新实践篇

第一章 学校劳动课程规划案例

乐劳动 悦成长

成都市龙江路小学

一、课程背景

（一）溯源析今——校情、学情分析

回溯我校的劳动教育发展，可以发现一条课程化建设的清晰脉络。我校从二十世纪五六十年代袁丽华等老师带着学生进行学科融合劳动实践，到八九十年代谢国光校长提出加强劳动等学科教育，践行在“乐园中育人”，开始愉快教育实践，再到2000年由劳动教师牵头，各学科老师共同编撰出版校本《新编劳动技术教育读本》，全面开设劳动技术教育课程，龙江路小学的劳动教育都做得有声有色，并一步一步完善课程化实施的要素。

根据前期我校学生劳动教育调查问卷显示，85.19%的学生喜欢劳动，对劳动充满热情，但超过15%的学生从不参加劳动或一个月只参加一次劳动；学校原来的劳动课程主要以手工制作为主，学生的劳动技能主要来自于家庭教育，学生更期待从学科课堂和乐悦拓展课中获得更多的劳动教育指导。所以，在我们的劳动教育实践中，需要建构有针对性的课程体系，引导学生认识劳动的意义，培养“劳动最光荣、劳动最崇高、劳动最伟大、劳动最美丽”的意识，提高劳动技能，养成坚持劳动的好习惯。

（二）图谱构建——学校劳动教育工作总体思路

近几年，从全国教育大会习近平总书记对加强劳动教育提出总体要求，到《中共中央 国务院关于全面加强新时代大中小学劳动教育的意见》提出加快构建德、智、体、美、劳全面培养的教育体系，教育部研究发布《大中小学劳动教育指导纲要（试行）》，到2022年4月《义务教育劳动课程标准（2022年版）》的公布，学校根据新时代劳动教育的新要求，不断对劳动教育课程体系进行守正创新、迭代升级。

学校以武侯区“勤以立人”为指导构建劳动课程样板，明确学校劳动课程必须以丰富开放的劳动项目为载体，以有目的、有计划地组织学生参加日常生活劳动、生产劳动和服务性劳动为重点，让学生动手实践、出力流汗，接受锻炼、磨炼意志，培养学生正确的劳动价值观和良好的劳动品质。

学校将劳动课程建设纳入到龙小“乐悦课程”整体体系中，将劳动教育纳入学校教育的全过程，充分建设劳动课程内容任务群，结合“长短课时”落实三类劳动课程的实施，形成了不同学段相互衔接、家校社相互融合的学校劳动教育课程立体化体系，以实现劳动教育树德、增智、强体、育美的综合育人价值。

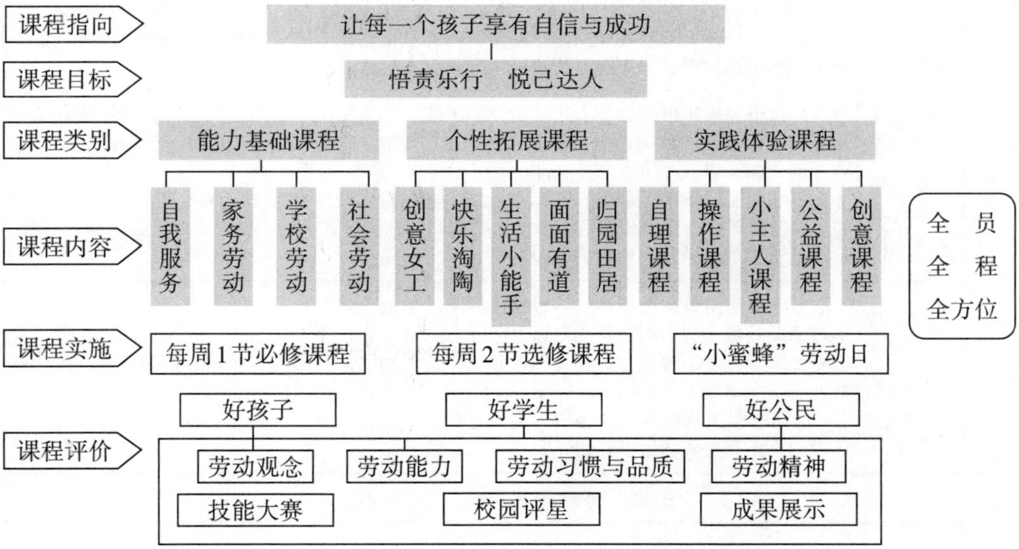

二、课程目标

（一）学校劳动教育总目标

学校将《关于全面加强新时代大中小学劳动教育的意见》《大中小学劳动教育指导纲要（试行）》等国家文件的规定和小学生的身心发展特点相结合，坚持“勤以立人”的核心理念，秉承“知行合一”的原则，积极探索具有龙江路小学“愉快教育”特色的劳动教育模式，设立了“悟责乐行 悦己达人”的学校劳动教育总目标，并将新时代劳动教育核心素养落实细化，旨在引导学生达成区域劳动教育目标——懂劳动、会劳动、爱劳动、勤劳动，形成以劳动为荣，并以劳动服务他人的积极劳动观念与精神。

（二）学校劳动教育分段目标

根据学生身心发展阶段性特点，以及国家劳动教育要求所表现出的培育内容逐步深化、难度递增的特点，学校遵照“认知、情感意志与实践并重”的原则，以劳动素养为本，分层制定了符合本校学生实际的劳动教育分段目标。

“乐悦”劳动课程目标（小学低段）

『乐悦』劳动课程目标	劳动情感 劳动态度	1.认识到每个家庭成员都有承担家务劳动的责任和义务，自己的事应该自己完成，愿意帮助他们做些力所能及的事情 2.认识到人人能劳动，劳动很快乐。关爱生命，体验自己动手劳动，自己创造美的快乐 3.认识到自己是班集体的一员，每个班集体成员都有承担一些集体生活中的服务劳动认识到体验服务劳动带来井然有序的快乐，初步树立劳动最光荣的观念
	劳动知识 劳动技能 劳动创新	1.培养自理能力，初步掌握穿衣服、洗漱等生活自理劳动技能，认识常见的家务劳动工具——拖把、洗碗布等，并学会使用这些工具，学会整理书包、书桌、抽屉、书柜的基本方法，习得将工具合理地进行收纳的技能，并能够做到勤于整理 2.能安全、正确使用剪刀、胶水等工具，能规范操作、传递工具，能照顾身边的动植物 3.了解班级有哪些责任岗位，初步学习并掌握自我责任区的整理、用餐管理等班集体中的服务劳动技能，并在岗位长期坚持服务中熟练掌握该岗位劳动的技能
	劳动参与 劳动习惯 劳动品格	1.初步养成积极完成个人生活劳动的习惯，不拖拉，不磨蹭；养成自觉收拾整理学习用品的习惯，能够整理书桌、抽屉，做到有序摆放、合理取用、物归原处。养成参与家务劳动的兴趣，养成讲卫生、爱劳动的好习惯 2.养成工具规范操作的安全意识，初步养成认真负责、不怕苦、不怕累、不怕脏的习惯 3.初步养成有序整理图书、爱护图书的习惯；初步养成勤于参与班级服务劳动的习惯，尽职尽责，培养乐于为班级服务的意识
	劳动价值 人格特质 劳动信念	1.培养热爱劳动的精神，体验家务劳动的乐趣，培养对劳动的好奇心。乐于向周围人学习劳动技能，做力所能及的自理生活劳动 2.乐于使用工具进行劳动，领悟长期坚持劳动的可贵，培养热爱劳动的精神，树立良好的劳动意识 3.乐于做力所能及的班级服务劳动，和周围人合作劳动，并敢于尝试。体会个人在集体中的作用和为集体做贡献的光荣感

“乐悦”劳动课程目标（小学中段）

『乐悦』劳动课程目标	劳动情感 劳动态度	1.体会到自己能够承担力所能及的家务劳动的乐趣；培养健康生活的理念，关爱家人，主动协助家长照顾长辈、看护弟妹，照顾家中生病成员。认识节约资源与保护环境的关系，培养生态文明的劳动观 2.感知人类与生产的关系，为祖国生产的商品对世界的影响贡献感到骄傲，树立劳动最伟大的观念；勤俭节约是我们的传家宝，乐于学习节约的策略，懂得生活用品、食品来之不易 3.认识到每个学校成员都有承担校园公共劳动任务的责任和义务；进一步认识到为校园服务劳动是一项需要长期坚持的劳动。培养关心班集体的意识，树立助人为乐、为班级做一些力所能及的服务劳动观
	劳动知识 劳动技能 劳动创新	1.掌握早餐的制作，注意营养搭配；学会合理购物，能够选择合理的食物储存方式。学会小件衣物的手洗清洗、晾晒、收纳方法；知道机洗过程中的安全操作方式和注意事项；了解衣物洗涤标识，不同的洗涤剂和清洗工具，并能够对破损衣物进行简单修复 2.通过木工、手工创意制作用品和工艺品，能正确认识使用代表性工具。能尝试种植、养殖等简单的生产劳动 3.主动发现班级需要服务的事项，初步学会为身体有疾患或学习有困难的同学提供服务劳动。初步学会为班级同学提供对应的服务劳动。学习精细化服务的一些方法，能知晓校园执勤岗要求，能与同伴协作完成任务

续表

<table>
<tr><td rowspan="6"></td><td>劳动参与</td><td rowspan="3">1. 养成认真细致的购物习惯，养成整理书柜、鞋柜、衣柜等习惯，自己能保持其清洁，形成衣物、公物养护意识。能够做到自己的事情自己做，独立承担，培养认真完成劳动任务的好习惯
2. 有劳动安全和保持卫生的习惯与意识，并懂得珍惜劳动成果，物尽其用，树立生产中勤俭节约光荣，挥霍浪费可耻的风尚
3. 初步养成坚持劳动、热爱劳动、劳动常态化的习惯。初步养成主动为他人、为班级提供帮助和服务的习惯。初步养成通过服务劳动保护学校公共环境、为校园公共环境服务的态度和习惯</td></tr>
<tr><td>劳动习惯</td></tr>
<tr><td>劳动品格</td></tr>
<tr><td>劳动价值</td><td rowspan="3">1. 乐于做力所能及的劳动，向周围人学习劳动技能，并敢于尝试。尊老爱幼，敢于担当，培养家庭责任感，能够在生活中做到节约用水、用电、用气，养成勤俭节约的美德
2. 感悟劳动对于美好生活的作用与意义，体会劳动带来的自我价值感和幸福感，愿意长期参加家务劳动，养成吃苦耐劳的劳动精神
3. 善于发现班级同学的需求，乐于为他人做一些服务劳动，愿意为校园服务做贡献。体会人人为我、我为人人的劳动价值，初步具有无私奉献的精神</td></tr>
<tr><td>人格特质</td></tr>
<tr><td>劳动信念</td></tr>
</table>

“乐悦”劳动课程目标（小学高段）

<table>
<tr><td rowspan="11">『乐悦』劳动课程目标</td><td>劳动情感</td><td rowspan="2">1. 感悟在家庭生活中自己是必不可少的一份子，自己也可以靠双手的劳动为家人带去快乐，体会自己的事情自己做、家里的事情帮着做的乐趣，感受家庭生活的温暖
2. 能明白工具的进步对提高劳动效率，工艺精密水平和综合质量的价值。感受劳动和劳动者最光荣，珍惜劳动成果，乐于与他人合作
3. 树立为他人服务也是成就最好的自己的观念，积极帮助同学做一些力所能及的服务劳动，培养主动为他人服务的意识，并能长期积极地参与志愿者活动。树立助人为乐、为他人做一些力所能及的服务劳动观</td></tr>
<tr><td>劳动态度</td></tr>
<tr><td>劳动知识</td><td rowspan="3">1. 学会衣物、书籍等合理分区收纳整理，保持整洁。学会家庭物品换季清洗、收纳的技巧。能记录家庭日用品损耗情况，学会制订切实的采购计划，掌握简单的烹饪方法，培养计划组织的能力，具备基本的理财意识
2. 初步体验种植养殖、手工制作等简单的生产劳动。能体会劳动需要智慧和思考，初步感受创造性劳动的意义
3. 学会护送上下学、推荐图书、指导学习的技巧，并能够帮助身体有缺陷的孩子掌握一些正常生活的技能，主动在学校科技节、艺术节等校园活动中承担学校志愿服务岗位</td></tr>
<tr><td>劳动技能</td></tr>
<tr><td>劳动创新</td></tr>
<tr><td>劳动参与</td><td rowspan="3">1. 培养参与家务劳动的兴趣，能够长期参与家务劳动；养成勤俭节约、科学合理的消费习惯，避免浪费和冲动型消费。在家中爱劳动，勤学习，多动手，多分担
2. 养成使用防护工具（如手套、口罩、目镜等）的习惯。养成劳动安全和卫生意识
3. 具有主动关心同学的意识，养成主动奉献、主动服务的习惯；养成通过服务劳动关心帮助他人和周到服务的习惯</td></tr>
<tr><td>劳动习惯</td></tr>
<tr><td>劳动品格</td></tr>
<tr><td>劳动价值</td><td rowspan="3">1. 培养热爱劳动的精神，能吃苦，会劳动，愿意长期参加家务劳动；培养勤俭节约、珍惜劳动成果、吃苦耐劳的精神，依靠奋斗造福生活的信念
2. 善于发现身边的普通劳动者的责任和艰辛，体会劳动的“难”与“乐”，体会普通劳动者的价值和奉献，感恩劳动者，弘扬砥砺奋进的时代精神
3. 服务的过程中善于发现学校、同学的需求，乐于为他人做一些服务劳动，有责任意识和同理心。感受到公益体验，为他人奉献的快乐，继承坚持不懈、与人为善的优良传统</td></tr>
<tr><td>人格特质</td></tr>
<tr><td>劳动信念</td></tr>
</table>

三、课程内容

学校充分发挥在劳动教育中的主导作用，以课程为抓手，将劳动教育统整融入学校“乐悦课程”体系，形成了不同学段相互衔接、家校社相互融合的学校立体劳动教育课程体系。

学校遵循小学生劳动核心素养发展规律，按照由浅入深、循序渐进的过程，在以前编排的校本课程和国内劳动教育研究成果基础上，充分向中国教科院课程教学所和区域劳动教育课程专家寻求智力支持和指导，结合现行劳动教育指导思想和新时代的需要，围绕自我服务、家务劳动、学校劳动、社会劳动等方面，校本化设计了“三会两爱”——“会自理、会操作、会照顾、爱公益、爱创意”项目式课程具体内容，将课堂教学与实践活动结合，丰富学生的劳动体验，提高其劳动素养。

	1~2年级	3~4年级	5~6年级
会自理	爱整洁·我最棒（清洁与卫生任务群）	能收纳·我很行（整理与收纳任务群）	会烹饪·最美味（烹饪与营养任务群）
会操作	简易家电共使用（家用器具使用与维护任务群）	简易家电会使用（家用器具使用与维护任务群）	智能产品能巧用（家用器具使用与维护、工业生产劳动任务群）
会照顾	我是萌宠小主人（农业生产劳动任务群）	我是勤劳小园丁（农业生产劳动任务群）	我是温暖小当家（整理与收纳任务群）
爱公益	回收奶盒·快乐环保（公益劳动与志愿服务任务群）	垃圾分类·循环使用（新技术体验与应用任务群）	河长助理·贡献家乡（公益劳动与志愿服务任务群）
爱创意	劳动运动会（现代服务业劳动任务群）	城市代言人（公益劳动与志愿服务任务群）	乐器小匠人（传统工艺制作任务群）

四、课程实施

（一）独立开设劳动教育必修课

2020年，学校将劳动课程列入课程表，作为全校所有年级必修课开设，确保了每周至少1课时的固定课程时间。同时，学校以少年教育《劳动课程标准》为依据，以《成都市大中小学劳动教育项目清单（试行）》为基本框架，结合学校实际，构建劳动教育能力基础课程。

成都市龙江路小学劳动教育课程内容（2022年版）

		日常生活劳动				生产劳动				服务性劳动	
		清洁与卫生	整理与收纳	烹饪与营养	家用器具使用与维护	农业生产劳动	传统工艺制作	工业生产劳动	新技术体验与应用	现代服务业劳动	公益劳动与志愿服务
能力基础课程	一年级	1.清理桌垫 2.学洗小袜子	整理书包和课桌	我是小帮厨（清洁砧板、剥豆子、餐具清洗、摘菜洗菜）		1.土培小葱 2.养护水培绿萝	实用手工——趣味折纸		参观小农场		做好班级值日
	二年级	清洗红领巾、碗筷	摆放收拾餐具、玩具	我是小帮厨（学用厨房工具、认识调味料、制作水果沙拉、学做凉拌三丝）	巧用电饭煲	水培大蒜	1.实用趣味玩具——扭动的毛毛虫 2.扑克牌大变身		了解无土栽培		做好用餐管理
	三年级	1.清洁个人衣物 2.垃圾分类 3.清洁教室公区 4.学洗小书包	衣物整理方法多	我是小掌勺（蒸米饭、煮面条、包饺子）	妙用空气炸锅	养蚕	1.纸编技艺 2.学做杯垫	制作水果电池	参观现代工厂		龙娃娃志愿者服务指导
	四年级	1.巧手擦玻璃 2.垃圾分类我最棒	1.“一针一线”之缝纽扣 2.我是校园美容师——清理校园绿地	传统美食小传人（制作赖汤圆）我是小掌勺（玉米炖排骨、芹菜炒肉丝）	善用洗衣机	土豆成长记	制作风筝	制作音乐贺卡	神奇的自然堆肥	中队队徽齐设计	参与校园服务
	五年级	清理羽绒服	1.“一针一线”之缝沙包 2.物品的“家”乐创会	传统美食小传人（制作冰皮月饼、学做糖葫芦、制作冰粉、鱼香肉丝）	电冰箱的使用与维护	1.川派盆景 2.采摘蔬果	有趣的扎染	了解身边的木工	走近3D打印	图书馆管理员	1.大手牵小手——结对帮扶新生 2.公共自行车小卫士
	六年级	做好厨卫清洁	居家收纳乐趣多	传统美食小传人（成都火锅、包粽子）	换季家电巧维护	1.微景观制作 2.一米阳台我来造	棒针编织	木头变形记	电脑制作毕业小视频	设计盆景营销方案	1.河长小助理 2.小围巾心相连
性拓展课程	低年级	我是生活小能手				快乐淘陶					
	中年级	面面有道				归园田居				小小讲解员	
	高年级	川厨蜀味				创意女工				E博士	
实践体验课程	低年级	爱整洁·我最棒			简易家电共使用	我是萌宠小主人				劳动运动会	回收奶盒·快乐环保
	中年级		能收纳我很行		简易家电会使用	我是勤劳小园丁			垃圾分类·循环使用		城市代言人
	高年级		我是温暖小当家	会烹饪·最美味	智能产品巧使用		我是乐器小匠人	我是小鲁班			河长助理·贡献家乡

罗秀老师在全国劳动教育论坛执教展示课

龙江路小学的学生参加武侯区第一届劳动技能大赛

一针一线劳动课程（钉纽扣）

川厨蜀味——赖汤圆主题课程之制作吊浆粉

（二）在学科教学中有机渗透劳动教育

劳动教育与德、智、体、美等教育的融合关系决定了劳动教育的全学科渗透属性。学校秉承“五育融合”的理念，按照“应渗则渗”“能渗必渗”的思路，以彼此受益、分类实施、合理融入、有用易用为原则，从教育角色、课程内容、组织形式三个维度挖掘劳动教育元素，形成学科专业有机渗透劳动教育的“三维四动”模式。

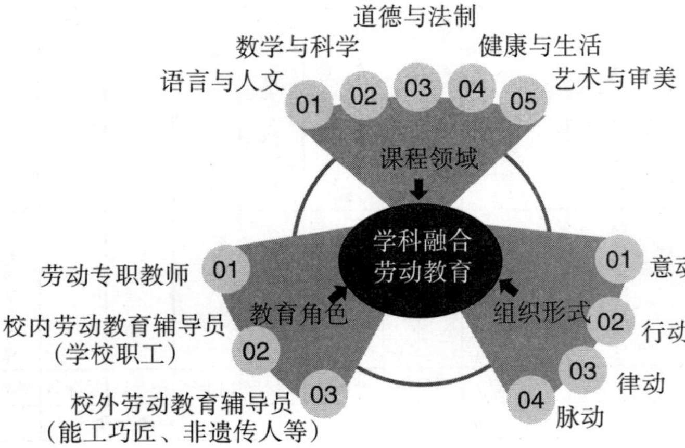

（三）在课外校外活动中安排劳动实践

学校以“悟责乐行 悦己达人”为总目标，从“人与自然”“人与社会”“人与家庭”三个维度构建志愿者服务课程。综合、联通的课程体系，让学生带着劳动课上的所学回到家庭、走进社区、走进自然——“牵手白玉追梦”“图书馆管理员”“博物馆讲解员”“城市美容师”……在广阔的学习空间里，学生用力所能及的劳动贡献社会、服务社会。学校的劳动教育从课内走向课外，从学校走向家庭、社会，让学生感受劳动价值，提升劳动素养，成长为具有全面发展人格的新时代创造性劳动者。

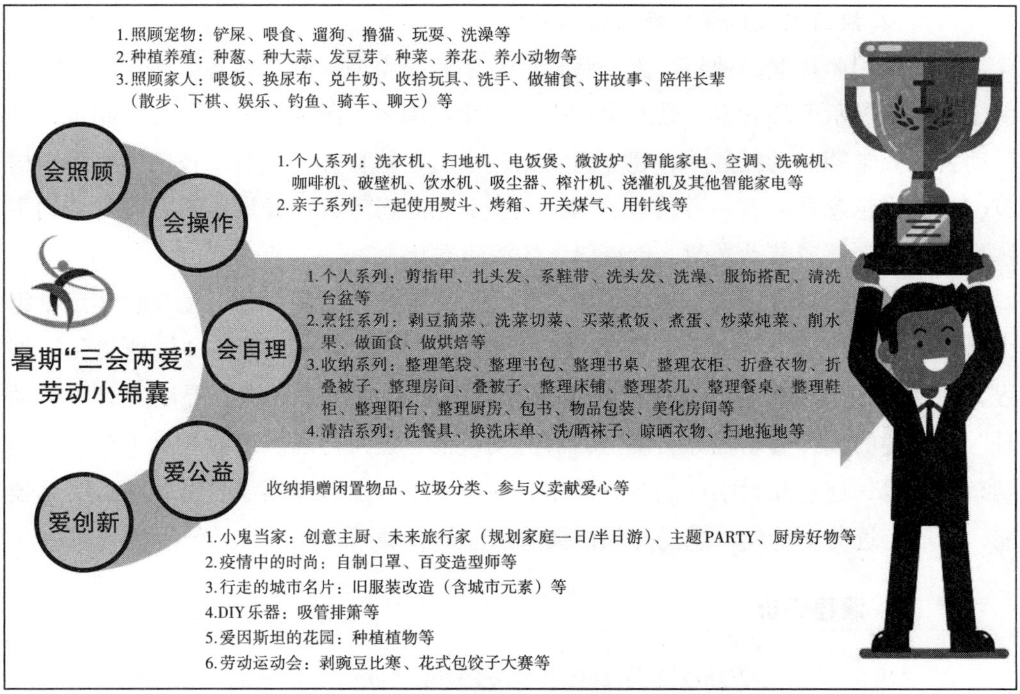

暑期“三会两爱”劳动小锦囊

川厨蜀味——赖汤圆主题课程之制作吊浆粉

乐悦拓展课（归园田居）

成都市龙江路小学学生课外劳动实践清单

一年级	收拾碗筷、清洗小物件、擦桌子、剥豆谁最行、我是楼道美容师（清理小广告）
二年级	摘菜小能手、可爱玩具送回家、我是扫地小能手、健康美味水果沙拉、我是小区美容师
三年级	我会叠衣服、碗筷真干净、我是拖地小能手、今天我蒸饭、美味饺子献给您（重阳节敬老）
四年级	整理书桌区域、饭后收拾灶具、家庭垃圾巧分类、养一盆花草、十五的汤圆我来包、图书馆管理员
五年级	整理换季衣物、我给物品做个“家”、参与家庭大扫除、我是家庭园艺师、母亲节 我当家、牵手白玉追梦
六年级	清理冰箱有妙招、一米阳台我来造、自制家庭小火锅、传统美食小传人、河长小助理、城市美容师

（四）在校园文化建设中强化劳动文化

学校利用照片墙、展板、无土栽培展示柜和学生编写的劳动儿歌展示等，宣传劳模故事，展示劳动元素，营造富有劳动文化氛围的校园环境；学校各班制定每日劳动公约、学期劳动任务单，建立劳动兴趣小组，德育办结合劳动技能大赛、植树节、学雷锋纪念日、五一劳动节、六一儿童节、志愿者日，开展丰富多彩的劳动主题教育活动，营造劳动光荣、创造伟大的校园文化。

同时，学校整合班会、队会、综合实践活动等校内时间，以劳动项目实践重组为劳动日——吃在“烹饪美食”课程，让劳动成果有味道；赏在“绿植美化”课程，让美丽校园有颜色；享在“校园美净”课程，让洁净环境有温度。为“劳动日”而组建的校外劳动辅导员队伍，有劳动模范、能工巧匠、专业技术人员、校内勤杂人员等，还有兄弟学校的师资共享，让学生不仅能观摩精湛技艺，习得劳动技能，还能走近劳动榜样，感受并领悟勤勉敬业的劳动精神。

五、课程评价

新“课标”要求劳动课程注重评价内容多维、评价方法多样、评价主体多元。既要关注劳动知识技能，更要关注劳动观念、劳动习惯和品质、劳动精神；既要关注劳动成果，更要关注劳动过程表现。重视平时表现评价与学段综合评价结合，定性评价与定量评价结合。以教师评价为主，鼓励学生、其他学科教师、家长等参与到评价中。

龙江路小学将劳动教育评价一以贯之融入学校已经建立并运行了多年的“新三好”综合评价体系，除了教师、家长、同伴等对劳动情况进行及时记录和反馈外，学生还进行自评和反思，学校还特别重视劳动服务对象的评价，形成多元评价主体，以及评价内容多维化，评价方式多样化，着力“有质有量、有情有行”的劳动教育评价方式，及时给予学生参与劳动肯定和认可，注重评价导向和实效。

成都市龙江路小学劳动教育评价体系（以低段一、二年级为例）

一级指标	二级指标	观测参考依据	低段观测点
家庭的好孩子	劳动观念	1.生活中自己能做的事情自己做；2.掌握基本的劳动知识，养成个人清洁卫生与劳动习惯；3.初步养成正向的劳动习惯	注意着装整洁，在家能认识家里的劳动用品，用后及时还原物品摆放整齐。能主动整理自己的文具盒 和书包，能将自己的书本和文具进行分类整理
学校的好学生	劳动能力	1.感知劳动乐趣，爱惜劳动成果；2.初步体验简单的生产劳动；3.适当参加校内公益劳动	愿意积极参与校内的各项劳动，体会劳动的快乐：不倒饭，做一个珍惜粮食、尊重劳动成果的人；能主动向为自己提供劳动帮助的人问好、说“谢谢”
社会的好公民	劳动习惯与品质 劳动精神	1.参加社区环保、公共卫生等力所能及的公益劳动；2.学习劳动技能，并用所学技能参与志愿者活动和公益劳动；3.尊重社会各行各业的劳动者，爱惜他们的劳动成果	爱护植物、动物，主动为花草树木浇水，给小动物喂食等，建立为别人服务的意识；主动参与志愿者活动

学校特别注重劳动教育过程性评价，从现代技术数字画像入手，形成了“双元主体”，即个体+群体相结合的劳动教育课程动态评价模式。其中，个体评价和团体评价所占比例从低段到高段呈动态变化。这样的“双元主体”劳动教育评价模式既强调对学生个人劳动态度、劳动技能等的评价，又注重学生劳动集体意识的培养，促进学生的全面发展。

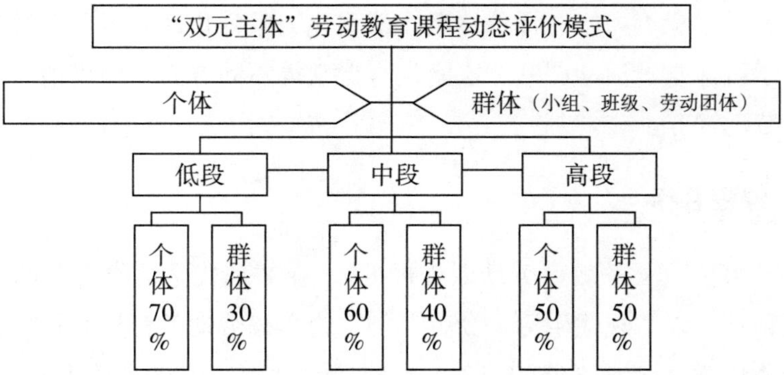

劳动课程带给学生的成长，不仅仅是知识的积累、技能技巧的习得，更重要的是劳动意识、责任感、人际交往、同理心、团队精神等综合素养的全面提升，在深化对劳动价值的理解中不断凝聚劳动的力量。龙江路小学通过有效的评价，激励孩子们在“做中学”“学中做”，让劳动教育在成长的“土壤”里扎根萌芽、不断成长，在劳动课程中实现知行合一、学创融通，不断萌发为城市建设、为中国梦而努力的学习动力。

（执笔人：刘恒　唐月悦　罗秀　张菁）

勤劳善创·五育协同·立人生长

四川大学附属实验小学

一、课程背景

为了贯彻中共中央、国务院出台的《关于全面加强新时代大中小学劳动教育的意见》精神，深入落实《武侯区全面推进新时代中小学劳动教育实施方案》提出的“勤以立人”的核心理念，力求将中华民族传统美德和新时代育人目标完美融合，将民族精神和时代精神、文化继承和文化创新有机结合起来，四川大学附属实验小学（以下简称“附小”）在回望中思考，在展望中出发；将教育与劳动相结合，探索构建《四川大学附属实验小学现代生活教育课程方案3.0版本》，积极制定学校劳动教育方案。以培养学生“做堂堂正正中国人·成和善创造生活家”为文化理念，逐步完善学校劳动教育课程体系。通过“厘清一条路径、形成三个建构、重组五个关键环节和选择一个突破”四个方面积极探索劳动教育，设计构建分段、分年级的劳动教育主题、目标、内容、评价体系，课程化、系列化地开展劳动教育实践，让劳动教育在学科课堂、活动课堂、家庭教育课堂等不同方面全面落地，更好地培育附小学生的劳动素养。

二、课程目标

学校认真解读《义务教育劳动课程标准》，在“现代生活教育”的文化内涵与育人追求引领下，以“现代生活·勤劳善创”为学校劳动教育核心目标，在劳动教育中，充分考虑学生劳动素养的培养，通过劳动教育，促进了学生五育融合发展，引导学生在学习与劳动实践过程中逐步形成适应个人终身发展和社会发展需要的正确价值观、必备的劳动品格和关键能力；树立积极的劳动观念，掌握必备的劳动能力，养成良好的劳动习惯和品质，形成优秀的劳动精神。

在细化学校劳动教育目标时，学校关注学生在劳动教育方面的“双程共生、三堂并行、四维生长”的维度目标（见图1和表1）。

三、课程内容

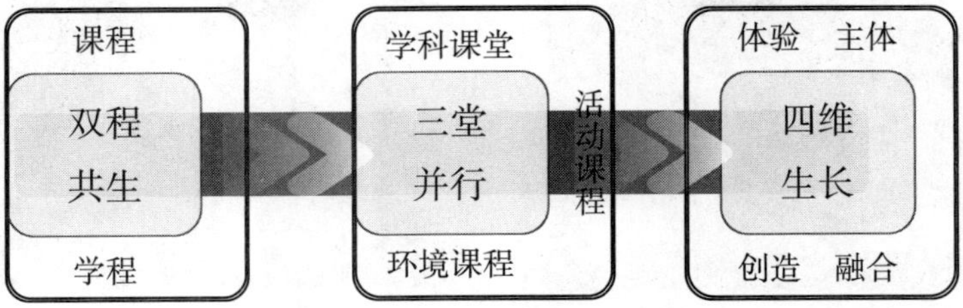

图1　学校劳动教育维度目标

表1　学校劳动教育育人目标

总目标	培养“爱劳动、会劳动、勤劳动、善创造”的现代“生活家”		
年段分目标	低段	侧重参与家庭劳动，体验劳动；培养劳动兴趣，劳动习惯	“侧重参与”指在不同年段有针对性地指导学生结合学情参与日常生活劳动、生产劳动和服务性劳动 家、校、社三方协同，引导学生树立正确的劳动观念，尊重劳动，尊重普通劳动者，认识到劳动创造美好生活；掌握劳动技能，自理、自立，提升劳动能力；养成爱劳动、会劳动、善创造的劳动习惯和品质；培育劳动精神，鼓励学生勤劳动，情生智长，培育劳动核心素养
	中段	侧重参与学校劳动，合作劳动，了解劳动岗位，提升劳动技能	
	高段	侧重参与社会劳动，智慧劳动，培养劳动品质和创造能力	

（一）课程理念与课程建设

学校结合义务教育《劳动课程标准》，坚持“勤劳善创”，根据不同学段学生的发展需要，预设相匹配的劳动教育任务群，探索劳动教育校本课程；形成以劳动学科课程为主导，引领劳动专题活动全学科渗透融合为支持，以劳动创造空间建设为载体，以学校、家庭和社会劳动协同育人为路径，以学生劳动素养评价为引导的，有层次、有针对性的川大附小“小学三段六年十二梯步”劳动教育课程体系，培育学生的核心素养（见表2至表7）。

（二）课程内容与劳动实践

小学低段学生刚从幼儿园进入小学，劳动意识比较薄弱，缺少相应的劳动技能。根据他们的身心特点，学校以“日常生活劳动”为主要内容，以“整理与收纳”“清洁与卫生”任务群作为劳动的重心和抓手来开展劳动教育。同时，根据学生的年龄特点，有选择地开展生产劳动及服务性劳动，如初步体验种植、为贫困山区的孩子爱心募捐……在各类别的劳动实践中，培养学生日常生活自理能力，引导学生懂得人人都要劳动的道理，感知劳动乐趣，珍惜劳动成果。

低段学生用习得的方法整理班级图书角（日常生活劳动）

表2 一、二年级劳动任务群

	任务群	劳动主题	劳动实践内容	劳动课程目标
日常生活劳动	清洁与卫生 整理与收纳 烹饪与营养 ……	教室清洁小能手 家庭清洁小管家 图书整理小卫士 我是择菜小明星	1. 做好教室、家庭及个人的清洁及卫生，做好教室地面的清洁及垃圾倾倒。可以清洗小物件，如红领巾、袜子等 2. 整理课桌、教室图书角等 3. 认识厨房简单工具，学习择菜洗菜等	劳动意识与观念 劳动习惯和品质
生产劳动	农业生产劳动 传统工艺制作 ……	我是种植小百合 我是动物好朋友 贴窗花·迎新年·乐制作	1. 观察教室内的植物，学习种植 2. 尝试在家长的帮助下养小动物 3. 简单的剪纸——窗花的学习	
服务性劳动	公益劳动与志愿服务 ……	致敬最美劳动者——小贺卡、大祝福“爱的传递·爱心捐赠”	1. 学习制作贺卡，庆祝劳动节，送给学校的门卫叔叔、食堂阿姨、保洁人员，致敬最美劳动者 2. 为山里的孩子们募捐衣物，“衣路有你·携手同行·爱暖童心”	劳动能力与方法 劳动精神与情趣

表3 一、二年级（日常生活劳动）课程清单

年级	主要任务群	劳动主题	目标		活动	劳动课内容
一年级	日常生活劳动	我是整理小能手	劳动意识与观念	知道美好生活是靠辛勤劳动创造出来的，初步建立及时整理与收纳的意识	1. 整理个人生活用品和学习物品（衣物、书本、文具等） 2. 整理教室书柜和个人书柜（分类别有序摆放） 3. 饭后收拾碗筷、擦净餐桌	1. 示范整理过程 2. 梳理总结整理方法 3. 分享展示自己的劳动成果
			劳动习惯和品质	初步养成及时整理与收纳的习惯，养成自觉自愿劳动的品质		
			劳动技能和方法	在示范下，模仿学习劳动过程，初步掌握简单的整理与收纳的基本方法，具备管理自己物品的能力		

续表

年级	主要任务群	劳动主题	目标		活动	劳动课内容
			劳动精神与情趣	在整理的过程中感知劳动的辛苦和快乐，懂得珍惜劳动成果		
二年级	日常生活劳动	我是清洁小明星	劳动意识与观念	初步养成讲究个人卫生，建立垃圾分类和维护公共卫生的意识	1. 个人卫生自理（正确洗手、洗脸……穿衣、穿鞋） 2. 清洗小物件（红领巾、内衣裤、袜子等） 3. 清扫教室、自己的卧室，垃圾分类倾倒	1. 示范清洗、清扫过程 2. 梳理总结清洗、清扫方法 3. 分享展示自己的劳动成果 4. 开展“洗涤达人”“清洁明星”评比活动，营造氛围
			劳动习惯和品质	养成注重个人卫生，不随便丢垃圾，定期清洗小物件的好习惯		
			劳动技能和方法	坚持科学的方法洗手，学习并掌握扫地、拖地、选择合适的洗涤用品清洗红领巾和碗筷等餐具的方法，具备初步的个人生活自理能力		
			劳动精神与情趣	在清洁地面、衣物、桌椅的过程中喜欢上劳动，具有主动劳动和积极劳动的愿望		

进入中段后，学生已经具备一定的劳动意识和劳动能力，养成了良好的劳动习惯。学校积极拓展劳动课程内容，引导学生合作劳动，在日常生活中清洁校园公区；在生产劳动中，在学校的百合农场种植农作物，让学生懂得“一份耕耘，一份收获”；在服务性劳动中，引导学生参与班级岗位管理；大手牵小手，帮助一年级学生舀饭、分菜；走出校园，参与社区环保；走进川大幼儿园，教小朋友们穿衣、叠被……初步养成遵规守约、热爱劳动、热爱生活的态度，体会劳动最光荣。

中段学生在课堂上学习制作四川泡菜（日常生活劳动）

表4 三、四年级劳动课程清单

类别	任务群	劳动主题	劳动实践内容	劳动课程目标
日常生活劳动	清洁与卫生 整理与收纳 烹饪与营养 ……	教室清洁小能手 校园公区小管家 百合书院整理师 我的早餐我做主 泡菜的制作	1.做好教室清洁、桌椅整齐与六年级的红领巾志愿者形成校园护卫队，维护校园公区的卫生与清洁 2.在书院管理老师的指导下，整理收纳百合书院的书籍，有序整洁 3.学习简单的早餐、泡菜制作，初步建立健康的饮食观念，为72行中的美食制作做准备	劳动意识与观念 劳动习惯和品质 劳动能力与方法 劳动精神与情趣
生产劳动	农业生产劳动 传统工艺制作 工业生产劳动 ……	百合农场种植园活动 走进家用电器 蚕的养殖	1.承包学校的百合农场种植园活动，制定劳动方案，开展实践，做好记录 2.引进家长导师，为学生们讲解基本的家用电器使用方法 3.了解并参与蚕的养殖全过程	
服务性劳动	现代服务业劳动 公益劳动与志愿服务 ……	我是小小讲解员 校园外的岗位探索 社区环保员	1.走进江姐纪念馆承担讲解员的工作 2.走出校园，走进社区，保护社区环境，共建美好家园	

表5 三、四年级（生产劳动）课程清单

年级	主要任务群	劳动主题	目标		活动	劳动课内容
三年级	生产劳动	我是手工小达人	劳动意识与观念	感受传统工艺技术的精湛，形成传承并发扬传统工艺的意识	1.参观考察博物馆，工艺品制作厂，了解传统手工技艺 2.尝试简单陶艺，制作小工艺品 3.制作1~2件布艺作品：沙包、杯垫等 4.了解3D打印，完成作品打印	1.回忆传统手工技艺 2.示范讲解陶艺、布艺作品的制作方法 3.自己制作小工艺品、布艺品，尝试打印3D作品 4.分享作品，体验成功的快乐
			劳动习惯和品质	初步养成专心致志的劳动品质		
			劳动技能和方法	了解传统工艺制作项目的节能和方法，能设计并制作简单的陶艺、布艺作品		
			劳动精神与情趣	体会传统工艺的魅力，感受劳动的艰辛和收获的快乐，理解劳动创造美好生活的道理		
四年级	生产劳动	我是快乐小农夫	劳动意识与观念	初步形成关爱生命、尊重自然，遵循动植物生长规律和季节特点进行科学劳动的观念	1.了解二十四节气的科学知识及传统农业文化 2.参观饲养场，自己饲养小动物，体验喂养过程 3.参观12中的农场，参与学校“百合农场”农作物的日常种植、养护、收获	1.观看二十四节气视频 2.讲解示范劳动工具的使用方法和技巧 3.分享种植、饲养记录，评选“快乐农夫” 4.分享种植成果，享受成功的喜悦
			劳动习惯和品质	培养发现问题、解决问题的能力，以及在种植、饲养过程中的不怕困难的品质，养成有始有终的劳动习惯		
			劳动技能和方法	了解常用的劳动工具、结构和用途，学会使用这些工具进行生产劳动		
			劳动精神与情趣	观察植物的生长发育，了解小动物的生活习性		

高段学生通过前期持续性的劳动实践，劳动意识与劳动能力进一步提高。此阶段，学校以项目式学习为依托，有序推进劳动教育，制作营养膳食，探索陶艺制作，争做校园管理员，巩固既有劳动技能，感受现代劳动中的创新精神，形成关爱他人、共建美好生活的劳动精神，形成社会责任感。

表6 五、六年级的劳动任务群

类别	任务群	劳动主题	劳动实践内容	劳动课程目标
日常生活劳动	清洁与卫生 整理与收纳 烹饪与营养 家用器具使用与维护 ……	教室的清洁与卫生 校园公区小管家 书籍的整理与维护 营养膳食乐制作	1.做好教室的清洁卫生 2.与中段的学生一起形成校园护卫队，维护校园公区的卫生与清洁 3.清洁并维护旧的图书 4.引导学生参与择菜、洗菜、烧菜、装盘的全过程，初步养成家庭责任感	劳动意识与观念 劳动习惯和品质 劳动能力与方法 劳动精神与情趣
生产劳动	农业生产劳动 传统工艺制作 工业生产劳动 新技术体验与应用	陶艺与制作 植物种植 布艺扎染 3D打印技术	1.了解陶艺的制作与烧制 2.学习植物的种植，保护班级内的绿色植物 3.结合美术学科，了解布艺扎染 4.结合学生社团课程，了解3D打印技术，感受现代劳动中的创新精神	
服务性劳动	现代服务业劳动 公益劳动与志愿服务	我是校园秩序维护员 大手牵小手，劳动导师行 72行公务员行业	1.成立校园秩序维护员，即校园“110”，引导学生校园小主人意识的形成 2.牵手一年级的学生，成立劳动小导师队伍，为其在午餐，体锻方面讲解学习 3.结合学习72行实践活动，认识并走进公务员行业，初步形成社会责任感	

表7 五、六年级（服务性劳动）课程清单

年级	主要任务群	劳动主题	目标		活动	劳动课内容
五年级	服务性劳动	我是服务小标兵	劳动意识与观念	体会服务他人的意义，增强公共服务的意识	1.校园110执勤与管理 2.参与“大手牵小手”学校体育大课间高低段互助，入队教育过程中的红领巾标兵及红领巾志愿者 3.参与学校公区服务 4.参加所在社区公益活动	1.讲解示范为他人服务的内容和具体事项 2.分享服务的经历和感受，体会为他人服务的快乐
			劳动习惯和品质	养成主动服务他人的习惯，初步形成社会责任感		
			劳动技能和方法	在服务性劳动过程中形成发现问题、关注他人需要与服务他人的能力		
			劳动精神与情趣	形成积极主动参与学校级社区公共事务管理的劳动态度		

续表

年级	主要任务群	劳动主题	目标		活动	劳动课内容
六年级	服务性劳动	我是职业小楷模	劳动意识与观念	增强公共服务意识、与他人协同劳动的意识	1. 参观父母工作单位，体验一日工作内容 2. 化身为川大江姐纪念馆小小讲解员；化身小老师，去川大幼儿园讲解小学知识；化身附小文化使者，为来宾介绍附小校园文化 3. 参与72行职业体验	1. 邀请家长志愿者做职业分享，聘请为指导教师 2. 竞聘各项职业体验资格 3. 策划职业体验活动 分享职业体验的收获
			劳动习惯和品质	初步感知服务性劳动中的契约精神，形成诚实劳动的品质		
			劳动技能和方法	初步了解服务业劳动的类别、内容以及劳动过程和特征		
			劳动精神与情趣	感知爱岗敬业、乐于奉献的劳模精神		

除常规劳动外，学校还积极探索劳动校本课程，开展创造性劳动——“模拟社会72行实践活动”。

三、学生劳动素养评价

评价是劳动课程体系的重要组成部分。附小立足学生劳动过程中的动态发展，依据学生年龄特征和任务群特点，制定循序渐进的评价目标；发挥学生、教师、家长、社会等多元主体的评价作用，注重过程性评价和结果性评价相结合，促进劳动育人价值的实现（见图2，表8、表9）。评价内容既关注学生劳动知识技能的获得，又着眼学生劳动观念的形成、劳动习惯和品质的建立、培育劳动核心素养。

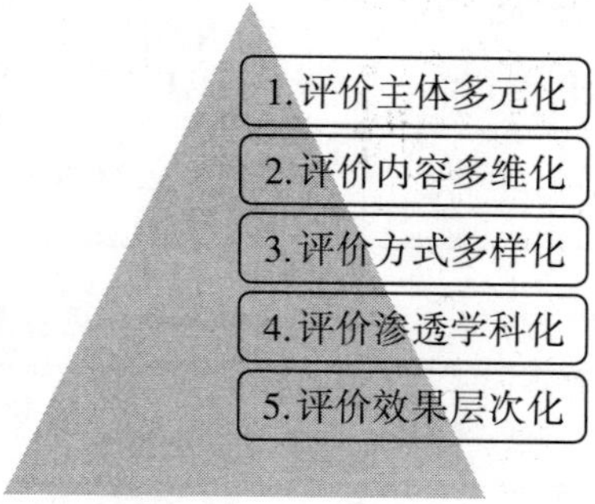

图2 评价体系表

表8 案例：《我是小小生活家——蚂蚁搬书》评价量表

蚂蚁搬“书”过程性评价表——在评价中成长

班级　　　　姓名　　　　时间

项目	评价要点	自评	同伴评	教师评	家长评
劳动中树立正确的劳动观念	能够在调研学习中知道劳动创造美好生活，树立正确的劳动观念	☆☆☆☆☆	☆☆☆☆☆	☆☆☆☆☆	☆☆☆☆☆
	调研及实践中尊重劳动，尊重普通劳动者	☆☆☆☆☆	☆☆☆☆☆	☆☆☆☆☆	☆☆☆☆☆

续表

项目	评价要点	自评	同伴评	教师评	家长评
实操中提升劳动技能方面	掌握基本的书籍整理与收纳的劳动知识与技能	☆☆☆☆☆	☆☆☆☆☆	☆☆☆☆☆	☆☆☆☆☆
劳动习惯与品质的养成	具有劳动创新创造能力，能在开展活动过程中及时参与，完成任务	☆☆☆☆☆	☆☆☆☆☆	☆☆☆☆☆	☆☆☆☆☆
	培养团队合作意识，自觉自愿、认真负责、安全规范的完成班级、年级图书角书籍的整理收纳工作	☆☆☆☆☆	☆☆☆☆☆	☆☆☆☆☆	☆☆☆☆☆
劳动精神培养	能够珍惜自己的劳动成果，诚实守信	☆☆☆☆☆	☆☆☆☆☆	☆☆☆☆☆	☆☆☆☆☆

表9 总结性评价

项目	评价要点	自评	他评
一、劳动前期准备	小组能够认真地进行前期的准备调研，完成本组整理方案的制定，提升同学们的学习兴趣（5分）		
	在前期书籍整理收纳知识培训中，我有认真学习、积极回答问题（5分）		
二、劳动参与实践	在书籍整理收纳过程中我有积极参与（10分）		
	我能与小组成员积极合作，有效沟通（10分）		
	当组员遇到问题时，我能主动帮助（10分）		
三、学生劳动成长情况	能及时反思自己的言行与劳动方法、劳动技能，创新思考，及时调整（10分）		
	积极实践，发挥自己的长处，实施才能（10分）		
四、老师的评语：			

四、课程实施

学校四条路径联动，在劳动必修课中指导学生学习劳动的知识与方法；在学科融合中探索劳动路径；在课外、校外活动中进行劳动实践；在校园文化中强化劳动教育。

（一）每周一节劳动教育必修课，细化各年段劳动教育目标和内容

学校每周增设一节劳动教育必修课，课表中明确体现劳动教育课程的课时安排；课程内容由每个年级结合学生发展特点及需求，确定年级劳动主题，设计丰富的劳动教育活动（见表10）。

表10 低段劳动教育课程表

	周次	内容	课时		周次	内容	课时
间安排表	1	学会钉纽扣	1	时间安排表	1	整理书包	1
	2	煮饭	1		2	整理书桌	1
	3	做酸泡菜	1		3	安全第一	1
	4	做汤	1		4	制作不倒翁	1
	5	铝制品去污	1		5	制作纸手提袋	1
	6	炒白菜	1		6	制作小挂饰	1
	7	洗衣服常识	1		7	洗头	1
	8	整理房间	1		8	纸条编织	1
	9	安全第一	1		9	养蚕	1
	10	编网袋	1		10	磁悬浮列车	1
	11	常见的金属制品和常用的金工工具	1		11	认识几种调料	1
	12	纸编彩蝶	1		12	缝补袜子	1
	13	穿编	1		13	钉纽扣	1
	14	编织	1		14	整理床铺	1
	15	中国结——放鞭炮	1		15	爱护图书	1
	16	纸条编织	1		16	泥塑水果	1
	17	生活中的绳结	1		17	灭蚊	1

（二）以劳动教育为原点，以学科融合为路径，探索劳动教育课程新样态

学校在学科学习中融合劳动教育，初步形成了劳动教育与学科融合基本模式；积极寻找劳动教育与学科学习之间的关联，根据各学科的教材内容，努力挖掘学科课程与劳动课程中的契合点，站稳学科课堂教学。例如：美术学科让学生充分领略劳动创造成就艺术之美；语文学科让学生在语言文字中品味劳动精神、昂扬生命之美；音乐学科引导学生在美妙的歌声中感受劳动的激情与体验的快乐……多学科齐头并进，引导学生在学科学习中收获与劳动有关的文化知识，熏陶劳动的人文情怀，更好地梳理劳动价值观。

这样的融合模式对学科教育而言：学生在劳动实践中检验和使用学科知识；在劳动实践中拓展、延伸、创新学科知识；在劳动实践中发现缺失的学科知识支撑，创设机会补充学科知识。

（三）劳动启智，课外、校外齐探索

劳动教育的关键是学生个体要在生活和实践中“动起手来、动起脑来、协作起来”，学校、家庭和社会要同步起来，统整引导教师、学生和家长行动起来，进行劳动实践的机制和氛围，校外课外积极探索。

1.形成了以学校为主导的“四点共面、项目学习”家校共育模式，合力助推劳动教育，形成以劳动项目为主线，以教师为引导，以学生为主体，家长协助的教育模式。学校从“更新劳动教育理念”“共营家庭劳动教育氛围”“家庭劳动教育指导”“家庭劳动教育评价”四个角度出发，建立“四点共面”的家校共育格局，实现劳动的育人价值（见图3、图4）。

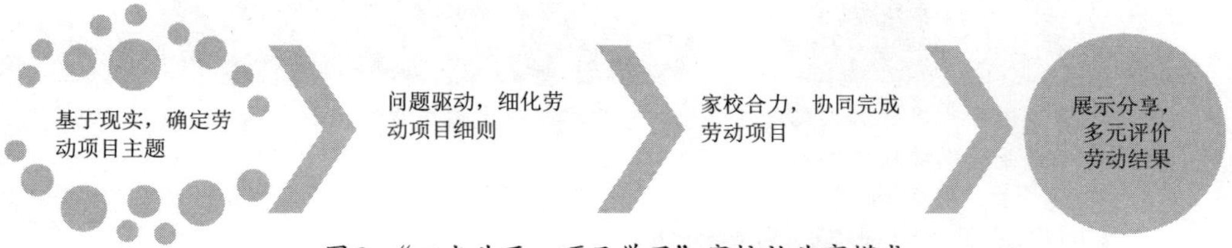

图3 “四点共面、项目学习”家校社共育模式

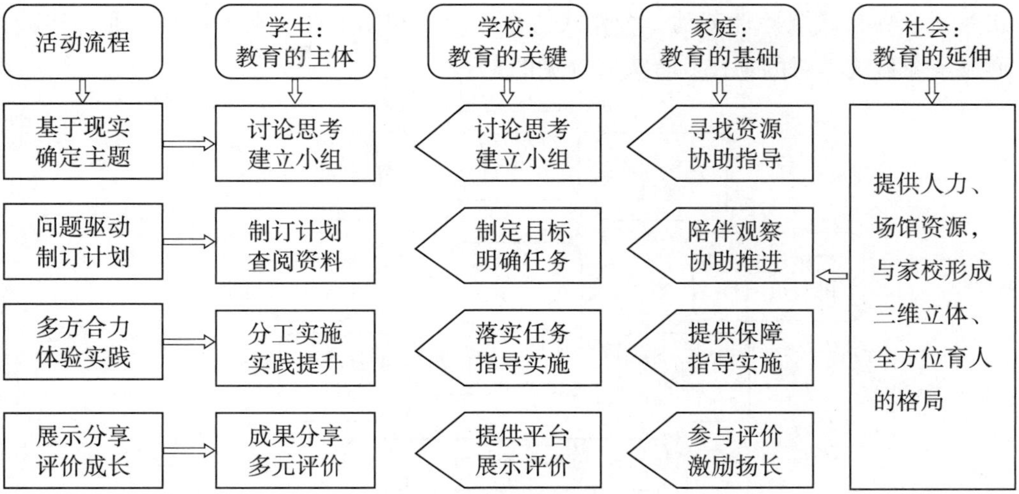

图4 项目式劳动教育课程

2.大、中、小、幼一体化教育视域下的劳动教育。

学校有目的、有计划地创造有利于学生“动手、动脑、协作”的环境时间、空间和机会。形成了“附小劳动教育日常生活参与服务项目中心”和“附小劳动教育农耕生活体验所”（传统农业、现代农业）；学校充分利用社区教育资源，组织学生走进大学、中学与幼儿园，开展各种大中小幼一体化教育视域下的服务型劳动和生

产劳动，进行职业初体验，把个人的小梦想和中国梦大梦想结合起来，感受劳动创造美好生活的快乐体验。

附小志愿者化身为川大江姐纪念馆小小讲解员（服务性劳动）

学生参与川大附中水稻的收割活动（生产劳动）

3. 将项目式学习引入劳动教育活动。

在课程实践中，学校实行项目式劳动教育，确立了日常参与式劳动、职业体验式劳动、项目式服务性劳动、合作式协作性劳动和创造性劳动等项目，通过实践，形成了项目式学习的家校共育模式（见图5）：

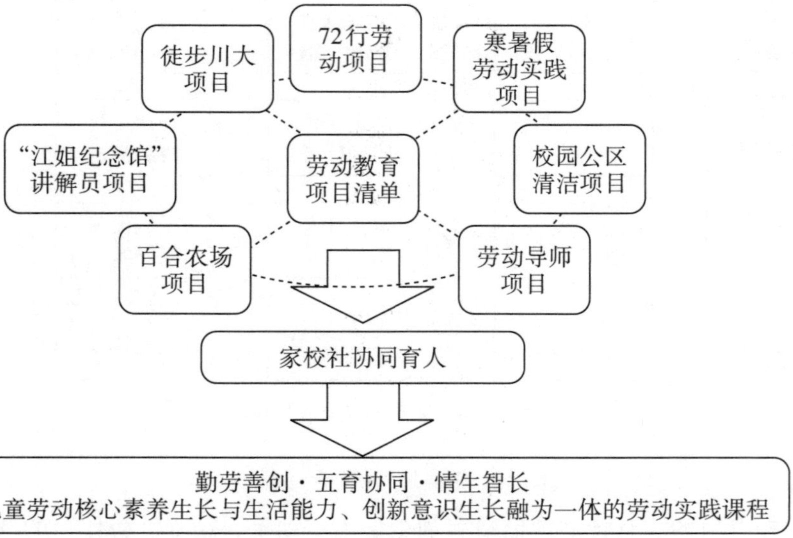

图5 项目式学习的家校共育模式

（四）构建校园劳动文化，生长劳动核心素养，促进学生五育发展

在校园文化建设中，学校厘清附小劳动教育的百年探索与实践路径历史，在校门口的“学生事大”场景中，依托陶行知先生的生活教育理念，在校石上撰写附小劳动教育的初心与使命——因生活而教育、在生活中教育、用生活来教育、为了生活向上向前而教育。引导学生知行合一，养成动手实践、积极参与的劳动习惯与劳动品质。

学校积极组织丰富多彩的劳动主题教育活动：依托五一国际劳动节，开展国旗下主题教育活动，认识劳动、劳动者，激发学生热爱劳动的习惯与品质，致敬默默付出的祖国建设者；开展“劳动技能大比拼”活动，剥豆子、缝扣子等；动动手，出出汗，提升自己的劳动技能。开展“劳动公区我清洁，附小校园更美丽”活动，三、六年级的学生大手牵小手，共同清洁校园的卫生，环境保护，从我做起……一项项活动在微信公众号上宣传，一张张劳动的图片被展出，让学生在更好的劳动氛围、劳动实践中，重塑关于劳动的信念信仰与人格特质。

五、课程评价

劳动课程评价是劳动课程体系的重要组成部分。附小着眼于学生劳动过程中的动态发展，依据学生年龄特征和任务群特点，制定循序渐进的评价目标，发挥学生、教师、家长、社会等多元主体的评价作用，注重过程性评价和结果性评价相结合，促进劳动育人价值的实现。

（一）评价主体多元化

在评价中，我们既关注教师的评价，也注意发挥学生、家长、社会的评价主体作用，开展自评、互评、家长评、老师评、社区评，通过多元的评价主体更全面、更真实地了解学生的劳动情况，激励学生更重视劳动，更积极地参与劳动，更认真地从事劳动，让学生在参与中感悟劳动的快乐与意义，进而形成主动参与劳动的意识（见表11）。

表11 “探书海之序 创书屋之美 享整理师之乐”星级整理师评价表

（学生整理书柜多元评价量表）

评价标准	自评	同学评	家长评	教师评
经常主动整理班级或家里的图书柜	☆☆☆☆☆	☆☆☆☆☆	☆☆☆☆☆	☆☆☆☆☆
会根据书籍的大小、颜色、厚薄、系列等特点进行分类摆放，整齐、美观、便于取用	☆☆☆☆☆	☆☆☆☆☆	☆☆☆☆☆	☆☆☆☆☆
自己取放有序	☆☆☆☆☆	☆☆☆☆☆	☆☆☆☆☆	☆☆☆☆☆
说明：1.很好是四级整理师；较好是三级整理师；一般是二级整理师；合格为一级整理师 2.填写方式：评价者用红色填涂星星				

（二）评价内容多维化

附小劳动课程不仅关注学生是否获得了劳动知识技能，更关注学生在劳动过程中正确劳动观念的养成、劳动习惯和品质的建立、劳动精神的培养，直指学生的劳动核心素养，旨在让学生不仅具备一定的劳动能力，更能在劳动中学会自我管理、团队合作，养成吃苦耐劳、责任担当的品质，树立劳动最光荣、最伟大、最美丽的观念（见表12）。

表12 学生清洁教室评价量表

劳动创造美，评价促成长（______月）

姓名：

评价内容		自评	互评	自评	互评	自评	互评	自评	互评	自评	互评
技能	效率高										
	桌面整洁地面干净										
纪律	不嬉笑打闹										
	控制噪声										
合作	互相帮助协作										
	提醒遵守纪律										
态度	喜欢劳动 快乐劳动										
小组总结											

（三）评价方式多样化

依据学生的不同年龄特征和学习特点，老师对学生的评价方式不仅局限于量表式的评价，更采用了多样化的方式来评价：如口头评价、文字评价、图片或实物展示评价、纸质图表评价等，激发了学生的劳动兴趣，让学生收获劳动的自信。

（四）评价渗透学科化

除了劳动教师对学生的劳动实践进行评价外，各学科教师在学科教学中渗透劳动教育，跟进对学生的评价，让学生在五育并举的环境下，促进劳动习惯的养成，丰富劳动情感体验，增强探索创造的能力（见表13）。

表13 农场科技实践记录评价表（农场技术部劳动日志）

日期	气温	天气	工作内容	作物生产状态	值日

（五）评价效果层次化

在劳动实践过程中，一方面，学校着眼于学生劳动过程中的动态发展，关注对学生的过程性评价。鼓励学生建立自己的劳动成长档案袋，如实记录劳动教育活动情况，收集过程性的记录，如劳动方案、劳动过程中的照片和视频、自我反思等，老师充分肯定学生在劳动中的进步，正确对待劳动中出现的问题，鼓励学生不断地改进提高（见表14和表15）。

表14　学生假期劳动记录单

劳动生活	热爱劳动（劳动小百合）	积极参加以下力所能及的劳动： 1.日常生活劳动： （1）清洁类——清洗瓜果、蔬菜、碗筷，洗自己的小物件，简单扫除。 （2）厨艺类——会烧开水、煎煮鸡蛋、煮面、做沙拉等 （3）整理类——自己穿衣叠被，整理自己的书桌和书包 2.生产劳动： 认识农具和农作物，简单种植喂养 3. 社会服务： 参与社会宣传护绿，社区公物保护 晒一晒：在班级群里分享自己参加家务劳动的效果照片，互相学习，共同进步	我最喜欢的劳动是： 我坚持做了这些劳动： 我还学会了这些劳动技能： 我最喜欢同学在群里晒的劳动体验， 因为：	☆☆☆	☆☆☆

表15　学生假期劳动记录单

亲子时光	家长评价
1.亲子共读：10～20分钟	☆☆☆☆☆
2.亲子运动：跳绳20～30个，或其他运动	☆☆☆☆☆
3.亲子诵读《弟子规》	☆☆☆☆☆
4.亲子劳动	☆☆☆☆☆

另一方面，学校还致力于在学期中、学年中对不同年段学生进行阶段性的评价。在低段劳动教学中，教师引导学生种植“个人劳动树”，每掌握一项劳动技能，可在劳动树上贴一个技能劳动果，激发学生劳动兴趣的同时也可关注劳动素养的成长；中段学生在参加劳动技能比赛活动中，关注学生阶段劳动成长；高段学生每月评选劳动小能手。

同时，学校利用“劳动课程阶段综合评价量表”对学生进行总结性的评价，帮助学生系统地了解自己的劳动学习与实践情况，提出改进的策略，促进学生的进步。

（执笔人：王宁　孙雪　黄伊琳　张晶）

劳动创造幸福

成都市磨子桥小学分校

一、课程背景

成都市磨子桥小学分校（以下简称“磨小分校”）是一所武侯区的公办小学，自2007年建校以来，长期坚持开展劳动教育实践活动。2020年，学校根据教育部《大中小学劳动教育指导纲要（试行）》精神，结合我校实际情况和得天独厚的地理优势制定与之相配套的《成都市磨子桥小学分校劳动教育课程实施方案》，形成独具特色的劳动教育课程体系，探索具有我校特色的新时代劳动教育范式。

（一）根植学校办学思想，创新劳动教育的理论源泉

以习近平总书记“劳动创造幸福”的重要论述为指导，结合我校“幸福教育”办学思想，紧扣“让每个孩子享有幸福的童年，为学生的终身幸福奠基”办学目标，我们逐步摸索和形成了“劳动创造幸福”的劳动教育理念，并以此作为学校劳动教育的核心思想。

（二）立足学生活动所需，创新劳动教育的场地资源

2020年，我们深度挖掘所在区域的多方资源，积极寻求多部门的支持，利用紧邻学校的一块闲置土地打造出占地达20亩的“幸福农场”，成为中心城区学校占地面积最大的综合性劳动教育实践基地之一，为学生能“嗅得泥土的气息”培上了厚厚的土壤。

（三）基于劳动教育的场地资源，开展与之匹配的课题研究

2020年，学校打造“幸福农场”硬件的同时，开展与劳动教育基地相匹配的课题研究。研究出城市小学建设校内劳动教育基地的一套策略体系，让城市小学劳动教育的课程资源得到不断丰富，劳动教育得到常态化实施，学生劳动素养得到不断提升。

二、课程目标

基于学校幸福教育办学思想和“劳动创造幸福”劳动教育课程理念，学校确定的劳动教育总目标为：培养学生“劳动创造幸福”的思维，树立正确的劳动观念，养成勤俭的劳动品质，培养创造的劳动能力，形成奉献的劳动精神。基于人的全面发展理论，学校劳动教育课程以“五讲、四美、三勤——劳动创造幸福”为育人目标，构建服务劳动、生活劳动、生产劳动三大类课程体系。“五讲”劳动教育以“服务父母同学、服务邻里社区、服务家乡祖国”为范围，达成“讲奉献、讲感恩、讲分工、讲合作、讲友善”的分级目标，形成奉献的劳动精神；“四美”劳动教育以“爱整理、爱做饭、爱卫生”为主要内容，达成“立美行、做美食、造美物、创美室”的分级目标，形成“创造幸福”的劳动能力；“三勤”劳动教育以“种植粮食作物、种植果蔬、制作手工”为主要内容，达成“勤劳作、勤耕耘、勤节约”的分级目标，形成“勤劳”的劳动品质（见图1）。

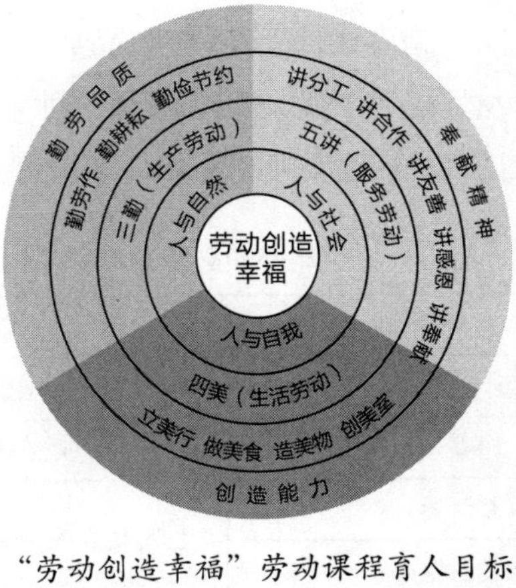

图1 “劳动创造幸福”劳动课程育人目标体系

三、课程内容及实施

围绕“劳动创造幸福”的核心理念，学校积极开发、建设劳动教育课程体系，主要由四个部分组成：“必修课程”是优化整合后的国家课程、地方课程，是劳动

教育的基础课程；“选修课程”是学生、教师、学校根据实际情况，促进学生个性化、全面发展的校本课程；“拓展课程”是根据学校实际定制开发的、具有学校特色的综合课程；“融合课程”是基础课程在其他学科中的融合（见图2）。

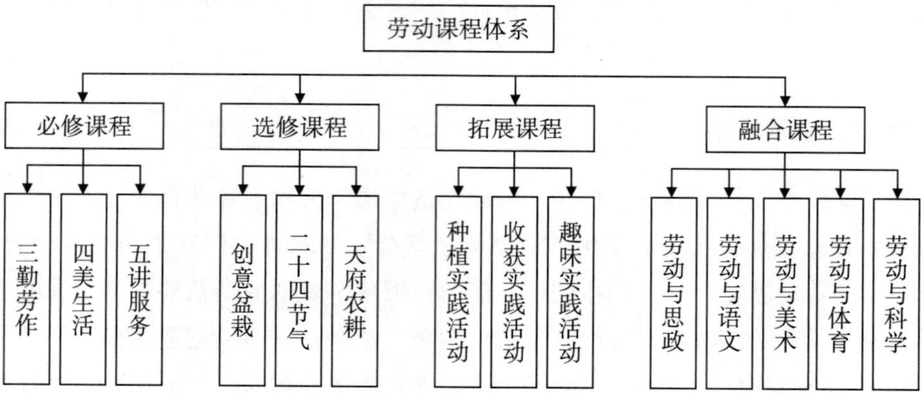

图2 “劳动创造幸福”劳动课程体系

（一）课程建设与实施思路

1.系统开设“三勤”“四美”“五讲”必修课程（见表1、表2、表3、表4）。

（1）“三勤”生产劳动课程内容。生产劳动课程以主粮种植为主，选取了小麦、水稻、玉米、豆类和薯类五种（类）农作物进行种植。其目的在于通过学生亲历农作物的完整种植过程，形成爱惜粮食、节约粮食的劳动观念，掌握基本的农作物种植技能，形成吃苦耐劳、乐于奋斗的劳动精神和品质。与此同时，学校还编写了“身边的五谷”系列校本教材，一共7册，每册围绕一种主粮和一种蔬菜种植，按照农作物的生长阶段，低段每册设计12课教学内容，中高段每册设计18课教学内容。

表1 磨小分校生产劳动必修课程种植内容

年级	种植作物	课程内容
一年级	萝卜、南瓜	种植、养护并观察农作物生长
二年级	大白菜、番茄	种植、养护并了解相应的方法
三年级	菜籽、黄豆	掌握种植和养护方法、体验种植过程
四年级	小麦、空心菜	
五年级	豌豆、红薯	学习科学种植和养护方法，体验种植过程
六年级	马铃薯、玉米	
专项种植	水稻	
	蔬菜、果树	

（2）“四美”生活劳动课程内容。学校根据校情和学生掌握生活劳动的情况，结合《成都市大中小学劳动教育清单（试行）》梳理了1～6年级生活劳动的课程内容，并录制了30节生活劳动教学微课，形成了生活劳动系列教学资源。

表2　磨小分校日常生活劳动必修课程内容

<table>
<tr><th>年级</th><th>10项家务劳动内容</th><th>活动要求</th></tr>
<tr><td>一年级</td><td>洗碗、铺床、叠被、扫地、整理书包、套垃圾袋、系鞋带、系红领巾、洗手7步法、佩戴口罩（完成与个人卫生相关的清洁与整理归纳）</td><td rowspan="6">1.老师带领部分家长、学生共同参与微课制作并分享微课，让全班同学学习
2.通过观看微课，每个学生完成10项家务劳动
3.微课制作模块：老师讲解家务劳动要领；学生根据老师讲解的要求进行示范；展示学生的优秀作品；家长点评、学生自评</td></tr>
<tr><td>二年级</td><td>清洗瓜果蔬菜、扫地、擦拭家具、拖地、整理房间、洗手7步法、佩戴口罩、洗袜子、梳头（女）、洗头（男）、家庭保洁（完成与个人卫生的清洁与归纳整理）</td></tr>
<tr><td>三年级</td><td>整理衣柜、洗内衣、家庭大扫除、清洗清洁用具、切菜、学做一道菜、洗手7步法、佩戴口罩、使用洗衣机、打扫房间（正确使用卫生工具，定期整理收纳，做到有序合理）</td></tr>
<tr><td>四年级</td><td>整理书柜、晾晒衣物、做早餐、合理安排扫洒顺序、掌握清洁小妙招、清洗床单被套、整理衣柜、洗手7步法、整理卧室、正确佩戴口罩（正确使用卫生工具，定期整理收纳，做到有序合理）</td></tr>
<tr><td>五年级</td><td>读水表、家务劳动小窍门、洗手7步法、佩戴口罩、洗衣、做川菜、家庭扫洒、美化客厅、洗鞋、厨房大扫除（掌握清洁和整理的科学方法，创造美食、美室）</td></tr>
<tr><td>六年级</td><td>做一顿饭菜、照顾宠物、营养搭配菜谱、交电费、做泡菜、做西餐、计划零钱如何花、洗手7步法、佩戴口罩、美化自己的卧室（掌握清洁和整理的科学方法，设计营养食谱，创造美食、美室）</td></tr>
</table>

（3）“五讲”服务劳动课程内容。服务劳动是学校自建校以来坚持落实的课程，学校传承以往的优良做法，不断探索劳动教育中服务劳动新的生长点，将校内外服务劳动进行整理分类，形成磨小分校服务性劳动课程内容体系。

表3　磨小分校服务性劳动必修课程内容

年级	校内	校外	内容
一年级	小小志愿者、美化教室		擦黑板、整理文具盒、主动捡垃圾、垃圾清理、门窗志愿者（参加简单的班级实践活动，体验分工合作）
二年级	小小志愿者、美化教室		整理书包、整理课桌椅、清除挂尘、午餐管理、整理图书角志愿者（参加简单的班级实践活动，体验分工合作）
三年级	小小志愿者、美化校园	社区服务	整理桌椅、美化艺术栏、保持卫生间卫生、绿植志愿者、参加社区植树节、清理农场（参加实践活动，体验合作、奉献的价值）
四年级	小小志愿者、美化校园	社区服务	整理讲台书柜、美化卫生角、打扫楼道、礼仪幸福使者、参加社区重阳节志愿服务、清理农场（参加实践活动，体验合作、奉献的价值）
五年级	小小志愿者、美化校园	社区服务	美化教室、策划班级创意角、美化吊顶、小交警志愿者、参加学雷锋活动、社会捐赠（参加实践活动，有服务意识，体验合作、奉献的价值）
六年级	小小志愿者、美化校园	社区服务	整理试卷、美化门窗、主持人志愿者、校园社区除草浇水、劳动节社区服务、社会捐赠（参加实践活动，有服务意识，体验合作、奉献的价值）

2.优化增补周末营“延时”选修课程。

在保证每周不少于一课时必修课的基础上，结合劳动基地优势资源，还开设了“周末营”选修劳动课程。课程以天府农耕文化为基础，形成了低中高段“天府美食”“二十四节气”“盆栽”系列选修课程。

表4 磨小分校周末营“田园书香”农耕文化课程体系

核心理念	课程板块（能力目标）	课程内容	项目主题	
天府文化与农耕活动	品天府文化（读、背、说）	了解成都地理环境、物候气貌、历史名人等风土人情，沉浸式体验天府文化	低段	民间童谣、儿歌
			中段	走近杜甫、诸葛亮等历史人物
			高段	李冰父子与都江堰水利工程
	识天府农具（识、学、研）	认识传统劳动工具的历史起源、功能构造和时代变迁，探究新时代劳动工具的发展趋势，并亲身实践，使用劳动工具、尝试设计制作劳动工具	低段	锹、镰、扁担
			中段	犁、风车、箩
			高段	锄、耙、稻桶
	玩天府农事（探、思、做）	参与四季劳作中有趣好玩的农事活动，播种、采摘、管理、收获，出力流汗的同时收获知识与乐趣	低段	发豆芽、拔萝卜、掐豌豆尖/丝瓜尖
			中段	插秧、栽油菜、挖折耳根、割小麦
			高段	挖土豆/红薯、割稻谷、掰玉米
	赏天府美食（品、做、赏）	用幸福农场取来的新鲜食材制作本地传统菜肴或小吃，既品尝了美味佳肴，又学会了美食制作工艺，还传承了美食文化	低段	蔬果拼盘、制作番茄酱、四川凉面、拌黄瓜/茄子
			中段	包汤圆、制作冰糖葫芦、孜然土豆、四川泡菜
			高段	钟水饺、豆制品（麻婆豆腐、豆浆）、包粽子

3.协调推进“种植”“收获”“趣味”拓展课程。

学校深入开展与劳动教育相关的综合实践拓展课程，以基地种植活动为基础，在《身边的五谷》校本课程资源开发中融入综合实践推进策略。同时，开展“小手牵大手·亲子进社区”校外公益服务劳动、“幸福使者”校内服务劳动、“会分类·慧生活”垃圾分类新型服务劳动，以及相关实践体验活动，如：抱南瓜接力赛，割油菜、割麦穗、打菜籽、打麦子等实践体验活动等。为了提高学生的参与热情，学校在水稻田里养上鲫鱼，学生可以用自己劳动挣来的幸福币去兑换下田摸鱼的体验活动。多样的实践体验活动，不仅丰富了学生的生活，也让他们掌握了更多的劳动技能，感受劳动的辛劳与快乐，达到了以劳强体、劳动育人的目的。

“青秧插满田”劳动实践活动

4.全面落实劳动与各学科的融合课程。

学校秉承五育融合的推进策略与思路，在语文、数学、科学、美术等学科和德育中渗透融入劳动教育，真正实现以劳培德、以劳增智、以劳强体、以劳育美的目的。如在语文学科中通过植物观察日记和劳动感悟等提高学生参与劳动的兴趣，树立正确的劳动观念；在科学学科中通过记录科学观察手册、参与科学实验等，提升学生的观察和研究能力；在美术学科中，美术组根据国家课程美育总目标结合学校校情梳理确定了“美术+劳动”的校本课程融合内容，构建了与劳动融合的创新型美术课堂，形成了多维度、特色化、多样化的美育活动模式。

“美术+劳动”校本融合课

（二）推进途径与成效

学校通过分类课程设置，开设四大类主题课程，细化了三类劳动的必修课程内容和选修、融合、拓展特色课程内容。日常生活劳动立足个人生活事务处理，1～6年级各细化10项家务劳动清单，着重培养学生良好的生活能力和卫生习惯。生产劳动作为学校劳动教育的特色与主体，建设了占地达20亩的“幸福农场”，编制了全套共7册《身边的五谷》校本课程。同时，结合生产劳动的开展，配套开展生活劳动和服务劳动，如认识劳动工具、清理农场、清洗蔬菜、劳动成果售卖、社会捐赠等活动。

《身边的五谷》生产劳动实践手册

学校在校园环境建设中注意营造劳动教育氛围，全面开启劳动教育文化氛围的营造工作：

1.宣传讲解，形成热爱劳动的良好氛围。充分利用校广播、微信公众号、黑板报、校园网等渠道大力宣传，将典型劳动模范的先进事例进行宣讲，让学生了解学习各行各业的劳模故事，形成“人人知劳动”的良好氛围，为“人人爱劳动”打下舆论基础；同时，继续利用学校红领巾电视台和校园班队会，开展以热爱劳动为主题的德育大课和班队会。

2.榜样激励，形成热爱劳动的优秀观念。学校经常邀请社会各行各业的劳动典型案例、典型人物、先进人物来宣讲，还通过表彰、报告会、座谈会、上门参观、走访等形式让学生真正受到榜样的激励，潜移默化地形成尊重劳动、尊重劳动者的品质。

3.动手实践，创设热爱劳动的校园环境。精心设计“劳动教育”长廊，在学校架空层新增红色劳动模范宣传栏，在学校校门的宣传栏、教学大楼每层走廊墙壁上也悬挂有关劳动的名人名言，让每一个地方、每一面墙壁、每一处角落都能说话，使校园形成潜移默化和具有导向性的学习教育场所。

劳动教育文化廊

四、课程评价

（一）劳动素养评价原则导向

1.紧紧围绕《纲要》中劳动四维目标设计，充分结合过程性和终结性评价相结合的原则。

2.综合考虑学生的年龄特点和性格差异，评价标准成梯度设计。

3.遵循评价主体多元化的原则，构建自评、互评、师评、家长评综合评价机制。

4.个人和集体协同评价的原则，通过班级先进劳动集体的评选活动促进学生个体劳动素养的形成。

（二）劳动评价工具开发

1.劳动课程评价采用传统纸质（评价手册）和现代互联网（劳动币APP）相结合的方式进行，每位学生人手一本劳动评价手册，手册分为三部分，分别评价三类劳动，采取学生自评互评、教师评价和家长评价的方式进行。每个班级设立一个劳动币APP，通过学生劳动手册积分兑换币的方式进行。

2.构建以家庭为评价主体的线上评价机制。通过学校劳动币APP应用平台，家长和学生可根据学段进入相应的学习打卡评价系统，定期开展自我评价和家长评价，从劳动项目、劳动时间、劳动效果、劳动实录、劳动评价五个方面进行记录。学期末根据平台统计数据，进行综合评价。

3. 为创新劳动教育评价，学校结合课程开发了一款全新应用软件——智慧校园APP。每位班主任教师均是智慧校园APP评价及管理的第一责任人，通过智慧校园APP对本班学生的劳动情况进行评价和管理。学生通过劳动手册评价积分和线上APP积分可以参与兑换农产品活动。家长通过智慧校园小程序上传孩子参与劳动的图片及视频，并能及时查看孩子的劳动教育积分情况。通过智慧校园APP应用平台，家长和学生可根据学段进入相应的学习打卡评价系统，定期开展自我评价和家长评价，从劳动项目、劳动时间、劳动效果、劳动实录、劳动评价五个方面进行记录。学期末，学校根据平台统计数据，进行综合评价。

磨小分校劳动课程纸质评价手册（以小麦种植课程评价为例）

<table>
<tr><td colspan="4">课堂劳动评价记录卡</td></tr>
<tr><td colspan="2">第（　　）课</td><td>姓名：</td><td>班级：</td></tr>
<tr><td rowspan="3">劳动记录</td><td>选种</td><td colspan="2">技能要点：</td></tr>
<tr><td>点播</td><td colspan="2">技能要点：</td></tr>
<tr><td>盖土</td><td colspan="2">技能要点：</td></tr>
<tr><td>劳动感悟</td><td colspan="3"></td></tr>
<tr><td rowspan="3">多元评价</td><td>自我评价（　）</td><td>组内互评（　）</td><td>教师评价（　）</td></tr>
<tr><td colspan="3">评价标准：认真听课、认真劳动、小组合作</td></tr>
<tr><td></td><td></td><td></td></tr>
</table>

磨小分校劳动课程纸质评价手册（以小麦种植课程评价为例）

<table>
<tr><td colspan="2">项目课程阶段性劳动评价表</td></tr>
<tr><td colspan="2">共　　课时　　　　　姓名：</td></tr>
<tr><td>我学到的劳动知识</td><td></td></tr>
<tr><td>我完成的劳动任务</td><td></td></tr>
<tr><td>我获得的劳动技能</td><td></td></tr>
<tr><td>我养成的劳动习惯</td><td></td></tr>
<tr><td>我的劳动感悟及收获</td><td></td></tr>
<tr><td>自评（记星）</td><td></td></tr>
<tr><td>互评（记星）</td><td></td></tr>
</table>

续表

项目课程阶段性劳动评价表	
师评（记星）	
家长评（评语）	
合计（记星）	

（三）劳动素养评价报告制度

1.个人劳动素养评价报告制度。班主任老师通过劳动币APP对个人劳动素养评价进行累计加分，到学期末形成学生个人的劳动素养评价报告手册，指导学生下阶段如何开展劳动。

2.班级劳动素养评价报告制度。学校通过每周的三面红旗评选活动，对劳动先进集体进行评价及表彰，期末通过累计每周劳动先进集体，评选出学期劳动先进集体，纳入期末班级考核，最后形成班级劳动素养评价手册，指导班级下阶段劳动教育工作。

（执笔人：陈世连　李小燕　李沛伦　周屈舟）

“融”教育理念下“主题式”劳动教育的实践路径探索

成都市龙祥路小学

一、课程背景

一直以来，我校以“融”教育文化为特色，践行“和融共进 情智共生”办学理念，追求“诚实友善 乐问好思 体健艺美”好少年育人目标，实施“全人”教育，这与当下“五育融合”育人路径相吻合，劳动教育作为我校育人的重要内容之一，在具体实施的过程中，面临着诸多困境，亟须解决。

（一）劳动教育长期弱化，内容缺乏层次，难以达成“全人”育人目标

在推进五育过程中，学校存在“长于智，疏于德，弱于体、美、劳”的现状，表现在：专业的劳动教育师资紧缺；成体系的劳动教育课程空缺；对劳动教育理念缺乏科学育人的认知，在五育思考中缺乏顶层系统设计；在劳动教育实施过程中，缺乏应有的层次性，学段目标不明晰、内容不系统、评价不完整，导致劳动教育低效，难以落地生根。

（二）教育资源疏于整合，课程开发主体单一，难以形成育人合力

目前，结合校内“阿福童农场”劳动实践基地，学校已经开发出“落花生”及果树童心劳动课程；同时，开展每天班级卫生打扫、每周校园公共区域清理、每月全校文化墙美化等生活劳动课程；结合校外区域资源——“水韵园”综合教育基地，学校每学期定期开展劳动教育综合实践课程。但就校内资源而言，学校已有“膳食营养馆”，各班级阳台设有“植物养殖角”“文化墙”等，还有待利用与开发，同时应充分利用家长、周边社区的资源，延展劳动教育的宽度。同时，我校劳动课程开发和组织实施者主要由学校教师完成的，教师虽精通于自己所教授的学科，但对资源的开发与对劳动教育的观念还存在一定局限性对成都市的传统文化、农业等认识不到位，难以达到劳动教育应有的深度。

劳动教育作为“五育并举”的基本载体，本身具有学科融合性，课程实施主体具有多元性，课程资源具有开放性，是学校推动学校“融”文化的重要举措。学校需要通过培养劳动教育师资队伍，整合校内外资源，发挥学科融合育人优势，根据《义务教育劳动课程标准（2022年版）》（以下简称《课标》）确立丰富多元、遵循

学校发展规律的劳动教育主题，聚焦主题科学，有层次、呈体系地设计劳动教育内容，通过课堂教学落实劳动教育、策划活动渗透劳动教育、家校社合作推进劳动教育，培养学生会劳动之“智”，爱劳动之“情”，赋能学生健康全面成长。

二、课程目标

学校立足打造一所“情感和融、智慧交融”的好学校，将劳动教育纳入“乐融”课程体系是学校课程构建的重要举措，以《义务教育劳动课程标准（2022年版）》为指导，构建“三段三类”劳动教育目标体系（见表1）。该目标体系把握劳动教育内容的三个层面，即生活劳动、生产劳动和服务性劳动；按“低、中、高”学段循序渐进、螺旋上升的思路，不仅注重对学生技艺技能的传授和劳动技术的训练，更关注身心共生，使学生树立正确的劳动价值观，培养学生尊重、热爱及创造劳动的劳动品质，弘扬勤俭节约、奋斗创新、敬业奉献的劳动精神，以培养学生会劳动之“智”、爱劳动之“情”。

表1 “三段三类”劳动教育内容目标

分层目标 劳动类别	总目标	学段目标		
		低段	中段	高段
日常生活劳动	劳动观念：感受劳动对家庭、学校、社会的改变；懂得家庭、学校、社会生活的美好需要劳动创造；发现劳动之美，尊重普通劳动者；树立劳动光荣的观念	知道家里一日三餐、整洁卫生、衣物清洗需要劳动，学校教室的整洁、物品摆放需要劳动；形成“自己的事情自己做”的意识	养成良好的个人清洁卫生习惯；主动分担家务，协助参与家庭环境卫生清洁；主动参加校园卫生保洁、垃圾分类处理、绿化美化等劳动	进一步增强个人生活自理能力和家务劳动能力
	劳动品质：生活劳动中自觉自愿、持之以恒、责任担当的品质	懂得自己的事自己做，坚持做完一件事	自己的事自己做，家里的家务活分担做，学校、班级的活主动做	初步具有家庭责任感
	劳动技能：自理技能、常见家务活技能、学校生活技能	学会穿衣、系鞋带、整理书包书桌、清洗袜子、教室保洁等技能，具有初步的个人生活自理能力	学会整理房间、清扫拖地、煮饭、和简单炒菜；掌握家用小器具的使用方法，垃圾分类技能	掌握家庭生活中常用的清洁与卫生、整理与收纳基本技能；了解家庭常用器具的功能特点，规范、安全地操作与使用；初步掌握家庭饮食烹饪技法，制作家常餐，具有食品安全意识
	劳动精神：勤俭节约	懂得人人都要劳动、劳动成果来之不易，不浪费粮食、节约用水	领会劳动成果来之不易，懂得节约用水、电、气等资源	尊重他人劳动成果，不铺张浪费、不相互攀比，合理消费

续表

分层目标 劳动类别	总目标	学段目标		
		低段	中段	高段
生产劳动	劳动观念：感受劳动对家庭、学校、社会的改变；懂得劳动提高生活质量，促进社会发展；体验劳动的艰辛与快乐，学会尊重他人劳动成果；树立劳动最光荣的观念	了解父母及身边人的工作类别及意义；观察中高段学生农场、果园、花园劳动场景；积极参与农场蔬菜采摘	理解社会发展需要劳动生产，认识生活中常见生产劳动的种类，参与学校农场、果园、花园种植、养护、采摘生产实践活动	理解劳动创造幸福美好生活，积极主动参与种植、养殖、手工制作等生产劳动，积极体验与应用三维打印、智能控制等现代新技术
	劳动品质：生产劳动中的责任感、坚韧力、诚信、协作创造品质	在学习生产劳动过程中遵守纪律，具有劳动安全意识，坚持认真学习劳动技能	主动分担家庭生产劳动，积极参与学校农场、果园、花园生产劳动实践；实践过程中不怕苦、不怕累、不怕脏并自始至终完成生产劳动	初步养成持之以恒的劳动品质，树立安全生产的责任意识与敢于突破创新的品质
	劳动技能：常见家务活技能；学校农场种植、养护、采摘技能；手工、科技制作技能	向爸妈、高段学生学习常见生产劳动基本技能；学会简单手工制作，初步学会规范使用相应工具	掌握常见蔬菜栽种、养护和采摘技能；规范地使用常见的劳动工具；掌握一定的手工制作、科技制作技能	能根据劳动任务选择合适的材料和工具、技术与方法，制订劳动计划，并根据劳动过程的进展情况适时优化调整，安全、规范、有效地开展劳动
	劳动精神：奋斗创新	对常见生产劳动、工艺制作具有一定的好奇心。	对生产劳动过程中遇到的问题具有好奇心和探究欲望。	懂得劳动创造财富，劳动来不得半点虚假、“业精于勤，荒于嬉”等道理
服务性劳动	劳动观念：感受在劳动中自我成长，懂得为他人服务也是幸福与快乐，树立人人为我、我为人人的服务意识；树立劳动最崇高的观念	感受为爸妈分担、帮助老师和同学以及他人带来的快乐，初步形成以自己的劳动服务他人的意识	懂得为家庭成员服务，帮助同学，为老师服务；愿意为社会需要帮助的人服务	主动参与校园卫生保洁和环境美化等服务，积极参与社区环保、公共卫生维护等公益性劳动，形成关爱他人，积极参与学校、社区建设的劳动意识
	劳动品质：服务劳动中的责任感、坚韧力、诚信、任劳任怨品质	培养在家庭与班级劳动服务中的责任感、任劳任怨的品质	在职业体验、校园、小区、社区实践服务劳动中的责任意识、合作意识、坚韧诚信品质	增强公共服务意识，初步形成社会责任感
	劳动技能：自理技能、常见家务活技能、学校生活技能	参与班级集体劳动，主动维护教室内外环境卫生，初步学会规范使用相应清洁工具	掌握基本的服务技能技巧，会使用简单的工具绿化、美化学校、社区环境	应用基本的劳动技能技巧体验并初步使用新技术支持下的现代服务业劳动
	劳动精神：敬业奉献	在服务劳动过程中遵守纪律，不怕脏、不怕累	在服务劳动中有始有终，专心致志	在服务劳动中不怕辛苦，乐于奉献

三、课程内容

结合学校校情及资源，深入地思考和探索劳动教育实践，我校将劳动教育与生活、自然、社会、学科进行紧密融合，并从校内、校外两个维度进行拓展，确立丰富多元的劳动教育主题，并在主题之下较为系统地构建起了学校劳动教育课程体系。

（一）融于生活、自然、社会的主题式常规课程

学校根据“三段三类”劳动教育目标体系，将生活、生产、服务劳动与生活、自然、社会紧密融合，结合校园、社区、区域资源，形成“三段三类十二主题”常规劳动教育课程内容（见表2），“十二”个主题丰富、有趣，不囿于自我服务性劳动、生产性劳动、公益劳动、家务劳动等，将创造性劳动纳入内容体系，强调身体的参与体验，有助于激发学生的劳动兴趣，体验劳动情趣，让学生逐步喜欢上劳动、热爱劳动。从纵向上看，劳动教育的课程内容涉及面广，且适度，符合学生年龄特征；从横向上看，劳动教育的课程内容重视学段衔接，且有梯度，符合学生身心发展规律。

表2 “三段三类十二主题”常规劳动教育课程内容

内容框架	内容主题	低段	中段	高段	实施建议
劳动与生活	自理小达人	1.个人卫生 2.书包整理 3.学具管理 4.清洗小件衣物	1.个人卫生 2.个人防护 3.书柜整理 4.清洗衣物	1.个人防护 2.居室规划	注重交给学生生活自理技巧，培养学生在日常生活中照料自己生活的自我服务性劳动的能力，养成“自己的事情自己做”的劳动习惯
	家务小助手	1.清扫地面 2.传递物品 3.折衣物 4.洗菜择菜 5.削果泡茶	1.清扫拖地 2.垃圾分类 3.家常简单烹饪 4.缝织类	1.居室整理 2.家常营养烹饪 3.家庭采购 4.家电使用	父母学着放手，培养孩子定期做家务的习惯，从小学着为家中尽一份心力，初步培养家庭责任感
	整洁小明星	1.课后三件事 2.垃圾入桶	1.整洁黑板 2.整洁地面 3.整洁讲桌 4.整洁阳台	1.美化房间 2.清理校园绿地	细化于常规，将劳动教育、健康教育和美育有机结合，从“小事”做起，培养良好的整洁习惯，通过劳动创造美好生活环境
劳动与自然	农场小农夫	1.浇水施肥 2.蔬果采摘	1.蔬菜播种 2.浇灌施肥 3.观察护理 4.采摘分享	1.体验家畜喂养 2.农场技术交流	三类主题劳动教育内容要立足于四季农耕文化，整合校内外劳动资源，充分利用校园内农场、果园、花园生产劳动资源；将劳动与教育相融合，一名专职教师专项负责劳动教育工作，聘请一名校外劳动技能顾问负责指导学生生产劳动工作，让学生在躬身实践中感悟劳动的艰辛与快乐，在劳动中尊重自然发展规律，创造性劳动
	花园小园丁	花园除草	花园养护	施肥修枝	
	我有小巧手	1.学会摘菜 2.参与养护	摘菜剥豆	1.水果采摘 2.牛轧糖、花生酱制作 3.柠檬蜜糖制作	

续表

内容框架	内容主题	低段	中段	高段	实施建议
劳动与社会	快乐小吧主	图书归位	图书借阅	整理书吧	六类主题劳动教育内容整合家校社资源，统筹家庭和社会力量，建立家校社良性互动机制，强调“社会即学校”，社会的发展离不开劳动，体现劳动的服务性、职业性、创造性。鼓励学生身体力行，在公益劳动、志愿服务、职业体验中，感受社会服务型劳动的工作内容和过程，增强公共服务意识，初步形成社会责任感，为进入职业社会奠定基础
	幸福小邮差	1.邮票收集 2.智取包裹 3.贺卡制作	1.邮差体验 2.信件书写 3.邮件传递	公益宣传	
	智慧理财师	1.接触货币 2.认识储蓄 3.学具购买	1.超市售货 2.收入核算 3.拟制购物清单，完成采购	银行职业体验	
	生活小导游	识别路线	场馆讲解	家乡宣传	
	爱心小使者	校活动志愿服务	1.社区环境维护 2.公益捐赠	1.救助站服务 2.疫情防控宣传	
	科技小创客	1.走进现代农场 2.走进现代工厂	模型制作	新技术体验与应用	

（二）融于学科的主题式融合课程（见表3）

学校劳动教育秉承五育并举思路，挖掘学校劳动教育资源，遵循儿童年龄特征和认知规律，探索“学科融合”的劳动教育课程构建，目前中、高段逐步开发并形成了“缤纷油菜”“落花生”为主题的劳动教育特色课程，持续开发以“果树童心”为主题的全学段学科融合课程，实现“以劳树德、以劳启智、以劳健体、以劳育美”的教育目标。

表3 学校主题式融合课程内容

主题式融合课程				
学段	主题框架	课程内容	学科融合	课程活动
中段	缤纷油菜	诗情画意咏油菜	语文	认识油菜，赏析描写油菜的优美诗句和儿童诗，体会油菜的勃勃生机，感悟生命积极向上的成长力量
		亲身体验种油菜	劳动	选油菜苗，移栽油菜幼苗
		科学探秘观油菜	科学 美术	观察油菜的茎、叶、花等的变化，图文并茂记录油菜的生长过程
高段	落花生	花“生”德	语文	学习五年级语文上册课文《落花生》课，学习落花生的品质
		花“生”秘	科学	探索花生的生长秘密
		劳“生”乐	劳动	采摘花生、剥花生、分享花生
		花“生”美	美术	用中国画的形式表现花生之美
		花“生”甜	劳动	指导学生运用花生原材料，通过劳动技术学习制作花生食材——牛轧糖

四、课程实施

在劳动教育的具体实施过程中，学校围绕劳动主题，注重统筹设置劳动课时、打造劳动环境、组建劳动教育共同体，发挥学科育人功能，落实“常规课程”和推进“融合课程”，以推进劳动教育课程的纵深发展，促进学生德智体美劳全面协调发展，实现劳动教育的制度化、专业化、常态化，推动学校劳动教育由“边缘课程”向“中心课程”的转变。

（一）主题式“常规课程”的实施

1.统筹劳动课时，“常规课程”保“量”。

学校将劳动教育课时安排纳入整体课程设置方案，采用课内课外时间统筹，长短课时、集中与分散、固定与灵活相结合，整体确保每周劳动教育课时、学生劳动时间足量，使劳动主题活动在时间上贯穿于整个学年，让学生在日不间断的劳动实践中，树立劳动意识。

劳动教育课时具体安排如下：每周三下午第二节课为劳动教育固定课时；每间周设置1节特色劳动教育课时（午休午管时间），参与学科融合劳动教育课程的年级开展一次劳动教育实践课；每周末安排不少于1课时（40分钟）的学生家庭生活劳动实践；寒暑假安排每天不少于30分钟的家庭劳动教育实践活动；每年5月安排为“劳动活动月”，开展学校教师专项劳动教育及学生劳动技能大赛，以赛促教，以赛促学。

2.打造劳动环境，“常规课程”保“质”。

创设身体在场的劳动教育环境。在空间上由室内向室外拓展，由校内向家庭、社区、区域劳动教育基地延伸。围绕主题“农场小农夫”“花园小园丁”“我有小巧手”，教师定期带领学生到“阿福童农场”“桃李大道”“玫瑰园”进行种菜、翻土、浇水、除草、植树、修剪枝叶等现场教学，引导学生在实践中发现生命的价值；围绕主题“自理小达人”“家务小助手”“整洁小明星”“快乐小吧主”“智慧理财师”“科技小创客”，通过布置亲子参与的家务劳动、工艺制作等活动，将教学场域移植于家庭；通过以劳动节为契机，进行“爱心小使者”“生活小导游”“幸福小邮差”主题教育活动，通过微视频制作、社区志愿服务、文艺汇演、手拉手给边远地区同学写信等多元形式，将社区作为开展劳动教育课程的主要场所；围绕主题“智慧理财师”“我有小巧手”“家务小助手”“科技小创客”，借助区域劳动试验田、家长的力量、武侯区水韵园综合教育基地、川菜博物馆，在校外开展农耕与职业体验、传统工艺、科创与美食制作等劳动实践活动。

营造崇尚劳动的人文环境。首先，班主任牵头打造班级劳动文化，通过劳动标语、劳动主题板报及生活阳台打造等形式进行渲染。其次，由学校德育处牵头，构建校园隐形的劳动文化场域，通过校园劳动节、劳动文化展等文创活动，校园大扫除、公区服务等实践活动，校园宣传栏标语，弘扬身体力行、劳动光荣的思想，在尊重、热爱劳动的校园文化中，潜移默化地引导学生在躬行实践中获得真知，促进自身的全面发展。

3.组建劳动教育共同体，“常规课程”赋“能”。

组建以班主任为核心的劳动教育共同体。由班主任负责所在班级劳动教育课程的组织管理与实施，科任教师与不同的班主任进行“结对”，根据劳动主题，利用专业知识进行教学活动；班主任加强家校协同育人，邀请家长参与“劳动感恩教育”为主题的班会活动，开展“家长进课堂”活动，活动内容涉及生活、生产、服务劳动，共同配合培养学生生活自理、家务劳动能力，让学生掌握基本的生产劳动技能，获得职业体验，推动学生积极参与公益服务，培养勤俭节约、奋斗创新、敬业奉献的精神。

组建以年级长为核心的劳动教育共同体。通过学校内的教研活动、每周的年级会，年级长集中班主任与科任教师进行劳动教育工作小结，依据年级组长听、评课的反馈意见及班主任与科任教师的教学实况，总结实践经验，根据劳动教育主题，及时调整劳动教育课的教学计划，优化劳动教育的课程内容。

组建学校与学校的劳动教育共同体。与磨子桥小学分校、晋阳小学一道开发18亩校外生产劳动实践基地；以区域为单位，组织、参与校际间劳动教育主题研讨活动。

搭建专家指导平台。学校聘请区域内、外劳动教育专家、课程设计专家、评价研究专家参与并指导学校劳动教育的实施，提供劳动教育课程的资源整合与实施评价专业知识，进而更新学校教师的教学观念，提升教师劳动教育课程开发的能力水平，推动劳动教育逐步走向专业化。

（二）主题式“融合课程”的实施（见表4）

学校根据育人目标，充分挖掘、梳理校内教育资源及学科课程资源，由学校德育处牵头，选择确定学科融合课程主题内容，班主任、学科教师、家长、校外专业种植技术人员协同合作，机动灵活选择教学地点。“课程实施”注重课程内容之间的有序衔接；“课程目标”形塑学生劳动价值观与传授一定的劳动技能；“课程内容”充分调动学生多种感官的共同参与，动手、动眼、动耳、动脚、动身，实现对劳动活动本身的整体感知，进而让学生深刻地获得关于劳动的直接经验；“课程主体”体现多元性与团结协作；“课程评价”着重身体力行，关注劳动过程表现。融合课程充分体现了劳动教育的综合育人功能，通过跨学科教学活动的开展，“以劳树德、以劳增智、以劳强体、以劳育美、以劳创新”，促进学生德、智、体、美、劳全面发展。

表4 主题式融合课程实施框架

主题式融合课程					
学段	主题框架	课程内容	学科融合	课程目标	课程实施
中段	缤纷油菜	诗情画意咏油菜	语文	认识油菜，赏析描写油菜的优美诗句和儿童诗，体会油菜的勃勃生机，感悟生命积极向上的成长力量，以劳育德	地点：教室 实施主体：语文教师、学生 课程环节：观察油菜—诗歌赏析—感悟蓬勃生命
		亲身体验种油菜	劳动	学习选油菜苗，合理使用劳动工具，移栽油菜幼苗，培养不怕苦累、持之以恒的劳动品质	地点：学校阿福童农场 实施主体：班主任、校外专业养殖人员、学生 课程环节：挑选油菜—观察移摘（挖坑、种苗、填土、浇水）—躬身实践：种油菜
		科学探秘观油菜	科学美术	观察油菜的茎、叶、花等的变化，学习图文并茂记录油菜的生长过程，从实践中获得真知，以劳启智，以劳育美。	地点：学校阿福童农场、美术室 实施主体：科学、美术老师、班主任、学生 课程环节：观察油菜变化（量一量，测一测，数一数）—填写记录表—班级汇报
		“花生”秘探	科学	课中通过了解花生种植环境和过程，学会花生种植技术，实现以劳培技目标	地点：学校阿福童农场 实施主体：科学老师、校外专业养殖人员、学生 课程环节：了解花生的相关知识（课前查资料：花生的形态特征、生长环境、生长周期、营养价值、花生介绍视频制作）—认识主要劳动工具（小铁锹肥料洒水壶）—选种（饱满有包衣，每组选16颗）—学习播种（挖坑、施肥、点种、回土、浇水）—躬身实践：种花生
		劳“生”乐	劳动	在劳动过程中，学会了劳动工具的使用，培养了学生不怕脏不怕累的劳动品质，同时也收获到了劳动带来的快乐和与他人分享的幸福感，实现以劳树观目标。	地点：教室、学校阿福童农场 实施主体：班主任、家长、学生 课程环节：出示花生生长图，明确收花生的时间—微课：如何收花生（插、撬、拔、抖、摘、洗、晾）—认识收花生工具：铁锹—躬身实践：收花生—分享花生

五、课程评价

（一）劳动教育评价原则（见图1）

目前学校已经构建较为完备的劳动教育评价体系，以日常生活、生产、服务性劳动项目为评价内容，劳动教育评价方式多样性，体现评价主体的多元性，以推进劳动教育课程的纵深发展。

1.过程性评价与结果性评价相结合原则。

过程性评价主要是学生通过参与、实践、体验、反思劳动过程，对自然、社会和自我形成一定的认识，获得实际的体验和经验，应给予学生劳动过程积极的评价。结果性评价主要是基于学生通过一段时间的劳动教育后形成的劳动习惯养成、技能掌握、品质形成的评价。

2.评价多元性原则。

学生劳动评价主体是多元的。教师、学生、家长、校外指导教师等都可以作为评价者，在活动过程中，应特别重视学生的自我反思性的评价，通过学生的自我反思评价，提高他们掌握劳动技能的能力及自我教育的能力。

3.评价的整体性原则。

学生劳动评价要体现整体性原则，在评价中把课程教学和评价进行统整，使它们融合为一个有机整体，贯彻到活动过程中去，将学生在劳动中的各种表现和劳动成果作为评价学生劳动情况的依据。

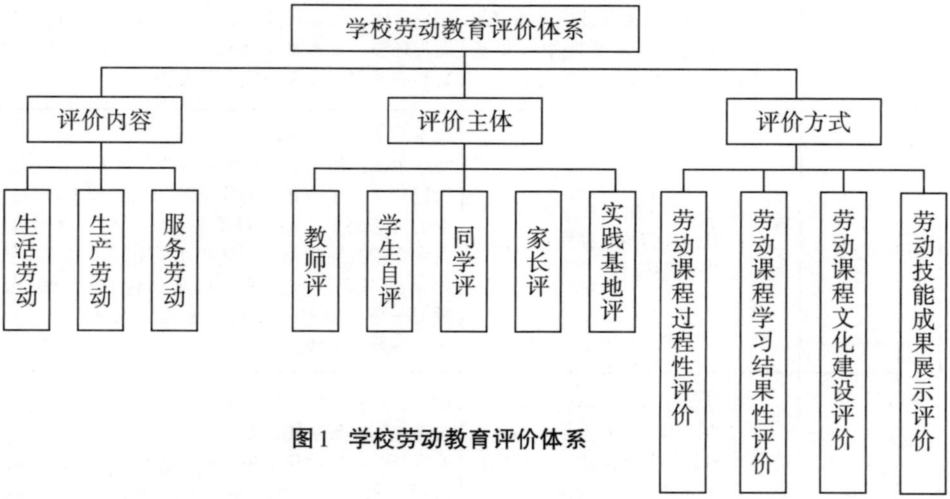

图1 学校劳动教育评价体系

（二）开发劳动评价工具

为体现评价的综合性与整体性，结合《成都市大中小学劳动教育项目清单》、“红领巾奖章”争章评价指标，学校开发两种劳动评价工具：通过“学期劳动过程记录册”，记录学生的劳动时间、地点、劳动内容、劳动形式、个人收获（劳动技能掌握情况描述、劳动过程感受、劳动后个人反思）、劳动场景图片，作为学生过程性评价印证资料；通过学校“新三好评价体系”，将劳动观念、劳动习惯、劳动技能、劳动品质纳入“学校的好学生、家庭的好孩子、社会的好公民”评价板块，根据年段要求，评选出“劳动之星”（见表5、表6）。依据两大劳动评价工具进行检测评价，实施劳动教育评价报告制度，每学期每名学生形成一次劳动素养评价报告，作为促进学生德、智、体、美、劳全面协调发展的科学依据。

表5 成都市龙祥路小学“慧”生活，爱劳动活动记录表

<table>
<tr><td rowspan="2">时间</td><td rowspan="2">劳动项目</td><td rowspan="2">家长签字</td><td colspan="2">个人评价（请在对应的劳动评价下面打“✓”）</td><td rowspan="2">表示完成得好
表示还需要加油</td></tr>
<tr><td></td><td></td></tr>
<tr><td></td><td></td><td></td><td></td><td></td><td rowspan="8">请精选3张以内的劳动场景照片发至学校邮箱1538107731@qq.com，请注明班级和姓名</td></tr>
<tr><td></td><td></td><td></td><td></td><td></td></tr>
<tr><td></td><td></td><td></td><td></td><td></td></tr>
<tr><td></td><td></td><td></td><td></td><td></td></tr>
<tr><td></td><td></td><td></td><td></td><td></td></tr>
<tr><td></td><td></td><td></td><td></td><td></td></tr>
<tr><td></td><td></td><td></td><td></td><td></td></tr>
<tr><td></td><td></td><td></td><td></td><td></td></tr>
</table>

表6 成都市龙祥路小学学生“阿福童之星”——“劳动之星”评选细则

“劳动之星”评选细则 （1、2年级至少满足3条；4、5、6年级至少满足4条）		
1	思想意识	树立正确的劳动观点、劳动意识，认识到劳动最光荣，“幸福是奋斗出来的”
2	良好品质	能尊重普通劳动者，尊重他人的劳动成果
3	日常生活劳动	劳动时不偷懒、不取巧，积极参加各项劳动、卫生保洁等活动
4	生产劳动	能在学校初步体验种植、养殖、手工制作等简单生产劳动，并积极参与其中
5	服务性劳动	按时做好值日，认真打扫教室、包干区卫生、参与志愿者岗位体验，能时刻主动捡起身边的垃圾

（三）坚持以核心素养为评价导向（见表7、表8）

在“三段三类十二主题”和“学科融合”主题劳动教育中，关注劳动观念、劳动能力、劳动习惯和品质、劳动精神四个方面的发展状况，以及在劳动过程中的体现。尤其在主题式融合劳动课程中，坚持以课程内容为导向，构建不同的评价标准，通过评价的积极引导作用，促进劳动育人价值的实现。

表7 “落花生”主题课程——劳“生”乐学生评价表

学生姓名	劳动过程专注	劳动工具使用规范	相互合作意识较强	劳动工具收拾有序

表8 “落花生”主题课程——劳“生”甜学生评价表

卫生	规范	口感
个人和桌面干净卫生，劳动工具摆放有序，垃圾不乱扔	制作流程规范、工具使用规范（安全）	甜而不腻、酥脆、不沾牙
☆☆☆	☆☆☆	☆☆☆

劳动教育过程性图片

生活小能手之“织毛衣”

落花生课程之“花生采摘”

果树下的成长之“枇杷采摘”

落花生课程之“花生育美”

果树下的成长之“柠檬课程”

阿福童农场之“蔬菜采摘”

田间劳作之“麦草搬运”

田间劳作之“菜苗种植”

（执笔人：张利美　孟林林　何俊容　罗德春）

家、校、社协同视域下学校“1+3”劳动课程的探索与实践

四川大学附属实验小学江安河分校

一、课程背景

学校按照“十四五规划”的设计路径，围绕“课程目标”“课程内容”“课程组织与实施”“课程评价”这四个维度初步构建了学校“1+3”劳动课程。经过三年多的研究与实践，学校积累了劳动课程实施的行动经验，提升了教师团队对学校劳动课程实施的认同感。通过调查研究，学校发现劳动教育是一项系统工程，需要家庭、学校和社区紧密联系在一起，构建起丰富、立体、多元的劳动教育情境空间，变学校劳动教育的孤岛为“家—校—社”劳动教育的环屿，形成各方联动的教育机制，形成育人合力。

（一）人的“全面发展”的根本要求

学校以劳动教育课程建设为抓手来推动劳动教育的落地，实践学校“立身为人，全面发展”的育人使命。基于两个政策背景：

1. 中共中央 国务院《关于全面加强新时代大中小学劳动教育的意见》明确了拓宽劳动教育途径，形成协同育人格局。

2. 教育部《大中小学劳动教育指导纲要（试行）》明确指出劳动教育的社会性和实践性，迫切需要家、校、社协同。

（二）学校劳动教育的困境亟须破解

在双减背景下，学校面临着从应试教育藩篱转向素质教育的突破挑战；长期以来劳动教育在学校被弱化，劳动教育独特的育人价值被忽视；劳动教育零散、随意、低效，劳动教育课程的开发及相关资源缺失，导致劳动教育成为学校教育的短板。基于三个棘手问题：

1. 学校劳动教育内容单一，与学生内在需求存在脱节。

2. 学校劳动教育师资薄弱，阻碍劳动教育学科发展。

3. 学校劳动教育缺乏协同，孤军奋战，实效低，难推进。

二、课程目标

学校建构了“1+3”劳动课程目标体系，以中共中央国务院、教育部颁布的关于劳动教育纲领性的文件为法理依据，并结合川大附小教育集团“行知合一”的教育主张，制定了以“敬业奉献”为总目标。以培育学生“爱劳动”“会劳动”“勤劳动”三个劳动素养为目标导向，引导学生在“知—情—行”的过程中树立劳动观念、提升劳动能力、养成劳动习惯和品质。分解、细化国家政策在“日常生活劳动”“生产劳动”“服务性劳动”三种不同类型劳动中的育人要求，形成了低段、中段、高段循序渐进、学段相互衔接的育人目标体系。

一级目标	二级目标	劳动类型	学段		
			低段	中段	高段
勤勉敬业（劳动精神）	爱劳动（劳动观念）	日常生活劳动	使学生懂得人人都要劳动，感知劳动乐趣，爱惜劳动成果；树立自己的事情自己做的意识	体会劳动光荣，尊重普通劳动者；乐于做力所能及的劳动，向周围人学习劳动技能，并敢于尝试	初步养成热爱劳动、热爱生活的态度；愿意长期坚持家务劳动；能够在生活中做到勤俭节约；能吃苦，敢于担当，培养家庭责任感
		生产劳动	乐于使用工具进行劳动，领悟长期坚持劳动的可贵，培养热爱劳动的精神，关爱生命，热爱自然	感悟劳动对于美好生活的作用与意义，初步学会与他人合作劳动，懂得生活用品、食品来之不易，珍惜劳动成果	能体会劳动需要智慧和思考，初步感受创造性劳动的意义；体会劳动带来的自我价值感和幸福感
		服务性劳动	乐于做力所能及的班级服务劳动，和周围人合作劳动，并敢于尝试。体会个人价值和集体荣誉感	乐于为他人服务，愿意为校园服务做贡献；感受到公益体验，以及为他人奉献的快乐	乐于为社会服务，有责任意识；体会人人为我，我为人人的劳动价值，树立劳动最光荣、最崇高、最伟大、最美丽的劳动观念
	会劳动（劳动能力）	日常生活劳动	认识常见的家务劳动工具如拖把、洗碗布等，并学会使用；学会整理书包、书桌、书柜的基本方法，能完成个人物品的整理和清洗；能进行简单的家庭清扫和垃圾分类	能制作简单的早餐；学会小件衣物的手洗清洗、晾晒和收纳方法；知道机洗过程中的安全操作方式和注意事项；了解衣物洗涤标识，了解不同洗涤剂和清洗工具	能制作简单的家常餐，注意营养搭配；学会家庭物品换季清洗、收纳的技巧；学会衣物、书籍等合理分区收纳整理，保持整洁；能记录家庭日用品损耗情况，学会制订切实的采购计划，具备基本的理财意识
		生产劳动	能安全、正确地使用剪刀、胶水等工具；进行简单地手工制作；照顾身边的动植物	初步体验种植、养殖、手工制作等简单的生产劳动	通过木工、手工创意制作用品和工艺品，能认识并正确使用代表性工具

续表

一级目标	二级目标	劳动类型	学段		
			低段	中段	高段
勤勉敬业（劳动精神）		服务性劳动	了解班级服务岗位，初步学习并掌握自我责任区的整理、用餐管理等班集体中的服务劳动技能	主动发现班级需要服务的事项，初步学会为他人提供服务劳动的技能；能承担校园卫生保洁、绿化美化等校园劳动	能正确地进行垃圾分类；能适当参加社区环保、公共卫生等力所能及的公益服务性劳动
	勤劳动（劳动习惯和品质）	日常生活劳动	初步养成积极生活自理的劳动习惯；养成收拾整理学习用品的习惯；树立自己的事情自己做的意识	养成整理书柜、鞋柜、衣柜等习惯；自己能保持其清洁，形成衣物、公物养护意识	养成常做校园劳动的习惯，能够长期参与家务劳动；养成勤俭节约、科学合理的消费意识
		生产劳动	初步养成手工工具规范操作的安全意识和卫生习惯	养成安全使用手套、口罩、护目镜等防护工具的习惯	体会普通劳动者的奉献精神和精益求精的劳动品质；树立安全生产的责任意识
		服务性劳动	初步养成勤于参与班级服务劳动的习惯，能主动维护教室内外环境；尽职尽责，培养乐于为班级服务的意识	初步养成主动为他人、为班级提供帮助和服务的习惯；养成主动为校园提供公共服务的劳动意识	热心参与社会志愿服务活动；养成主动奉献、主动服务的劳动习惯和公共服务的意识

三、课程内容

劳动教育不是孤立存在的一项教育，需要“家—校—社”融合共育形成劳动教育合力。因此要注重协同配合，强化综合施策，依靠校内、校外协调，家庭、社会统筹，积极创新劳动教育载体，实现家庭劳动常态化，校园劳动规范化，社会劳动丰富化，形成协同育人的生动局面。学校根据区情、校情和学情，因地制宜、自主构建起日常生活劳动、生产劳动和服务性劳动三大课程框架和“生活自理”“整洁教室”“四季农耕”等六大劳动教育任务群，做到劳动教育内容上的全方位覆盖，充分发挥不同类型劳动的育人价值，将劳动实践、学习成长与道德发展相整合。

类别	任务群	低段劳动项目（1~2年级）	中高段劳动项目（3~6年级）	实施建议
日常生活劳动	生活自理	自理系列： 刷牙、洗脸、洗手、穿衣服、系红领巾 整理系列： 整理文具、整理书包、叠被子、叠衣服 清洁系列： 收拾餐桌、擦桌子、扫地、洗袜子、洗红领巾 制作系列： 淘米、煮饭、盛饭、清洗瓜果	整理系列： 整理文具、整理书包、叠被子、叠衣服、整理书桌、整理书柜、整理床铺 清洁系列： 收拾餐桌、擦桌子、扫地、洗袜子、洗红领巾、洗餐具、洗碗筷、洗内衣、洗毛巾、擦运动鞋、擦皮鞋 制作系列： 淘米、煮饭、盛饭、清洗瓜果、择菜、洗菜、煎荷包蛋、包抄手、包水饺 操作系列： 用洗衣机洗衣服、用冰箱制作雪糕	强调家庭是基础，重在日常生活自理、自助和自我生活管理劳动，主要通过基本生活技能和劳动习惯的培养，开展劳动教育启蒙，体现劳动教育的日常性、连续性和生活化

续表

类别	任务群	低段劳动项目（1～2年级）	中高段劳动项目（3～6年级）	实施建议
日常生活劳动	整洁教室	四面春风： 整洁墙面、桌面、地面、黑板面 七里桃花： 整洁抽屉、柜子、窗板槽、黑板槽、水槽、花盆、垃圾桶 AAAA景区：整洁阳台	四面春风： 整洁墙面、桌面、地面、黑板面 七里桃花： 整洁抽屉、柜子、窗板槽、黑板槽、水槽、花盆、垃圾桶 AAAA景区： 整洁阳台及走廊公区	避免有劳动无教育，重在有目的、有计划地引导学生体悟“精益求精”的劳动精神，培养“尽职尽责”的责任感，养成“做事彻底”的劳动习惯
生产劳动	四季农耕	1.养护水培植物 2.种植盆栽花草 3.照料家中动物 4.传统的农耕体验（瓜果类、叶菜类、根茎类）	1.开辟一方菜园 2.参与四季耕作（谷物类、瓜果类、叶菜类、鲜豆类、根茎类、坚果类） 3.体验动物饲养 4.采摘蔬菜瓜果	保留农业元素的原汁原味，真正让学生动手实践、出力流汗，让他们触动五感去体会大自然的奥妙
	匠心制造	制作成都特色小吃，制作赖汤圆、担担面、凉粉、三大炮、凉糕等。	制作成都特色小吃，制作龙抄手、钟水饺、担担面、凉粉、三大炮、凉糕等。	使学生了解各类成都名小吃的演变历史，掌握加工制作的技巧和规范操作流程，感受传承者吃苦耐劳、精益求精的工匠精神
服务性劳动	职业体验	“讲述我的职业”系列： 1.动车机械师 2.眼科医生 3.航天工程师 4.汽车销售顾问 5.造价工程师 6.电气工程师 7.网络通信工程师	“讲述我的职业”系列： 1.动车机械师 2.眼科医生 3.航天工程师 4.汽车销售顾问 5.造价工程师 6.电气工程师 7.网络通信工程师 “职业访学”系列：女鞋制造、社会服务、3D打印、种植养殖、非遗技艺等	社会是支撑，重在劳动知识的运用、职业体验和服务意识的养成，更加强调劳动价值观和奉献精神的培养，体现劳动教育的服务性、创造性和职业化
	社区公益	1.社区低碳出行宣传服务 2.社区绿色生活宣传服务	1.社区垃圾分类知识宣传服务 2.社区垃圾分类指导服务及“桶边”清洁服务 3.关爱江安河主题志愿服务活动	在公益劳动、志愿服务中培育环保低碳的生活理念，强化社会责任感

四、课程实施

学校劳动教育结合校园场地环境、文化环境、师资环境以及周边所具备的资源等综合因素因地制宜地开展劳动教育活动，向劳动课程要深度，向劳动资源要宽度，对具体的劳动项目的实施进行丰富和细化。学校以“综合引导式”“有机渗透式”“实践活动式”“氛围熏陶式” 构建劳动教育课程协同化的实施路径。

（一）发挥劳动教育主阵地的引领作用

拓宽学校劳动教育“自留地”，为学生提供丰富的“可选择的课程”，构建立体化、多层次、多样化协同育人的劳动教育必修课。学校将每周五的生安与劳动课和每周一次的集体劳动实践课相整合用于活动策划、技能指导、练习实践、总结交流等，确保学校劳动教育的常态实施。学校充分调动社会力量，聘请家长、校外活动场所指导教师等社区人才资源作为兼职指导教师，成立劳动教育家长导师团，江安孩子在家长导师团的指导下，学习农业基本常识、蔬菜谷物常识和营养膳食知识，掌握赖汤圆、龙抄手、钟水饺等成都传统美食制作的技巧和规范操作流程。除此之外，集体劳动实践课的评比、班级劳动文化建设的评比、劳动技能大赛的评比都有家长导师的参与，学校认真听取家长导师对学校劳动教育的意见和建议，促进家长导师了解学校办学理念，建立多方联动机制，搭建家校共育平台，净化学生成长环境，助力江安孩子健康成长。

学校以年级为单位，根据学生年龄和心理发展特点，结合学校的劳动教育教学主题进行劳动教育教学研究，进行框架式集体备课。遵循劳动教育的教学规范，不断探索和推进劳动教育课的基本教学范式，因为每周仅一节的劳动必修课，劳动课的连续性和衔接性受到时空的局限，学校就探索基于“课前—课中—课后”一体化设计的教学模式，因此学校将40分钟的劳动课延伸到了课前和课后，让劳动教育融入真实的日常生活中去，提升了劳动教育必修课的实效性和可操作性。

（二）劳动教育与学科教学的融合实施。

学校组织劳动教育中心组成员，研究一般学科与劳动教育的关联处、契合点，将劳动教育课程与学科课程资源整合实施，推动学科内外、课堂内外的知识融合、方法融合、思想融合、经验融合及价值观念的融合，丰富劳动教育的形式，更好地支撑实践育人。

学科融合，全面渗透，既增加了专业性知识，又提高了学生实践的能力。一方面，通过学科渗透可以加强学生对辛勤劳动、诚实劳动、合法劳动等方面的教育，同时注重培养学生劳动的科学态度、规范意识、效率观念和创新精神；另一方面让学生充分关注劳动实践中的“科学”因素，将动手活动和动脑思考有机结合起来。比如语文学科着重劳动文化的熏染，培育劳动价值的共同目标、承载劳动者的精神寄托；美术、音乐等艺术类学科更着重品味艺术形式中的劳动形象，感悟劳动与劳动者的艺术真实；数学、科学学科更注重挖掘劳动智慧、科技创新等创造性劳动的习惯与品质。

（三）丰富课外劳动实践活动

1.学校用心为孩子提供课外劳动的体验场域。

学校常态化开展“整洁教室”“午餐服务”等班级日常服务劳动，分年段开展“打造整洁校园”集体劳动实践活动，把自我服务劳动从班级服务劳动拓展到学校公益劳动。学校大队部还分设劳动服务部，为孩子提供校园服务的真实场域，设计实施“午餐协管员”“报纸快递员”等劳动服务岗位，培养学生的劳动服务意识。

学校还将课外劳动体验式教育活动序列化：七岁入学仪式——“做一粒读书的种子”，让孩子们走进耕园，播下一粒种子，播种人生希望；八岁趣味比赛——“积蔬成塔”，让孩子们在“高、稳、美观”的比赛中手脑并用，创新创造；九岁生命教育——“蚕的一生”，让孩子们亲历蚕宝宝的饲养过程，懂得珍爱生命；十岁成长仪式——“我与小树共成长”，让孩子们认领中队成长树，与小树共成长；十一岁科学探秘——“做土壤的守护神”，让孩子们动手制作有机肥改良土壤；十二岁毕业典礼——“我学小树做栋梁”，让孩子们拥抱成长树，感恩母校，扬帆起航。

2.家长尽心，为孩子提供生活劳动的家庭场域。

学校以自主编撰的《家庭劳动教育手册》《家务劳动技能指导手册》为载体推进家庭劳动教育的日常化，抓住衣、食、住、行等日常生活中的劳动实践机会，让孩子自觉参与，自己动手，随时随地、坚持不懈地进行劳动。

学校创制了微课视频《家庭劳动教育指南》，引导家长言传身教，带动孩子一起创设整洁的家庭环境；引导家长培养孩子的劳动习惯与品质，更要肯定孩子的贡献和进步；引导家长选择难易适度的家务劳动，让孩子获得成功的体验；引导家长要有有效的激励办法，避免以劳代罚，重精神轻物质；引导家长善于发现合适的时机，支持孩子在劳动的过程中创造性地解决问题。学校还举办“小小整理家”劳动技能大赛，通过比赛活动进一步提升和检验家庭劳动教育育人实效，提升江安孩子整理收纳技能，培养孩子动手动脑的日常生活劳动能力，激发孩子劳动创造美好生活的创新潜质。

3.社会关心，为孩子提供校外劳动的实践场域。

让学生走进社会大课堂，组织顺应学生天性的劳动实践活动，激发学生的劳动兴趣和创造潜力，为学生的自我展示提供舞台。学校紧邻武侯区综合教育基地“水韵园”，水韵园为学生提供“科技梦想营地”“匠心劳动工坊”劳动实践区域，通过金工创心、木工匠心、厨味爱心等劳动体验活动，培养基本的劳动技能，养成良好的劳动习惯。学校还充分整合区域特色文旅资源，组织开展主题为“探究农耕、传承文明”的劳动教育活动，以学生动手实践为主，安排了《农具认知》《种植蔬菜》

《做豆腐》《陶艺达人》《扎染》《野炊》等丰富多样的课程，江安学子们通过多种实践活动在学中获、行中成。

学校家委会组织学生开展社会实践志愿服务活动，江安孩子用自己勤劳的双手践行社会责任感，扶老人过马路，帮助邻居搬物品，拾捡街道垃圾，协助清洁工打扫……凡力之所及，皆付诸劳动，助人为乐，他们的举动展现出了江安少年“德正阳光”的精神风貌。

（四）注重劳动教育文化建设

通过班级劳动文化建设构建“四融合”劳动文化场域，创造“做任何事情都能专心致志，尽心尽力”的集体人格，形成“勤俭、奋斗、创新、奉献”精神价值和生活方式的生态共同体，赋予劳动以丰富的文化内涵，引导江安孩子在劳动实践锻炼中陶冶自身的审美情操，体验到劳动创造出来的秩序和环境之美。

学校构建“四融合”劳动文化场域

五、课程评价

（一）评价原则

“1+3”劳动课程评价体系，坚持个体评价和集体评价相结合，坚持过程性评价和终结性评价相结合，坚持定量评价与定性评价相结合，坚持自评与他评相结合，逐步构建以学生为主体、教师为主导、家长为后援的多元综合性评价体系。

（二）劳动评价工具开发

基于学生自身劳动素养的缺失和学校传统劳动评价的低效，初步搭建了“争章夺星”学校劳动课程评价体系的框架，以“过程育人，阶梯贯通”为课程评价体系的基本原则，整合学校、家庭资源，以“劳动小能手星级章”为评价工具。

“争章夺星”劳动课程评价体系，让评价载体形象化，引导学生充分理解每一校徽章的教育意义。让学生在“星级”评价策略下，天天有目标，时时有进步，能有效强化学生持续发展的动力。每集满10个一星劳动小能手徽章，即可进阶二星劳动小能手徽章；每集满10个二星劳动小能手徽章，即可进阶三星劳动小能手徽章；每集满10个三星劳动小能手徽章，即可进阶四星劳动小能手徽章；每集满10个四星劳动小能手徽章，即可进阶五星劳动小能手徽章；每集满10个五星劳动小能手徽章，即可获得学校“劳动之星”荣誉称号。

内容框架	内容主题	评价建议
日常生活劳动	生活自理	以《家庭劳动教育手册》为评价载体，引导孩子生活自理，让孩子在家里做力所能及的事情。班主任通过学生打卡自评、家长亮星评价，劳动成果展示，了解学生家务劳动实践的情况，对学生“生活自理”进行周评价，奖励0～3个劳动小能手徽章。（不合格：写加油和鼓励的话；合格：奖励1个徽章；良好：奖励2个徽章；优秀：奖励3个徽章）
	整洁教室	对学生参与班级生活劳动进行评价，由班主任结合班情、学情，设置班级劳动岗位，在软墙上制作班级劳动服务岗位评价表，结合班级劳动服务岗位相关制度，周周有评价。学生每天对自己劳动岗位完成情况进行打卡自评，班主任每周对学生劳动服务岗位的完成情况进行奖励评价，奖励0～3个劳动小能手徽章。（不合格：写加油和鼓励的话；合格：奖励1个徽章；良好：奖励2个徽章；优秀：奖励3个徽章）
内容框架	内容主题	评价建议
生产劳动	四季农耕	学生进行种植养护，包括浇水、除草、松土、施肥、病虫害防治等工作的完成情况进行周评价，奖励0～1个劳动小能手徽章
	匠心制造	在学生自评、学生互评的基础上，班主任对学生参与匠心制造过程中的交流合作、反思分享、成果物化、创新创造等劳动实践情况进行评价，奖励0～3个劳动小能手徽章。（不合格：写加油和鼓励的话；合格：奖励1个徽章；良好：奖励2个徽章；优秀：奖励3个徽章）
内容框架	内容主题	评价建议
服务性劳动	职业体验	对学生参与家长工作单位一日体验活动中的任务完成情况进行评价，奖励0～1个劳动小能手徽章
	社区公益	对学生参与社区公益活动中的任务完成情况进行评价，奖励0～1个劳动小能手徽章

（三）劳动素养个性化档案袋制度

逐步建立起以学生劳动素养为核心的个性化档案袋制度，将学生在日常生活劳动情况记录在册，并融合学生劳动过程与劳动成果，构建以班级为主体的争评机制和学生、教师、家长等多方参与的评价方式。

（执笔人：胡文涛　胡平　杜历　曹晓婧）

真善劳动 成己成人

成都市簇桥小学

一、课程背景

（一）时代的呼唤

学校深入贯彻落实习近平总书记关于劳动教育的重要讲话和中共中央国务院《关于全面加强新时代大中小学劳动教育的意见》精神，并以《大中小学劳动教育指导纲要》为行动指南，加快构建德、智、体、美、劳全面培养的教育体系。

（二）文化的积淀

成都市簇桥小学位于武侯区簇锦南路 94 号，建于 1905 年，距今已有 116 年的历史。簇桥曾是成都生丝、蜀锦的加工、生产和交易的集散地，南方丝绸之路的起点。据《簇桥乡志》记载，清代大儒刘沅先生“推仁求善”的教育思想，簇桥小学秉承这一思想，践行“求善求真，成己成人”的办学理念，实施“真善教育”，努力培养“健壮、睿智、阳光、担当、勤劳”的新时代真善学子，学校在前期的文化积淀下开展真善劳动。

（三）现状的需求

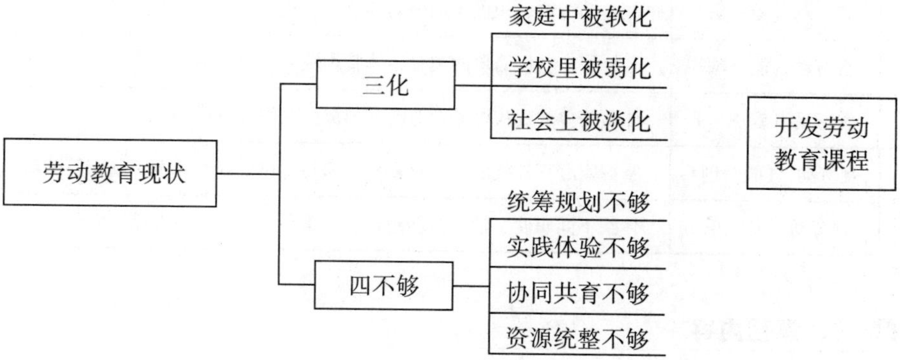

学校对过去的劳动教育进行了全面的调查，主要体现为“三化”“四不够”。针对存在的问题着力建构和开发劳动教育课程，以培养学生的劳动观念、劳动能力、劳动习惯和品质、劳动精神为目标的劳动教育课程体系。

二、课程目标

(一) 总目标

践行真善劳动。真劳动：在真实的情景中，学习真技能，习得真本领，创造真价值，让学生由“能劳动”向“创劳动”发展。善劳动：通过劳动教育，培养学生勤劳的态度，树立劳动最光荣、尊重劳动者、珍惜劳动成果的观念，形成良好的劳动品质，体会劳动创造美好生活及勤俭、奉献的劳动精神，让学生不仅“爱劳动”还“乐劳动”。

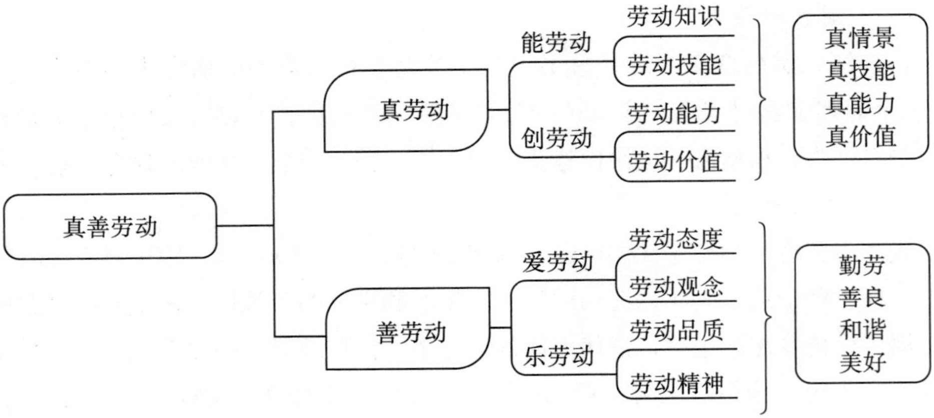

(二) 年段分目标

低段	真劳动（能—创）	学习物品整理、收纳和清洗；开展手工制作，学会规范使用简单工具
	善劳动（爱—乐）	能主动劳动、积极参加劳动的愿望，建立服务他人的意识
中段	真劳动（能—创）	勤打扫，制作简单的美食，体验种植、养殖、手工制作等生产劳动
	善劳动（爱—乐）	体验简单的现代服务业劳动，形成公共服务意识
高段	真劳动 （能—创）	掌握家庭烹饪技法，做家常餐。参与种植、养殖、手工制作等劳动
	善劳动（爱—乐）	体验不同职业、学习劳动精神、尊重劳动者，进行劳动探索与创新

三、课程内容

按照《义务教育劳动课程标准（2022年版）》劳动课程标准，以培养学生的核心素养为导向，围绕日常生活劳动、生产劳动和服务性劳动，以任务群为基本单元，构建内容结构，根据学校学生特点制定具体劳动内容。

劳动类别	任务群	1~2年级	3~4年级	5~6年级
日常生活劳动	清洁与卫生	清洗红领巾等小物件；科学洗手；扫地，拖地，擦桌椅；会垃圾分类……	清洗衣物、卫生打扫、物品摆放、分类投放垃圾，清洁和消毒……	养成清洁与卫生习惯，提高清洁与卫生的能力
	整理与收纳	整理生活、学习用品；整理书包、课桌和书柜；书桌，能按类别、形状分类整理与收纳……	对物品归类、收纳，整齐摆放……	清理学习与生活空间；整理与取舍衣物；整理、清洁居所并进行消毒……
	烹饪与 营养	择菜、洗菜、削水果皮、冲泡饮品……	切配食材；制作凉拌菜、拼盘；蒸煮食材……	简单炒、煎、炖2~3道家常菜 设计营养食谱……
	家用器具使用与维护	认识家用电器，会正确使用开关	正确使用1~2种家庭常用小电器：电风扇、电饭煲、电吹风……	阅读说明书，安全使用家 用电器。
生产劳动	农业生产劳动	种植1~2种常见水培植物：豆芽、蒜苗 饲养1~2种小动物：蚕、蜗牛……	种植当地1~2种常见蔬菜：大白菜、玉米 喂养1~2种家禽：鸡、鸭……	种植和养护常见蔬菜、盆栽花草：番茄、辣椒、凤仙花、肉肉…… 饲养常见家畜：兔子、狗、猫……
	传统工业制作	纸工：剪窗花 手工：折爱心	缝制：沙包 布艺：扎染	皮影 编织：竹编
	工业生产劳动			初步体验工业生产劳动：产品模型或原型加工
	新技术体验与应用			三维打印技术
服务性劳动	现代服务劳动		参与1~2项职业体验	参与1~2项职业体验
	公益劳动与志愿服务		参加1~2项公益劳动与志愿服务	参加1~2项公益劳动与志愿服务

四、课程实施

针对目前劳动教育存在的问题，簇桥小学从四个方面来进行追解和推进课程实施。

（一）加强学校“顶层设计”，解决统筹规划不够的问题，下好学校一盘棋

1. 成立劳动教研大组，开发学校劳育课程。

由学校劳动教师牵头，以各学科指派一名老师成立劳动教研大组。在学校主管领导的带领下，进行学校劳动课程的研发，并及时根据实施情况进行调整。学校还请劳动教师在“槐轩讲堂”对全校老师开展劳动教育课程融合性培训，让老师们建立学科中渗透劳动育人的意识。

2. 梳理学段劳动内容，确定践行劳动路径。

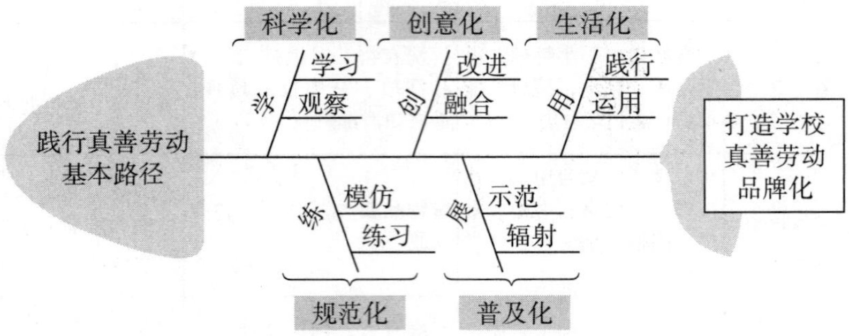

各学科在负责人的组织下梳理适合该学科在不同学段开展的劳动内容。劳动教研大组通过“学—练—创—展—用”的实施路径，对教学内容进行梳理，提炼学科中适合实施渗透的劳动知识、劳动技能、劳动品质。逐步在不同学科中渗透、融合；注重实践，有效落实学科融合。

3. 秉承学校育人思想，融合创新劳动教育。

学校继承和发扬清代大儒刘沅先生“推仁求善”的教育思想，践行“求善求真，成己成人”的办学理念，实施“真善劳动”并进行学科融合，实现劳动创新：进行食材改革，丰富劳动教育新载体；传承非遗文化，打开劳动教育新场景；融合体育运动，提供劳动教育新动力；渗透红色教育，树立劳动教育新精神；创新艺术教育，彰显劳动教育新高度；参与职业体验，探索劳动教育新模式。

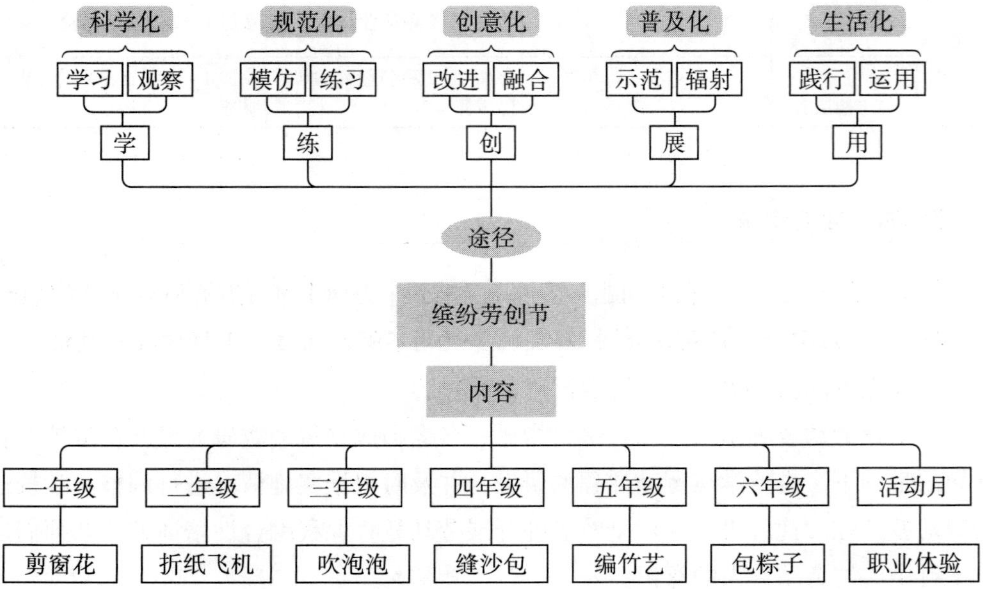

在日常劳动课程和各学科融合劳动教育的积淀下，通过“缤纷劳创节”以节日的形式开展劳动活动，对前期的“学、练、创”的成果进行“展示”，以促进学生更好地学以致用。

每年劳创节，都会根据年段孩子的特点，围绕食材改革、传承非遗文化、融合体育运动、红色教育、创新艺术、职业体验等来设计主题，有目标、有计划、有层次地推进劳动课程。

（二）强化班级“实践落实”，突破实践体验不够问题，落好劳育一粒子

1. 以劳动必修课为底色，学科融合为亮色，彰显真善劳动的特色。

学校依据《2022年版义务教育劳动课程标准》，学校每班每周开设一节劳动教育课，配齐师资，紧扣课程内容从日常生活劳动、生产劳动、服务性劳动、创意劳动等方面落实学习内容。在课堂上集中传授劳动知识和技能。每个学科发挥自己的学科特点和优势，体现我们学校劳育“六新”：进行食材改革，丰富劳动教育新载体；传承非遗文化，打开劳动教育新场景；融合体育运动，提供劳动教育新动力；渗透红色教育，树立劳动教育新精神；创新艺术教育，彰显劳动教育新高度；参与职业体验，探索劳动教育新模式。

比如：劳动课种植玉米，科学课水培豆芽，语文课学习落花生都可引导学生制作相关美食；体育课学习空竹，语文课学习竹节人，打陀螺，美术课剪窗花等都是传承非遗文化，打开劳育新场景的契机；音乐课唱《劳动号子》，美术课学习扎染，语文课学习《京剧》，这些都是我们进行创新教育的点，让我们的劳动教育更加丰富多彩。

2. 打造“一带一林三园两池”的校园生态环境，营造真善劳动氛围。

簇小“一带一林三园两池”生态圈		
名称	场所	主要劳动形式
一带	学校绿植、绿林带	清理枯草、落叶；绿植摆放；绿林修剪、浇水……
一林	韧竹林	修整林区、改善土质、修枝剪叶、纸制品编织……
三园	农耕学习园	锄地、播种、日常清理、除虫、施肥、收割……
	苗圃园	挖地、除草、播花种、移植花苗、浇水、养护……
	硕果园	清理园区、除草、修枝剪叶、采摘果实……
两池	明镜池	放养鱼苗、喂食、池塘清理、协助换水……
	鉴心池	

养护绿化带：高段十二个班级落实地段、间隔一周进行绿植养护。打造“韧竹林”：竹林是簇小的亮点，引导学生在劳动实践课程中精心打造竹文化。建设“三园两池”：“三园”即农耕园、苗圃园、硕果园。“农耕园”是学生从事生产劳动的实践基地。“苗圃园”由学生选种，培育土壤、细化土壤、播撒种子、浇水、观察种子发芽过程。“硕果园”是簇小的灵秀天地，四季常青，花香四溢，硕果累累。“两池”即明镜池和鉴心池，两池重在师生形象管理和内在品质养成，体现了我校的真善文化。通过放养鱼苗、喂食、池塘清理、协助换水等劳动让孩子们一起 打造校园环境，浸润校园文化。

3.创建充满生命力、适应力、发展力的“活力”教室，建构真善劳动文化。

（1）教室分层特点

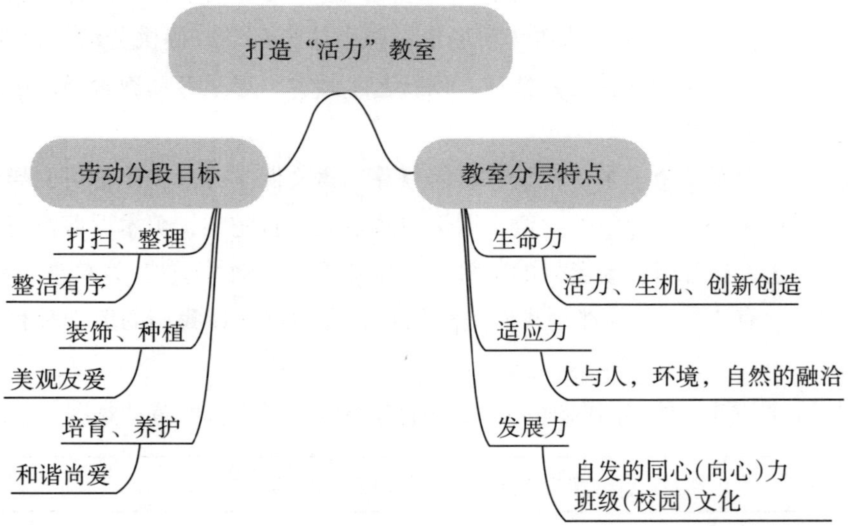

打造充满生命力的教室，进行教室绿植养护、创新创造环境；

创造有适应力的教室，与同学协作，养护绿植和养殖小生物。

共建有发展力的教室，通过“真”劳动习得劳动技能，养成劳动习惯，在“善”劳动中培养劳动品质和精神，整个班级具备向心力自发成长。

（2）劳动项目分段目标

低年段主要以打扫、整理、美化等劳动，打造整洁有序的教室文化。

中年段主要以整理、装饰、种植等劳动，打造美观友爱的教室文化。

高年段主要以培育、养护、创意等劳动，打造和谐尚美的教室文化。

4.劳模宣讲(寻找身边的劳模)，学习真善劳动榜样，引领真善劳动风尚。

树立“劳动榜样”。周一进行活力教室打造，表扬榜样班级。劳动志愿者服务队在中午和课间对全校进行巡逻，寻找我们身边的劳动榜样。针对劳动方面有突出表现的学生设立“求美之星”。开设劳动文化窗口、专栏展示劳动成果。“五一劳动节”进行全校表彰，留影在星光大道上。寻找“最美”劳动者。周三早上的“梦之声”请校内工人讲工作中的小故事，让学生尊重普通劳动者。邀请家长分享不同岗位、不同职业的劳动故事。

5.参与校内劳动实践活动，落实真善劳动实践。

学校每周一节劳动专业课，各班每周一都要参与打造“活力教室”的劳动。通过分组、分工，合作进行挪桌子、扫灰尘、洗抹布、擦洗地面、擦门窗，整理课桌椅，让教室变得整洁有序。图书角的摆放、植物的养护与美化让教室充满活力。

午餐时，学生轮流打饭菜；餐后学生轮流擦洗餐架，人人在劳动中参与班级午餐管理。

三年级参与种植蔬菜的生产劳动，从种植、田间管理、采摘、收成到美食制作的一系列劳动实践课程。四年级种植玉米的生产劳动和鱼池的管理，除杂草，打捞杂物，喂食。五年级养护校园绿化带，定期除草，松土，培养绿植，打扫清洁。六年级建设和打造韧竹林，改良土壤，剪枝叶。

（三）注重家庭“理念革新”，克服协同共育不够问题，协同育人一条心，指导家长把劳动教育融入家庭每日生活劳动中

“真善劳动·创意生活”活动周，邀请家长参加劳动周，欣赏学生的劳动成果，分享学生劳动成就感、获得感。

学段	整理房间	打扫卫生	器具维护	美化家庭	烹饪帮厨
（1～2）年级 （10分钟完成1～2项）	收拾学具 整理书包	笤帚扫地 拖把拖地 擦拭桌椅		为绿植浇水 布置书桌	择菜 洗碗 收拾餐桌
（3～4）年级 （20分钟内完成1项）	叠衣服 整理衣橱 整理玩具柜	扫地拖地 吸尘器	擦洗自行车	修枝剪叶	洗菜 做凉拌菜 电饭煲煮饭
（5～6）年级 （30分钟内完成1项）	分类整理换季衣物 整理书架		清洁灶台	修剪绿植	做水果拼盘 包粽子 炖汤

(四)统整社会"资源力量",弥补资源统整不够问题,编织资源一张网

1.生态农业。

与生态农业体验基地联系,让学生参与劳动实践。

2.地方文化。

(1)学校与"醉香楼食府"合作,让学生了解传统川菜文化,并为学生提供烹饪帮厨的劳动实践。

(2)学校与芙蓉园构建友好单位,让学生了解蓉城文化,并分时段组织各年段学生到芙蓉园做义务劳动。

3.职业体验。

(1)学校得到簇桥街办环卫科的大力支持,周末让学生走进环卫工人工作一小时,学生进行捡垃圾、扫街道、垃圾分类、洗护栏等劳动进行职业体验。在劳动中尊重普通劳动者。

(2)重阳节组织学生到敬老院进行服务性劳动。学生给老人洗脚、捶背,关爱老人。

4.智能制造。

组织学生到"水韵天府"参与激光雕刻、3D打印等智能制造实践课程。

学校还将不断地争取更多的劳育资源,让学生们不仅能传承地方文化,体验生态农业,更是要了解智能制造,继而对未来职业进行新的探索,让劳动真正贴近生活,改变生活,创造生活。

五、课程评价

在课程评价中,我们遵循评价内容多维、评价方式多样、评价主体多元的原则,关注劳创活动的"学、练、创、展、用"五个环节,过程评价与结果评价相结合,紧扣真善劳动的"能、创、爱、乐"四个层面进行多维评价。

(一)创新可视化在线评价活动

学校和老师充分利用微信、QQ、钉钉等网络通信软件,根据每次活动,设计相关的在线评价表,对每次活动进行线上问卷统计,整体建立家庭、学校、社会多主体评价机制,并根据活动反馈及时进行下一次活动的调整,让每次活动效能更大化。

(二)开发过程性线下评价载体

劳动教育中过程性评价尤为重要,不仅仅是评价学生的劳动情况,更是起到很好的指导和牵引作用。

例如:我们前期设计了"劳动岗位自评表",通过家庭、班级、学校、社会的

岗位选择，指导学生。

创设劳动岗位—绘制岗位图谱—制定实践公约—进行劳动自评—再订劳动岗位的螺旋上升模式，逐步形成“人人有岗，多岗多责，爱岗敬业”的劳动教育生态。根据获“星”多少，评出“劳动多面手”“劳动专家”“劳动明星”等荣誉称号，让学生收获劳动的乐趣，学会责任担当，实现能劳动、创劳动、爱劳动、乐劳动的升华。

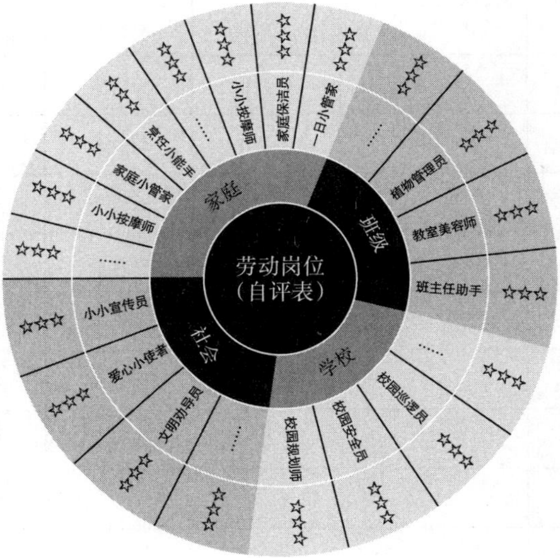

针对具体的劳动技能，引领孩子了解劳动分类，自拟阶段劳动技能训练表，最后完成技能评价。

劳动技能评价表（自评、家长评、他评）

劳动类型		做得好的方向	需加强的方面
服务类	自我服务		
	家庭服务		
	学校服务		
	社会服务		
体验式劳动			
提升劳动技能			

各学科还会根据真善劳动实施途径的“学、练、创、展、用”五个环节中的具体劳动内容和目标，设计相关的过程评价表，对孩子们进行多元评价。

（三）完善多元化考核评价体系

1.真善劳动阶段总结性评价。

真善劳动阶段性评价表

评价内容		个人文字简述	自评	他评	家长	老师
能劳动	劳动知识		☆☆☆	☆☆☆	☆☆☆	☆☆☆
	劳动技能		☆☆☆	☆☆☆	☆☆☆	☆☆☆
创劳动	劳动能力		☆☆☆	☆☆☆	☆☆☆	☆☆☆
	劳动价值		☆☆☆	☆☆☆	☆☆☆	☆☆☆
爱劳动	劳动态度		☆☆☆	☆☆☆	☆☆☆	☆☆☆
	劳动观点		☆☆☆	☆☆☆	☆☆☆	☆☆☆
乐劳动	劳动品质		☆☆☆	☆☆☆	☆☆☆	☆☆☆
	劳动精神		☆☆☆	☆☆☆	☆☆☆	☆☆☆
寄语	自己					
	同学					
	家长					
	老师					

苏赫姆林斯基说：“只有经过精心设计的劳动活动才富有教育意义。”老师不仅要知道劳育的目标，还通过具体的评价表和评价要求让学生、家长都能了解，有目的、有计划地推进劳动课程。

2.调整优化形成真善劳动固定的评价体系。

目前学校劳动教育才起步，在统一的评价原则下采用百家争鸣、百花齐放的方式，让老师们大胆地进行评价尝试，最终选出最优方案，形成我们学校真善劳动特有的相对完善的评价体系。

（执笔人：郭鑫　杨小琴　李霞　卢俊宇）

出力流汗 乐在其中

成都市龙江路小学武侯新城分校

一、课程背景

中共中央、国务院《关于全面加强新时代大中小学劳动教育的意见》，以及教育部印发《义务教育劳动课程标准（2022年版）》对新时代的劳动教育提出了明确要求。义务教育劳动课程以丰富开放的劳动项目为载体，重点是有目的、有计划地组织学生参加日常生活劳动、生产劳动和服务性劳动，让学生动手实践、出力流汗、接受锻炼、磨炼意志，培养学生正确的劳动价值观和良好的劳动品质。

成都市龙江路小学武侯新城分校一直秉承龙江路小学愉快教育理念，聚焦核心素养，遵循“儿童立场 乐悦成长”的办学理念，以打造“金色劳动教育”品牌为目标，提出“手脑并用 乐新创美 出力流汗 乐在其中”的劳动教育理念，着力探索“校社联动、项目驱动、两端延展、双线融合”的劳动教育推进策略。

二、课程目标

一级目标	二级目标	劳动类型	低段	中段	高段
出力流汗乐在其中	劳动观念	日常生活劳动	1.懂得人人都要劳动的道理，初步体会劳动对日常生活的重要性 2.喜欢劳动，具有主动劳动、积极参加劳动的愿望	通过日常生活劳动，懂得“一分耕耘，一分收获”的道理，初步养成热爱劳动的态度	1.通过日常生活劳动，认识到劳动对家庭幸福、社会进步的意义 2.体会普通劳动者的光荣与伟大，初步树立劳动最光荣、劳动最伟大、劳动最美丽的观念
		生产劳动	初步感知生产劳动的的艰辛和快乐，学会尊重他人劳动付出	在简单的生产劳动中，认识到劳动无高低贵贱之分，知道尊重劳动、尊重普通劳动者	在基本的植物养护、动物饲养、工艺品制作等生产劳动过程中，初步形成劳动创造财富的观念，理解普通劳动者的光荣和伟大
		服务性劳动	积极参与班级集体劳动，初步形成以自己的劳动服务他人的意识	为身边人提供服务，形成初步的服务意识和社会责任感；具有主动承担力所能及的劳动的意识	形成主动服务、关心社会、扶助弱势、热心公益、关爱生命、热爱自然的意识

续表

一级目标	二级目标	劳动类型	低段	中段	高段
	劳动能力	日常生活劳动	在完成清洁与卫生、整理与收纳、烹饪与营养等劳动任务的过程中，初步掌握基础知识、基本步骤与操作方法，初步形成个人生活自理能力	1. 能在日常生活劳动中发现存在的问题，选择和运用恰当的劳动技能加以解决，形成生活自理能力 2. 认识常用的家用用具，掌握家用小器具的使用方法	能发现日常生活劳动中存在的问题，综合运用生活基本技能解决问题，增强生活自理能力
		生产劳动	1. 在简单的工艺制作劳动、农业劳动中，初步掌握简单的手工技能 2. 会使用简单的工具，初步学会规范使用相应工具，能照顾身边常见的动植物	能在简单的生产劳动过程中，了解常用的材料，认识并使用常用的劳动工具，能设计与制作简单的工艺作品，具有初步的植物种植、动物饲养的能力	能发现生产劳动中的需求与问题，运用基本生产知识与技能，选择合适的工具、材料，合作完成简易工业产品的设计与制作，初步具备从事简单生产劳动的能力
		服务性劳动	1. 了解班级服务岗位，学会维护班级卫生、照顾教室内动植物 2. 掌握收纳整理教室杂物的方法和技巧	在学校、社区的服务性劳动中，初步形成关爱他人、积极参与学校、社区建设的劳动意识和能力	在服务性劳动中运用已有劳动技能服务他人、服务学校、服务社区
	劳动习惯和品质	日常生活劳动	1. 能做到不浪费粮食，爱护学习用品、生活用品等，懂得珍惜劳动成果 2. 初步养成“自己的事情自己做”、认真负责、有始有终的劳动习惯和品质	1. 养成良好的个人清洁习惯，具有家电使用安全意识和初步的器具保养意识 2. 主动分担家务，协助参与家庭环境卫生清洁	1. 具有食品安全意识 2. 初步具有家庭责任感
		生产劳动	1. 对工艺制作具有一定的好奇心 2. 在劳动过程中遵守劳动纪律和安全规范	对劳动中过程中遇到的问题具有好奇心和探究欲望。	初步养成持之以恒的劳动品质
		服务性劳动	积极参与班级集体劳动，养成主动维护教室内外环境卫生的习惯	形成校园志愿服务劳动的意识，养成志愿服务劳动的习惯	形成关爱他人、积极参与社区建设的劳动意识，增强公关服务意识，初步形成社会责任感
	劳动精神	日常生活劳动	能在劳动过程中不怕脏、不怕累	形成勤俭节约、不怕困难的精神	初步形成不畏艰辛、积极探索、追求创新的精神
		生产劳动			
		服务性劳动			

三、课程内容

学校根据《成都市大中小学劳动项目清单》，结合学校的“乐悦”文化内涵，提出了以“出力流汗 乐在其中”为核心的劳动教育理念，建立“三化”课程体系。

“三化”即基础化、主题化、项目化。

（一）基础化课程

学校以《成都市大中小学劳动项目清单》为依据，从学生实际需要出发，具体梳理出了涵盖日常生活劳动、生产劳动、志愿服务性劳动三个类别的劳动教育课程结构。

（二）主题化课程

在基础化劳动课程内容体系外，根据时令，制定主题化劳动课程内容体系。包含教师节主题劳动、中秋节主题劳动、国庆节主题劳动、重阳节主题劳动、元旦节主题劳动、清明节主题劳动、劳动节主题劳动、端午节主题劳动等。

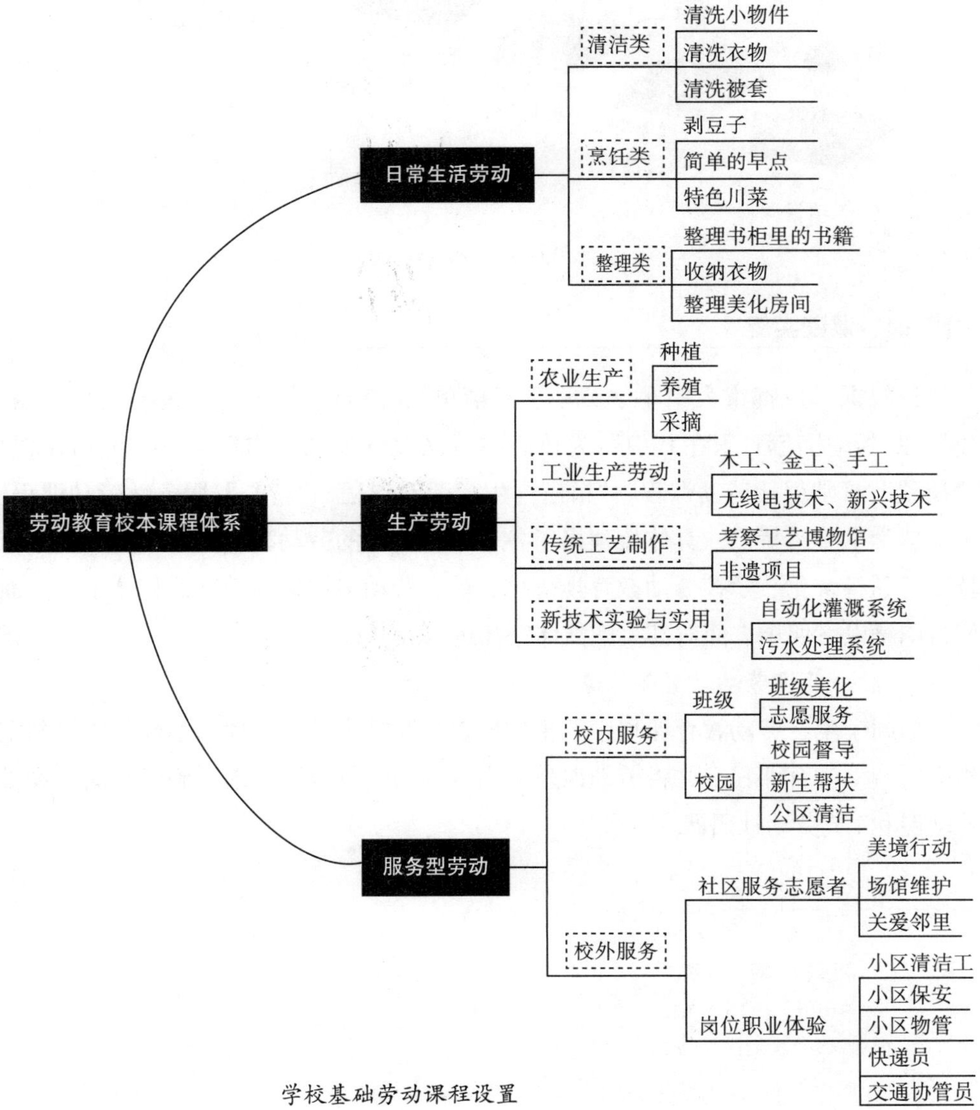

学校基础劳动课程设置

（三）项目化课程

围绕学生提出的驱动问题，劳动项目组开发了垃圾分类课程、活水园课程、“口袋”公园我来造、“耕园”课程等多个项目课程。让学生在劳动探究中创造价值，收获快乐。

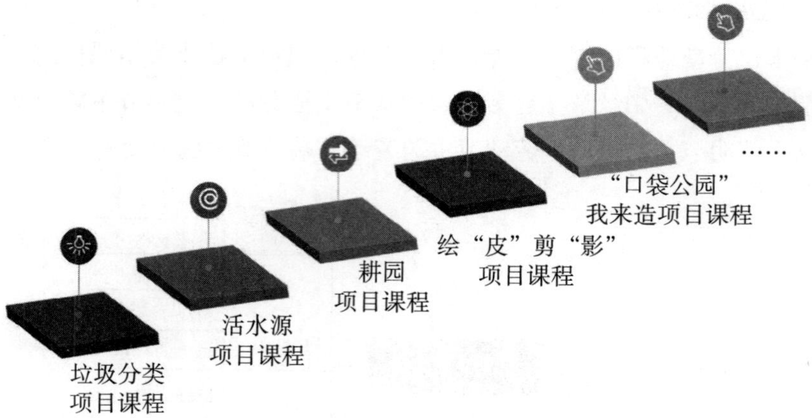

项目化课程主题

四、课程实施

学校根据《成都市大中小学劳动项目清单》，结合学校的“乐悦”文化内涵，构建了以“出力流汗 乐在其中”为核心的劳动教育理念。构建了三种劳动课程，即“精致”日常生活劳动课程、“精湛”生产劳动课程、“精心”服务性劳动课程。学校根据学生年龄特点，具体梳理出了各个年级具体的劳动教育清单，努力构建家庭教育劳动日常化、学校劳动教育规范化、社会劳动多样化的劳动课程体系。下面我们将围绕以下四个方面对其实施具体路径进行展开说明。

（一）独立开设劳动教育必修课

考虑到学生在劳动教育课程中的主体性地位和学生的差异性，学校分年级制定了相应的劳动教育课程。并将劳动课教学内容列入学校教学计划，确保每周开设 1 节劳动课和 1 节劳动社团课。

成都市龙江路小学武侯新城分校劳动教育清单（2022—2023学年上期）

<table>
<tr><th rowspan="2">周次</th><th colspan="9">基础化劳动</th><th rowspan="2">主题化劳动</th></tr>
<tr><th colspan="2">一年级</th><th colspan="2">二年级</th><th colspan="2">三年级</th><th>四年级</th><th>五年级</th><th>六年级</th></tr>
<tr><td>第1周</td><td colspan="2">班级大扫除</td><td colspan="2">班级大扫除</td><td colspan="2">班级大扫除</td><td>班级大扫除</td><td>班级大扫除</td><td>班级大扫除</td><td rowspan="2">教师节主题系列劳动</td></tr>
<tr><td>第2周</td><td colspan="2">学扫地</td><td colspan="2">家庭垃圾分类</td><td colspan="2">清洗枕套</td><td>清洗鞋子</td><td>新生帮扶（实践）</td><td>新生帮扶（实践）</td></tr>
<tr><td>第3周</td><td rowspan="3">个人卫生</td><td>学会洗头</td><td colspan="2">整理讲台</td><td colspan="2">课间安全管理</td><td>清理卫生间</td><td>学做粉蒸肉</td><td>学做冰淇淋</td><td rowspan="2">中秋节主题系列劳动</td></tr>
<tr><td>第4周</td><td>正确穿衣</td><td rowspan="3">制作简易垃圾盒</td><td>学习方法</td><td colspan="2">包汤圆</td><td>清洗夏季衣物</td><td>陶艺制作</td><td>社区环境维护</td></tr>
<tr><td>第5周</td><td>正确穿鞋</td><td>手工剪裁</td><td colspan="2">整理衣柜</td><td>校园公区维护</td><td>学做蛋糕</td><td>党史馆讲解知识学习</td><td rowspan="2">国庆节主题系列劳动</td></tr>
<tr><td>第6周</td><td colspan="2">学拖地</td><td>美化涂色</td><td colspan="2">学炒青菜</td><td>缝扣子</td><td>学做担担面</td><td>党史馆讲解（实践）</td></tr>
<tr><td>第7周</td><td colspan="2">整理书包</td><td colspan="2">学习照料小白兔</td><td colspan="2">简易木工</td><td>清洁教室外墙</td><td>制作布丁</td><td>学做冰糖葫芦</td><td>重阳节主题系列劳动</td></tr>
<tr><td>第8周</td><td rowspan="2">叠衣服</td><td>学习方法</td><td colspan="2">学洗碗</td><td colspan="2">清洗书包</td><td>竹编技巧</td><td>学习使用扫地机器人</td><td>制作简易分类垃圾桶</td><td rowspan="5"></td></tr>
<tr><td>第9周</td><td>班级比赛</td><td colspan="2">学剥水果</td><td colspan="2">参与社区宣传单派发</td><td>学炒青椒土豆丝</td><td>学煮番茄煎蛋面</td><td>公区维护</td></tr>
<tr><td>第10周</td><td colspan="2">学擦桌子</td><td colspan="2">图书分类排序</td><td rowspan="3">制作沙包</td><td>学习方法</td><td>厨余堆肥</td><td>天文馆讲解知识学习</td><td>水培绿箩</td></tr>
<tr><td>第11周</td><td colspan="2">清洗水果</td><td colspan="2">整理图书角</td><td>缝制固定</td><td>制作衣架</td><td>天文馆讲解（实践）</td><td>天空农场种植</td></tr>
<tr><td>第12周</td><td colspan="2">学习摆放卫生用品</td><td>系鞋带</td><td>学习方法</td><td>美化装饰</td><td>学习使用吸尘器</td><td>天空农场种植</td><td>体验糖画制作</td></tr>
</table>

续表

<table>
<tr><th rowspan="2">周次</th><th colspan="8">基础化劳动</th><th>主题化劳动</th></tr>
<tr><th>一年级</th><th colspan="2">二年级</th><th>三年级</th><th colspan="2">四年级</th><th>五年级</th><th>六年级</th><th></th></tr>
<tr><td>第13周</td><td>学习择洗蔬菜</td><td></td><td>班级比赛</td><td>午餐管理</td><td colspan="2">学习扎染</td><td>饲养猫狗</td><td>植物拓印</td><td rowspan="3"></td></tr>
<tr><td>第14周</td><td>学习整理毛巾</td><td colspan="2">整理桌肚</td><td>清洁灶台</td><td rowspan="3">制作超轻黏土熊猫</td><td>学习方法</td><td>学做糍粑</td><td>社区公益宣传</td></tr>
<tr><td>第15周</td><td>学习煮鸡蛋</td><td colspan="2">清洗袜子</td><td>学做布丁</td><td>动手制作</td><td>垃圾分类社区宣传</td><td>学习三D打印</td></tr>
<tr><td>第16周</td><td>照顾教室植物</td><td colspan="2">制作水果沙拉</td><td>喂养小猫、小狗</td><td>美化涂色</td><td>学炒鱼香肉丝</td><td>体验小区服务岗位（快递员）</td><td>元旦节主题系列劳动</td></tr>
<tr><td>第17周</td><td>学习摆放碗筷</td><td colspan="2">制作泡菜</td><td>学煮面条</td><td colspan="2">学做三大炮</td><td>DIY纸巾扎染</td><td>体验小区服务岗位（保洁员）</td><td rowspan="2"></td></tr>
<tr><td>第18周</td><td>班级大扫除</td><td colspan="2">班级大扫除</td><td>班级大扫除</td><td colspan="2">班级大扫除</td><td>班级大扫除</td><td>班级大扫除</td></tr>
<tr><td colspan="10">项目化劳动</td></tr>
<tr><td colspan="2">项目编号</td><td></td><td colspan="3">项目名称</td><td colspan="4">实施年级</td></tr>
<tr><td colspan="2">项目一</td><td></td><td colspan="3">我给教室穿“心”衣项目</td><td colspan="4">1～2年级</td></tr>
<tr><td colspan="2">项目二</td><td></td><td colspan="3">小小讲解员项目</td><td colspan="4">3～4年级</td></tr>
<tr><td colspan="2">项目三</td><td></td><td colspan="3">“垃圾分类”项目</td><td colspan="4">3～6年级</td></tr>
<tr><td colspan="2">项目四</td><td></td><td colspan="3">绘“皮”剪“影”项目</td><td colspan="4">3～5年级</td></tr>
<tr><td colspan="2">项目五</td><td></td><td colspan="3">耕园项目</td><td colspan="4">4～6年级</td></tr>
<tr><td colspan="2">项目六</td><td></td><td colspan="3">“口袋公园”我来造项目</td><td colspan="4">5～6年级</td></tr>
<tr><td colspan="2">项目七</td><td></td><td colspan="3">活水园项目</td><td colspan="4">5～6年级</td></tr>
</table>

通过开设丰富多彩的劳动教育课程，可以更好地帮助学生达成劳动教育的目标，培养学生的劳动精神。同时教师在实施劳动教育课程时，也会根据课程种类的明确性、层次性、学生的不同水平等，将课程任务分类为困难、中等和容易，这样更能全面适应不同的学生，并根据劳动课开展的实际情况随时进行调整、完善。

（二）在学科专业中有机渗透劳动教育

《大中小学劳动教育指导纲要》指出：中小学道德与法治（思想政治）、语文、历史、艺术等学科可以有重点地纳入劳动创造人本身、劳动创造历史、劳动创造世界、劳动不分贵贱等马克思主义劳动观，可以纳入歌颂劳模、歌颂普通劳动者的选文选材，可以纳入阐释勤劳、节俭、艰苦奋斗等中华民族优良传统的内容，加强对学生辛勤劳动、诚实劳动、合法劳动等方面的教育。数学、科学、地理、信息技术、体育与健康等学科可以注重培养学生劳动的科学态度、规范意识、效率观念和创新精神。

1.课程渗透。

课程内容渗透可以通过在学科课程中，融入劳动要素、结合学科内容、开展学科实践活动等来实施。由于基础教育阶段各学科的学科特点和育人功能不尽相同，主要学科与劳动教育的关联强弱程度存在差异，其融入的内容也不尽相同。利用语文教材，形成劳动与意识；借助数学文化，理解劳动意义等。

以我校“耕园”项目为例，共创设四个部门：

1.育植问诊中心：基于数据化模块的探究性学习体验

整合科学、数学学科知识，通过实地调查耕园的面积、土壤、环境等，解决种植什么，怎么种植可以提高产量等问题

2.植物美学生活馆：基于技术意识、工程思维、创造能力的操作体验

整合美术、信息技术、科学、语文学科，通过实验操作、动手制作、编程设计等方式，解决植物与文创的结合点：如开展植物艺术作品、花艺作品、编程作品、文学作品的创作等

3.“耕园”移动商城：基于社会参与和职业体验的共同体教育

整合信息技术、语文学科，通过“最具创意的文创产品推广”，举办“耕园市集”活动，让耕园的文创产品通过线上电子商务、线下实体等方式推广，以产出更大收益

4.“绿洲号”公益小分队：基于生态文明素养和责任担当意识的公民教育

整合道德与法治学科、生命生活与安全学科等，开展沙漠环境治理与保护的学习，用收益所得参与“种植梭梭树开展荒漠治理”的公益项目

（三）在课外校外活动中安排劳动实践

1. 劳动社团和拓展营完善劳动课程。

学校开展了各种劳动社团活动，如“耕园”社团、“小小志愿者”社团、“我为教室穿‘心’衣”社团、“布艺样”社团、“垃圾分类”社团等；开展了各种周末劳动素质拓展营，如“创意手工DIY”“小小讲解员”等。劳动社团和劳动拓展营的开展，为学生持续地学习与实践劳动教育提供了途径。

“耕园”社团活动

学校还邀请了劳动志愿者、劳动传承者对学生的学习活动进行指导，不仅培养了学生的劳动能力，养成了良好的劳动习惯，也丰富了学生的学校生活。

2.《劳动记录手册》养成劳动习惯。

学校研制了《劳动记录手册》用于记录学生课后的劳动实践和劳动心得，每周根据《劳动记录手册》上的内容，评选班级中的劳动之星，并在班级公告栏进行张贴。而到了寒暑假，学校会研发适用于假期的《劳动记录手册》，并把该手册完成情况作为评选假期“新三好”的依据之一。

3.“双建队”机制拓宽劳动场域。

学校联合社区资源，跨越时空界限，在社区开展丰富的服务性劳动实践活动，带领学生研究劳动教育项目，接受劳动与文化的熏陶。依托学校社区“双建队”的创新模式，形成学校、社区“组织共建、活动共创、资源共享、评价互通”的劳动教育新格局。

社区服务性劳动——整理图书

4.“四每”劳动时光保障劳动时长。

学校提出每个课间常规劳动、每日家庭生活劳动、每周五主题劳动、每期假日服务性劳动，确保了劳动教育多方位、多维度顺利开展。

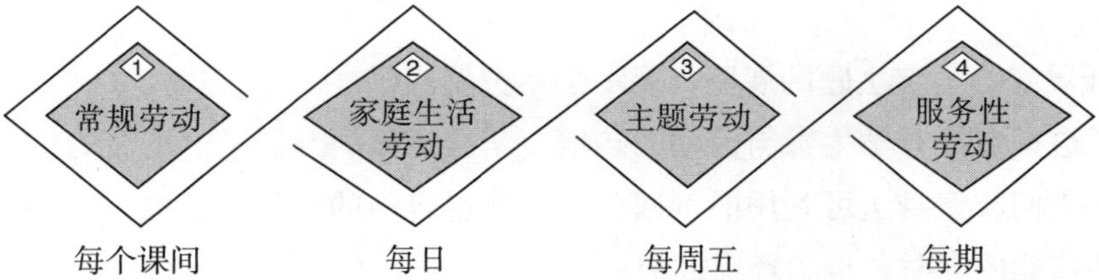

“四每”劳动时光

周五主题劳动

（四）在校园文化建设中强化劳动文化

1.开展劳动技能大赛，促进学生劳动实践。

为了锻炼学生的劳动技能，增强学生的劳动兴趣，学校每年举办一次学生劳动技能大赛，以劳育美，以劳树德。为学生们提供了一个实践锻炼、提升动手能力的平台，让学生养成从小热爱劳动的好品德，迈好人生第一步。

学生参加第一届劳动技能大赛

2.开展变废为宝主题的展览，展示学生劳动成果。

为了进一步提升学生参与劳动的热情，学校还策划开展了“变废为宝”的主题展览，学生们收集身边可利用的可回收物，通过自己的双手加工成工艺品，在锻炼自己劳动技能的同时，也为环保助力。

变废为宝主题展览上的手工艺品

3.开创“红领巾讲故事”栏目，传承劳模精神。

为了进一步培养学生的劳动精神，学校在每周的德育大课上开创了“红领巾讲故事”栏目。每个月都有一名同学面向全校同学宣讲劳模故事，让劳模精神深入人心。

4.利用学校公众号进行宣传，使劳动观念深入人心。

无论是学生日常劳动的学习，还是服务性劳动的开展，学校都会定期利用微信公众号推送学校劳动教育的开展情况。让劳动最光荣、劳动最崇高、劳动最伟大、劳动最美丽的观念深入人心。

5.加强校园劳动文化营造，让热爱劳动蔚然成风。

利用学校电子显示屏、宣传栏等媒介，面向全校同学宣传劳动精神、传授劳动技能、发布服务性劳动信息，让同学们能更深入地参与劳动、热爱劳动；利用班级门口的评比栏，张贴班级劳动之行，树立劳动榜样，让热爱劳动蔚然成风。

五、课程评价

学校针对评价的主体，维度，体系的精确化、过程化、互通化、智慧化等方面，建立了全景式劳动评价体系。

（一）评价多元促发展

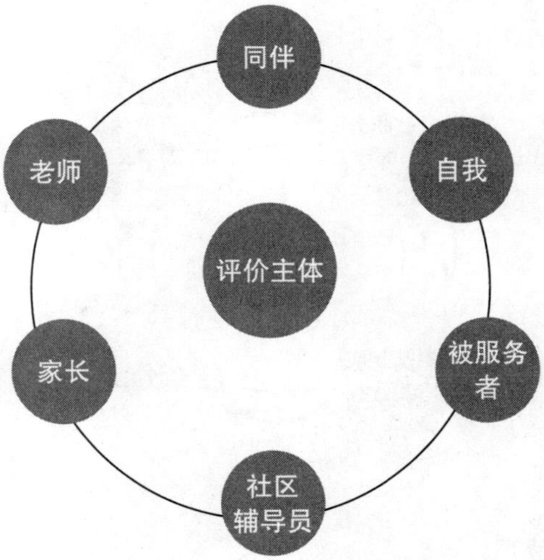

评价主体

学校以劳动教育的目标、内容和要求为依据，构建主体多元化的评价体系，以自我、同学、教师、家长、社区辅导员、被服务者为主体，通过多方的评价、反馈，促进学生服务质量的提升。

（二）评价多维厚内涵

多一把尺子多一点角度，从劳动观念、劳动能力、劳动习惯和品质、劳动精神四个方面评价学生，让每位学生的成长都能被肯定和看见。

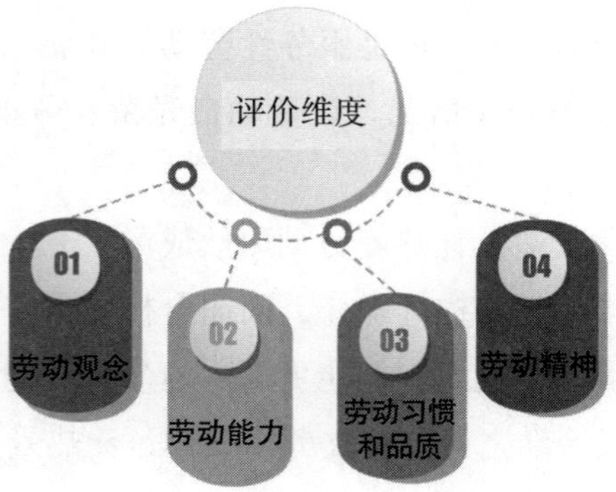

评价维度

（三）评价精准重科学

为了解决评价手段单一化的问题，教师利用智慧化平台，如：希沃和醍摩豆，对学生的劳动过程和劳动成果进行及时、全面、跟踪式的评价，全方位、多角度地激发学生对劳动的兴趣。

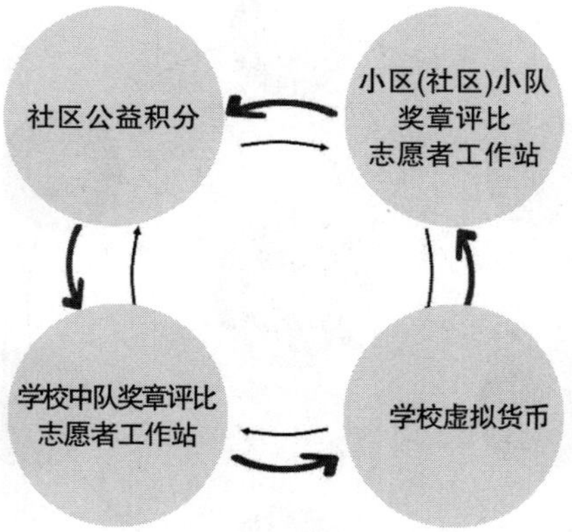

评价融通

（四）评价融通共协同

学生在校劳动获得学校“新城币”，在社区完成劳动实践获得社区公益积分。学校虚拟货币与社区公益积分进行融通兑换，让学生进一步感受劳动带来的收获。

（五）评价全程强过程

评价的目的不是选拔，而是促进学生发展。学校把对学生的劳动评价纳入“校园新星”和“新三好”评价体系中，促使学生制定目标，围绕目标进行奋斗，既关注学生劳动的结果，更关注他们劳动学习的过程。

（执笔人：苏娅　黄锐　李月　李思橦）

城市初中劳动课程育人体系的构建与实施

成都市棕北中学

一、课程背景

（一）国家背景

习近平总书记在全国教育大会明确提出："要在学生中弘扬劳动精神，教育引导学生崇尚劳动、尊重劳动，懂得劳动最光荣、劳动最崇高、劳动最伟大、劳动最美丽的道理，长大后能够辛勤劳动、诚实劳动、创造性劳动。"近三年中共中央国务院、教育部陆续颁发《关于全面加强新时代大中小学劳动教育的意见》《大中小学劳动教育指导纲要》和《义务教育劳动教育课程标准》，劳动教育被提到非常重要的位置，成为新时代立德树人的重要育人路径。

（二）社会背景

目前劳动教育还存在"四化"问题。一是在学校比较弱化，劳动教育课在实际教学中忽视育心育德的课程内涵，劳动教育有名无实。二是在社会被慢慢淡化，全社会还存在不同程度的轻视体力劳动，崇尚劳动的氛围不够的现象。社会浓烈的功利化色彩，淡化了对劳动的正能量认知，对好孩子的评价标准也将劳动排除在外，全社会尚未形成崇尚劳动、尊重劳动的氛围。三是在家庭比较软化，家庭生活条件逐渐改善，在"再苦也不苦孩子"的观念影响下，众多家长将学业成绩作为衡量学生的唯一标准，家长在劳动上大包大揽，独生子女倍受家庭多重溺爱和娇宠，忽视劳动对学生成长的磨砺。四是在学生逐渐弱化，学生认为他们的主要任务是学习，只要学习好什么都好。"衣来伸手，饭来张口"的现象依然存在。劳动态度不端正，劳动技能缺乏等问题依然普遍。因此，劳动教育依然是教育中的薄弱环节。

（三）学校背景

棕北中学自1996年建校以来，用26年的劳动教育信仰与坚守，按照武侯区《全面推进新时代中小学劳动教育实施方案》的要求，以"五育融合"为着力点，把劳动教育上升为培养核心素养的关键工程，秉承"勤以立人"的核心理念，确立"开生命之源，育完整之人"的劳动价值观，探索劳动教育课程立起来、实起来、强起来、通起来，构建新时代的劳动教育体系，形成"一横两纵一周"的劳动教育模式。破解城市初中学校劳动教育困局，因地制宜构建起城市初中学校劳动课程育人体系。

二、课程目标

（一）总目标

学校始终坚持“以人为本、面向未来”的办学思想，秉持“既关注现在，更关注未来”的发展理念，培养健康体魄、丰满人格、国际化视野、扎实学习能力和素质全面的棕北学子。

（二）具体目标

围绕“开生命之源，育完整之人”的劳动教育理念，以劳动教育为途径，整合德、智、体、美等“四育”构建新时代劳动教育的体系，在劳动教育中着力培养学生：

1. 劳动观念：认识到劳动的平凡与伟大、光荣与崇高，明白通过劳动才能赢得尊重。让学生形成劳动观念，深化对劳动的认同。

2. 劳动能力：掌握生活技能，坚持生活自理，自立自强；具有为他人服务的劳动精神和能力，能使用劳动工具，具备劳动创造性思维，体现劳动价值。

3. 劳动习惯和品质：养成生活自理自律、勤俭节约的好习惯，具有自觉自愿为他人和社会持续服务的好品德，养成生产劳动安全规范、精益求精的好品质。

4. 劳动精神：体会劳动的艰辛，具备责任担当品质，弘扬勤俭节约、敬业奉献、创新求精、砥砺奋进的劳动精神。

三、课程内容

学校依据《大中小学劳动教育指导纲要》，结合《义务教育劳动课程标准》以及区域、校情在课程设置上提出“一横两纵一周”的劳动教育模式。按照“精准定位、统整课程、创新路径”的思路，探索高质量的劳动教育课程内容。

加强学校和家庭、学校和社会、家庭和社会三位一体的劳动场所，突出家、校、社协同育人。从需求出发，让劳动教育基础课程“实”起来；从空间上延伸，让劳动教育融合型课程“优”起来；从能力上提高，让劳动教育探究课程“强”起来。

“一横”：指横向劳动教育项目：日常生活劳动、服务性劳动、生产劳动。

“两纵”：一是课程纵向落实，基础课程+拓展课程+探究课程；二是空间纵向延伸：形成学校到家庭再到社会的“三位一体”劳动教育。

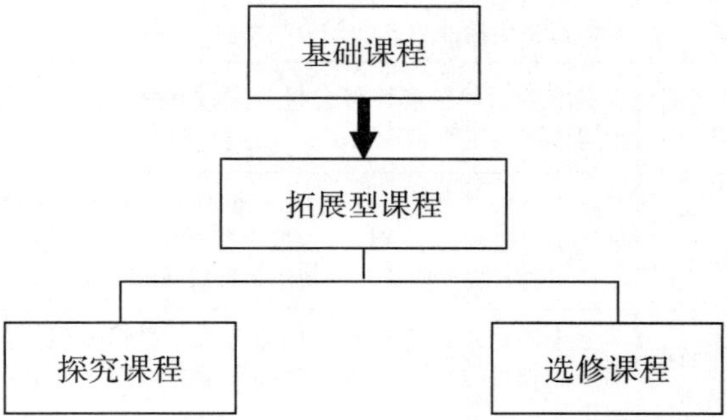

“一周”：指劳动服务周。学校独立编制劳动周课表，各班轮流承担劳动服务班，周一至周五每天上、下午第一节课对校园进行清扫保洁、礼仪服务和自主管理，并将劳动教育延伸到家务劳动以及校外拓展式综合劳动实践活动。

附：　　　　棕北中学三类劳动课程清单（生产劳动清单十六大主题）

劳动类别	任务群	年级	劳动主题	劳动形式及劳动素养表现（目标）	实施路径	时间安排
日常生活劳动——勤劳动	清洁与卫生	七年级	整理仪容仪表	个人形象整理时，面部要保持干净，发型整洁（男生理寸头，女生扎马尾辫），书包整理规范，校服穿整齐，展示男生阳光，女生大方的形象。坚持生活自理，自己的事情自己做	劳动课 家庭劳动	每天
		八年级	承包家务劳动	将学校课堂延伸到家庭中，以“合同”的形式和家长签订家务劳动合同承包书，承担家中的清洁、卫生、烹任、收纳、采购、照顾家人等，积极主动地为父母分担家务，承担家庭责任，成为一名合格的管家	劳动课 家庭劳动	课后及周末、节假日
		九年级	清洁厨房油污	利用各种劳动工具打扫厨房清洁卫生，对厨房油污定期保洁。对家庭卫生死角，如厕所马桶、便池，床底柜底、沙发角落及消防通道等进行日常保洁	劳动课 家庭劳动	课后及周末、节假日
	整理与收纳	七年级	掌握熨烫方法 清洁熨烫织物	掌握不同衣物上附有不同油污时的清洗方法，学会熨烫衣物的熨烫方法，能对卧室床单、被套进行清洗及更换	劳动课 家庭劳动	课后及周末、节假日

续表

劳动类别	任务群	年级	劳动主题	劳动形式及劳动素养表现（目标）	实施路径	时间安排
		八年级	整理收纳服饰	主动对家庭的物品进行收纳，学会归类整理不同季节、不同材质的衣物，通过收纳和整理让服装摆放更有序，实现家庭更整洁	劳动课家庭劳动	课后及周末、节假日
		九年级	开展居室美化	在家庭和集体宿舍中要做好卫生间、下水道清洁和死角环境美化工作；制定居室美化方案，开展居室美化行动，保持居室环境舒适，使居住环境温馨	劳动课家庭劳动	课后及周末、节假日
	烹饪与营养	七年级	多彩创意饺子	通过开展包饺子活动，让学生掌握生活劳动技能，培养学生自主生活能力，弘扬劳动精神	校内比赛	校内
			五彩缤纷汤圆	以糯米粉、黑芝麻馅等食材，通过和面、揉搓、加馅定型等工序，制作出造型多样、色彩丰富的汤圆	校内比赛	校内
		八年级	端午节包粽子	在端午节前开展包粽子活动，通过查、观、听、做、思、创的学习过程，掌握糯米泡发、馅料制作及粽子捆扎等制作粽子的方法，能够熟练制作多种口味的粽子	劳动课校内比赛	劳动课及周末、节假日
		九年级	中西面点制作	学会中西面点制作技术，如蒸馒头、烘焙面包、蛋糕等面点制作的方法、步骤；掌握和面、成型、蒸煮、烘烤等工艺	劳动课校内比赛	劳动课及周末、节假日
	家用器具使用与维护	七年级	劳动关爱家人	在生活中会主动照顾弟弟妹妹。掌握一定的按摩护理技能，学习并掌握简单的安全急救知识，能为家人进行日常身体护理，并独立照顾家中身体不适的亲人。通过劳动为家人提供服务	劳动课校内比赛	劳动课及周末、节假日
		八年级	家庭事物管理	掌握家庭节能减排及安全隐患排查的方法，开展家庭安全大排查；学会家庭电器设备的维护和日常保养，并强化家庭管理的责任意识，培养良好的家风	劳动课校内比赛	劳动课及周末、节假日
		九年级	家庭器具维修	对家用电冰箱、洗衣机、电饭煲、燃气灶、空调等电器，以及桌、椅、板凳等家具进行简单的维护和修理	劳动课校内比赛	劳动课及周末、节假日

劳动类别	任务群	年级	劳动主题	劳动形式及劳动素养表现	实施路径	时间安排
生产劳动——慧劳动	农业生产劳动	七年级	无土栽培实践	学习掌握无土栽培的基本栽培方法、营养液成分配比与控制，选择种植的蔬菜、瓜果或花卉品种，选取其种子或秧苗实施无土种植和培育，确保光照充足，及时添加基液，坚持日常管理，保障其正常生长，争取获得高产优质的收成	劳动课	课内及周末、节假日
			宗富基地劳动	每周安排七年级一个班级走进天府新区宗富果业劳动教育实践基地，听全国劳动模范裴忠富的劳动先进事迹，开展清洁乡间小道，参加农业实践，除草松土，施肥，采摘花生，学习嫁接技术，学会用工具，劳动实践除草，堆肥，同学们听得津津有味。了解二十四节气植物成长变化，躬身实践插秧	劳动课宗富劳动实践基地	每周组织一个班级

续表

劳动类别	任务群	年级	劳动主题	劳动形式及劳动素养表现	实施路径	时间安排
			一起做园艺师	了解二十四节气知识，学习树木嫁接及其在农业生产中的应用相关知识，了解树木嫁接的目的、基本原理和操作方法（如芽接法、劈接法、靠接法、腹接法、切接法等）。有条件的地方，可以到园林、果园等进行实地考察，接受能人指导；根据需要，因地制宜选择嫁接对象（木本花卉或果树），选定备用砧木和接穗，准备工具和材料	劳动课	每学期一次
		八年级	农田种植水稻	除草开荒，认识秧苗，了解插秧的劳动技术过程，掌握拉线插秧的方法，动手实践中感悟劳动过程，体悟插秧中动手动脑、出汗出力的辛勤劳动	校外劳动实践	每学期一次
		八年级	天府茗香采茶	组织学生以研学旅行形式走进雅安、蒲江等茶业基地开展采茶活动，体验茶农的工作和生活，进一步传承天府文化，弘扬四川茶叶，做一名天府文化的代言人	校外劳动实践	每学期一次
		九年级	天空种植实施	在劳动专职教师的带领下开展天空种植，根据季节播种、施肥、打理、采摘。做到天空种植前有研究、种后有管理的良性循环，形成具有棕北特色的蔬菜园	劳动课	课堂教学
	传统工艺制作	七年级	陶艺手捏花瓶	手工制作培养学生的动手能力和想象力，在制作的劳动过程中感受劳动带来的乐趣和成就感	劳动课	课堂教学
	传统工艺制作	七年级	快乐木工实践	学习锯子、墨斗、锤子、刨子、凿子、钻子、木锉等木工工具的使用，通过木工制作出生活小用品	劳动课	课堂教学
	传统工艺制作	八年级	创意青神竹编	学习青神竹编的特色人文景观、书法作品、名人画像为编织重点，在特定的环境中进行纯手工编织。经过画框、绸缎等装裱方式制作成精美的竹编艺术品	劳动课	课堂教学
	传统工艺制作	九年级	学习非遗剪纸	剪纸的艺术语言最贴近生活，它的题材丰富、内容广泛、种类繁多、数量巨大。剪纸所用的材料价廉、简单，其操作方式简便易学，所以剪纸艺术广泛地植根于中国民间	劳动课	课堂教学
	工业生产劳动	七年级	创制有用金属	学习操作金工基础工具和方法，能利用简易小车床等处理小金属器件制作如生活用品、学习用品或金属工艺品、金属雕塑等；为家庭或学校制作标志牌、宣传牌、指路牌等	劳动课	课堂教学
	工业生产劳动	八年级	电工维修实践	结合物理学科知识，在家长和老师的指导下解决日常生活中常见的家用小电器的故障；能对家用器具、家具、电器进行保养和简单的修理，根据生活和学习需要，尝试制作感应台灯、安装夜间自动感应灯、制作多功能书桌等	劳动课	课堂教学
	工业生产劳动	九年级	农业装备变身	学习现代农业生产机械与装备相关知识，通过参观农业博物馆、农业机械研究院（所）、农业机生产制造厂、农业机械设备展会等，观察生产工具由简单到复杂、功能由单一到复合、效率提高由小到大的发展演变过程	劳动课	劳动课及周末、节假日

续表

劳动类别	任务群	年级	劳动主题	劳动形式及劳动素养表现	实施路径	时间安排
	新技术体验与应用	七年级	3D创客制作	利用学校的3D打印技术，在教师的指导下试着通过计算机建模软件，再将建成的“分区”成逐层的截面，即切片，从而指导打印机逐层打印	劳动课	课堂教学
		八年级	光伏电网搭建	学习清洁能源——太阳能，了解中国光伏发展情况，利用纸壳板、太阳能板、太阳能蓄电池、逆变器模型、灯泡和电线等材料，通过设计制作出模型，在老师的指导下完成光伏发电的小设备	劳动课	课堂教学
		九年级	参观高新产业	走进高新科技产业，参观高新技术产业，体验新型劳动模式，感受科技魅力，实现科技兴国	校外劳动实践	每学期一次

棕北中学三类劳动课程清单（服务性劳动清单十一大主题）

劳动类别	任务群	年级	劳动主题	劳动形式及劳动素养表现	实施路径	时间安排
服务性劳动——善劳动	现代服务业劳动	七年级	校园职业体验	体验校园职业服务岗位，如门卫保安、食堂管理员、清洁保洁员、图书管理员、维修工人，感受不同岗位的职业工作职责，增强社会责任	劳动课校内劳动实践	每学期一次
		八年级	父母工作体验	和父母一起去上班，通过体验父母职业制度、流程和管理，体会父母职业工作的不易，用劳动感恩父母	校外劳动实践	每学期一次或寒暑假
			节假日孝亲行	利用三八节、清明节、端午节、中秋节、重阳节、父亲节、母亲节、春节等节日，树立为家人服务的意识，如为家人服务“三个一”活动。增进亲子沟通，培育感恩意识，引导学生传承孝敬的优秀传统文化	校劳动实践	节假日及寒暑假
		九年级	职业规划体验	走进社会职业，开展职业考察，参与社会职业体验，体悟社会建设发展，懂得劳动最伟大的道理，为职业规划和生涯规划提供意义	校外劳动实践	每学期一次或寒暑假
	公益劳动与志愿服务	七年级	班级管理有责	对教室课桌椅高低调节、讲桌（讲台）的整洁、清洁工具的规范卫生、教室内外清洁卫生、教室内外绿化美化、书籍管理、学生物品和班级物品的收纳有序、张贴物的设计与美化、电教设备使用等维护	劳动课校内劳动	周内劳动课
			校园公益劳动	熟练使用清洁用具，做好校园清洁维护，完成公共区域的卫生保洁，开展校园花草浇水，修剪植物，完成学校课桌椅、凳子的维护，参与食堂验菜工作，维护舌尖上的安全，主动维护校园秩序，整理公共区域的图书	劳动课校内劳动	课后及周末、节假日
			劳动服务班级	承担劳动服务的班级，周一至周五上午第一节课和下午第一、第四节课对校园公区进行清扫和保洁，实行个人区域包干责任制	劳动课校内劳动	周内劳动课
		八年级	走进公益机构	走进社会公益机构，包括考察当地的社会养老机构，如敬老院、老年公寓、福利院等；利用自己掌握的知识和技能，积极为需要帮助的老年人提供服务并长期坚持等内容	校外劳动实践	周末、节假日

续表

劳动类别	任务群	年级	劳动主题	劳动形式及劳动素养表现	实施路径	时间安排
			参与志愿服务	主动参与学校、周边、社会志愿服务，弘扬奉献他人、提升自我的志愿服务精神	校外劳动实践	周末、节假日
		九年级	策划校园活动	策划校园活动，包括积极策划在学校举办的各种活动，在活动中进行组织服务、管理服务、活动服务、会议服务、接待服务等多方面的志愿服务活动，并及时总结参与活动服务的经验和感受	校外劳动实践	周内劳动课
			拥军优属连心	组织学生走进军营，体验军旅生活，参加国防教育活动，调查掌握军人军属的困难需求，开展服务军人军属的劳动活动等内容，让校园、社区、社会明白军人保家卫国的重要意义，理解军人军属的默默奉献，营造全社会崇尚军人、致敬军人、优待军属的良好氛围。培养学生的敬畏之心、感恩之情	校外劳动实践	周末、节假日

四、课程实施

劳动教育是五育之一，是国家的重要核心课程。学校依法依规将劳动教育纳入到学校的教育计划和学生的学习生活中。走进课堂教授学生劳动知识，利用课内课外感受校园服务劳动，利用校内校外、寒暑假走进父母工作岗位，体验职业工作，开展动手劳动实践，习得技能，强调出力流汗，突出手脑并用，掌握生存技能，感受劳动带来的美好生活。

（一）进入课表，独立开设劳动教育必修课

学校已经将劳动教育纳入必修课时26年之久，在“十四五”规划中学校将劳动教育纳入重点工作，每学期开学前统筹安排劳动课程，纳入计划，根据学校劳动教育内容按月推进，确保每周一节劳动教育课时安排，用于劳动实践、服务劳动、活动策划、技能指导、练习实践、总结交流等。例如：开学前学校总课表公布给师生和家长，确保各班级每周一节劳动教育课和期末统筹安排。

（二）融合力量，在学科专业中有机渗透劳动教育

在26年的劳动教育实践探索中，学校有机结合道德与法治（思想政治），启迪学生心灵并使之信任和尊重的精神感召力；结合语文学科，强化劳动知识的传播；融入地理学科，了解中国二十四节气（如制作二十四节气表），更好地掌握生产劳动知识；结合生物学科，了解动物的养殖、植物的种植和维护以及收割；融入历史学科，了解人类通过生产、生活等劳动不断发展和进步（如结合历史开展包粽子比赛）；渗透艺术学科，让劳动塑造美好心灵（如制作三星堆笔筒），融合体育与健

康，增强学生劳动体质、塑造劳动精神。

棕北中学开展包粽子比赛

棕北中学生产劳动——陶艺制作三星堆笔筒

例如：每年5月中下旬学校生物、地理学科老师结合学科知识组织学生到农田开展插秧劳动实践，通过出力流汗、手脑并用，体验春种一粒粟，秋收万颗子的心情，感受一粥一饭当思来之不易，半丝半缕恒念物力维艰的劳动精神。

棕北中学学子蒙顶采茶

棕北中学师生下田插秧

（三）*劳动实践，在课外校外活动中安排劳动实践*

课外劳动：学校劳动教育始终与学生的个人生活、校园生活和社会生活有机结合起来，将劳动课作业、家务劳动合同承包书、社区劳动任务结合起来，规定每周至少参与课外劳动3小时以上。

棕北中学服务劳动——绘制美化社区井盖

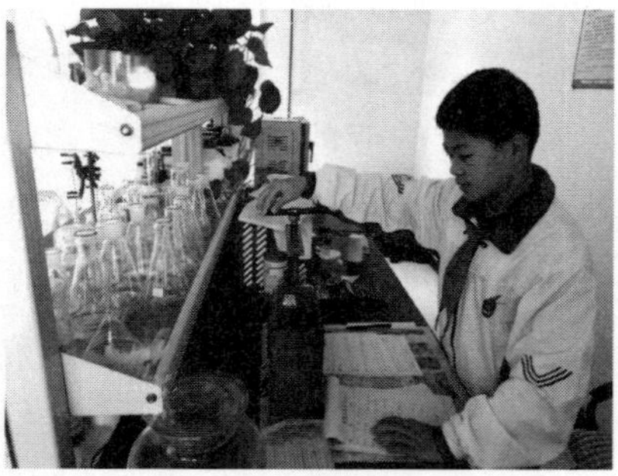

棕北学生跟随父母走进社会进行职业体验

校外劳动：利用周末、寒暑假采用集中或者分散开展家庭日常生活劳动，走进公益机构、社区等开展服务性劳动，动手实践开展生产劳动，营造劳动家风，传承劳动精神。

例如：学校以“勤练、多赛”等形式，利用课外在校内开展教室美化、包饺子、包粽子大赛，在校外开展居室美化，我是食神、职业考察等活动，通过类似形式的课程进一步巩固课外、校外劳动时间。

（四）劳动氛围，在校园文化建设中强化劳动文化

将劳动习惯、劳动品质的养成教育融入校园文化建设之中。制定学校和班级劳动公约、每日劳动常规、学期劳动任务单等形式，结合植树节、学雷锋纪念日、五一劳动节等节日，开展丰富的劳动主题教育活动，营造劳动光荣的校园文化。

举办“劳模大讲堂”“大国工匠进校园”活动，开展“感动武侯十大感动人物”劳动精神分享会，利用升旗仪式举行“劳动小能手”分享会等劳动榜样人物进校园活动，制作劳动书签、劳动标语，组织开展相关各种类别的劳动技能和劳动成果展示，及时评比和宣传。

利用宣传栏、微信、微博、抖音、视频号等新媒体，广泛宣传劳动榜样人物事迹，聆听劳模故事，观摩精湛技艺，感受并领悟勤勉敬业的劳动精神。

五、课程评价

（一）考核评价

学校以劳动教育目标为导向，以劳动内容要求为依据，将过程性评价和结果性评价结合起来，开展劳动教育过程监测，在记实评价中更加注重学生劳动观念的正确、劳动精神的传承、劳动技能的掌握和劳动习惯的坚持，积极构建“六维度”协同评价方式。

一是劳动主体评价多元化：坚持以自我评价为主，辅以教师、同伴、家长、服务对象、用人单位等他评方式。

二是劳动方式评价多样化：注重劳动评价方式的多元化，尤其是对学生劳动观念的正确、劳动技能的掌握、劳动习惯的坚持、劳动精神的传承进行及时纪实评价。

三是劳动过程评价全面化：劳动过程中对学生真实劳动、诚实劳动、辛勤劳动写实评价，突出让学生动手实践、出力流汗，接受锻炼、磨炼意志，培养学生正确的劳动价值观和良好的劳动品质。

四是服务对象评价成效性：劳动最重要的评价方式之一是对被服务的对象的反馈评价，在劳动中被服务对象的综合评价作为重要的评价参考之一。

五是劳动思维的创新评价：劳动中对劳动工具的使用熟练掌握，并能创新开发具有一定效果的劳动方法和劳动工具。

六是劳动效果评价成果化：对照劳动教育的育人目标，通过对劳动实践效果进行评价。

（二）成长评价

1.设立学生劳动教育成长指导中心，制定学生劳动成长报告册，对学生参与劳动后的劳动过程记录、劳动收获、经验、教训及感悟做好成长写实记录。通过初中阶段三年的劳动教育，对符合劳动教育要求的学生颁发劳动合格证书，对具有劳动精神品质、掌握劳动技能、具有正确劳动观念和良好劳动习惯的学生颁发劳动能手奖章。

2.学校将学生成果择优向报刊推荐，并编辑成集在校内外交流。

3.学校对劳动中涌现出的先进、典型学生，评选校、班劳动、环保、道德、礼仪、服务、管理、公益之星等荣誉称号，及时宣传。

全校集会表彰

（执笔人：丁世明　杨应红　杨杰　周静莉）

聚焦“双自主、三融合、四驱动”的劳动教育

四川大学附属中学初中部

一 课程背景

（一）五育并举的政策支持

五育并举走向五育融合，从总体上构建起了更高质量的教育体系，形成了德、智、体、美、劳全面发展培养体系和育人格局。劳动教育是新时代党对教育的新要求，是全面发展教育体系的重要组成部分，是大中小学必须开展的教育活动。

（二）坚持本校办学理念

川大附中始建于1908年。100多年来，川大附中初中部秉承“有教无类，作育英才”的校训，在坚持“既对学生的现在成长负责，又对学生的未来发展负责”的办学理念下，形成了“核心问题的课堂教学、活动体验的实践德育、阳光幸福的心理教育、身心合一的艺术体育、开放多元的国际教育”学校办学亮点。

二、课程目标

劳动教育指导纲要提出，劳动是创造物质财富和精神财富的过程，是人类特有的基本社会实践活动，是社会责任的关键体现因素之一。学校经过长期探索实践，整合国家劳动课程和学校校本劳动课程，结合本校学生培养总目标，制定出劳动教育的培养目标。

1.树立正确的劳动观念：学会尊重普通劳动者，懂得劳动创造美好生活的道理，理解“劳动托起中国梦”，树立“劳动光荣、劳动崇高、劳动伟大”的观念，领会“劳动的是一切幸福的源泉”。

2.形成良好的劳动品格和习惯：学会主动劳动、主动承担家庭日常生活劳动，提高生活自理能力，增强家庭责任意识。养成吃苦耐劳、持之以恒、责任担当的品质。初步具有为社会发展和国家建设付出辛勤劳动的意愿，增强公共服务意识，提升以自己的劳动创造美好生活的社会责任感。

3.提升学以致用的劳动能力：学会整合所学知识和经验，建构劳动知识、技能，应用到劳动过程中去，通过制定合理的劳动计划，提出创造性解决方案，学会研究

劳动，实现高效劳动、创造性劳动，树立劳动效率意识和劳动质量意识。

4. 培养高尚的劳动精神：学会吃苦耐劳，尊重劳动人民，珍惜劳动成果，不畏艰辛、锐意进取、精益求精、不断创新，培养勤俭、奋斗、奉献的劳动精神。

三、主要内容

义务教育劳动课标中明确提出以培养学生的核心素养为导向，围绕日常生活劳动、生产劳动和服务性劳动，以任务群为基本单元，构建内容结构。学校以课标为指引，融合了家、校、社的劳动教育特点，设置了适合我校学生的劳动教育课程体系。通过任务驱动方式，依据劳动课程标准，结合成都市劳动教育清单，根据武侯区“勤以立人”劳动理念，结合学校研究型特色，充分发挥学生劳动中的创新精神，体悟劳动中人与人、人与社会的关系，提升学生劳动素养。

类别	任务群	七年级	八年级	九年级
日常生活劳动	整理与收纳	完成教室环境的装饰美化；整理美化自己的房间	家庭公共区域的整理及美化，合理购置陈设品和摆放绿植、装饰品	家庭整体的收纳与美化
	烹饪与营养	完成 3～4 道拿手菜，独立制作一顿饭菜	独立制作一日家庭饭菜	根据家庭成员需求，定制营养的家庭日常菜谱
	家用器具使用与维护	饮水机等小型电器的安装、使用及清洗	部分常用家电（空调、洗衣机）的使用与清洗	家用电器（饮水机、电风扇等）的小故障判断与维修
生产劳动	农业生产劳动	学习堆肥，利用厨余垃圾等沤制成有机肥料，常见农作物种植	尝试树木嫁接，如芽接法、劈接法等	会使用简单的传统和现代机农具，分析现代农业与传统农业的区别
	传统工艺制作	传统剪纸、皮影制作	玉雕、玉刻工艺作品	根据劳动需要，综合运用工艺知识设计制作
	工业生产劳动	创意制作木工作品	操作金工材料制作简单金属作品（仿生设计）	根据劳动需要，加工制作产品模型或原型
	新技术体验与应用	3D 打印技术	智能控制技术（水自净系统）	根据劳动需要，指定并应用新技术
服务类劳动	现代服务业劳动	承担校园绿化、美化等活动（学校绿植墙打造）	成都特色旅游路线制定	中学课桌椅调查与改进
	公益劳动与志愿服务	为科技馆、纪念馆等场馆提供力所能及的服务（大运会文创产品设计与售卖）	1973 文创基地志愿服务与宣传推广	疫情社区防护宣传与志愿服务

四、课程实施

（一）聚焦“双自主、三融合、四驱动”

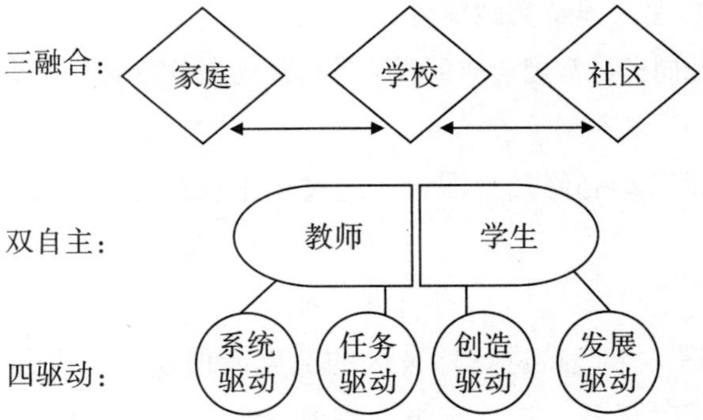

双自主

教师、学生双自主，体现在教师在学校的培训指导下自主转变、自主提升、自主发展，表现出强烈的发展愿望；学生在教师和家长的指导下，积极自主参与，自主创新，自主发展，表现出强烈的劳动意愿。

三融合

融合以家庭、学校和社区劳动教育的平台三场景；融合教育场景、教育内容、教育目标、构建系统化、拓展化、纵深化的劳动教育课程体系。

四驱动

系统驱动是总纲，任务驱动是路径，创造驱动是方法，发展驱动是目标。学校以“双自主、三融合、四驱动”为指导思路，制订教育计划，发挥学校的主导作用、家庭的基础作用和社会的支持作用，全方位、系统化地开展劳动教育。

1.独立开设劳动教育必修课。

（1）年级校本课程

如初一年级劳动课教学计划：

● 9—10月：劳动基地秋冬作物耕种知识及实践（学习耕种知识，并进行班级责任田的耕种及护理）。

● 11—次年1月：一屋不扫，何以扫天下系列课（个人物品、校园公共区域及家庭环境的整理及美化）。

● 3—4月：春季作物的耕种知识及实践。

● 5—6月：烹饪、打扫等课程学习及实践，校园绿化园艺及种植技术等。

七年级：校内劳动必修课程总量不少于2节/周，包括劳动课1节，大扫除0.5

节，以及利用班会课、自习课、课间、中午等时间组织学生到劳动基地耕种、浇水、除草、施肥等。

八年级：劳动必修课程总量不少于1.5节/周，包括班级大扫除、校内值周、食堂服务、垃圾分类处理课程及实践课等。

九年级：班级每周进行常规清洁；假期进行常规家务劳动；开展主题综合实践活动课（劳动类）。

毕业年级：开设劳动必修教育课程，通过集中社会劳动实践和家庭劳动实践完成。

（2）劳动活动

要求各年级寄宿学生坚持进行宿舍区的卫生清理及个人内务整理。在节假日，各年级均布置家庭劳动任务。初一年级：整理收纳。初二年级：家庭大扫除。初三年级：为家人做营养餐。

2. 在学科教学中有机渗透劳动教育。

以立德树人为本，加强“三全育人”，更新劳动教育观念，实现各科教师的自主转变、自主提升、自主发展。在各教研组活动中强调劳动教育的重要性，把劳动教育与学科教研教学有机地融合在一起。

● 英语教研组的老师们带领学生学习制作沙拉、奶昔、圣诞树等，学习与西方文化特点相关的劳动技能。

● 生物教研组的老师们带领学生一起研究豆腐乳的制作，观摩如何发豆芽，学习给馒头发酵、孵化小鸡等，学习有生物学科特点的劳动技能。

● 语文教研组的老师带领学生了解活字印刷，体会古诗词中的劳动精神，学会劳动主题写作，强化劳动感悟，以记录为家人做饭等方式对同学们进行劳动教育，培养同学们的家庭责任感。

● 体育教研组的老师在课堂上强调体育器材的搬运和收纳，在课堂中渗透吃苦耐劳的劳动精神。

● 数学、地理、信息技术等学科的老师在课堂中融入劳动的科学态度、规范意识、效率意识和创新精神。

3. 在课外校外活动中加强劳动实践。

以劳动教育为关键，融合家、校、社的教育关系，将家庭教育、学校教育和社会资源有机结合，达到劳动教育培养人才的目的。

（1）组织学生参加各类校外劳动活动

有计划地组织学生参加各类校外劳动活动。如带领学生参加四川省农业科学院现代农业科技创新示范园授牌仪式等。通过多次社会实践活动，让学生体验生产类劳动、生活类劳动和服务类劳动。

（2）落实学生的家庭劳动任务

各班主任对学生的家庭劳动提出要求：每周不少于2小时，并通过微信接龙和劳动任务单对学生的家庭劳动时间进行落实。在实践中，逐步建立劳动教育评价体系，以在学期末准确评价学生劳动教育实施情况等级。

4.在校园文化建设中强化劳动文化

加强校园文化建设，突出劳动文化，创造劳动氛围。在校园中设置劳动宣传栏，张贴劳动项目清单、劳动海报、劳动照片等，宣传劳动的意义。充分利用“家、校、社”合力，多种形式开展校园劳动活动，体现学生自主、教师自主、合力教育。

（1）劳动教育基地征名活动

为劳动教育基地征名，倡议同学的家长和老师一起为劳动基地征名投票。目的是以生动的形式聚焦劳动基地，强调劳动意识，让全校师生和家长全员参与到学校的劳动教育中来。

（2）征集劳动教育基地的管理方案

为了发挥学生们的主人翁意识，培养学生的责任感和自觉性，要求学生自己拟定劳动教育基地管理方案。不仅强调劳动意识，还培养学生的自主习惯和策划能力。

（3）举办农耕文化劳动教育仪式

学校劳动教育举行春种仪式，标志着劳动基地新一轮的耕种开始。这正是对同学们进行劳动教育的大好时机。在秋收的季节，组织同学们对劳动教育基地的作物进行采摘，并与同学、父母及全校老师一起分享自己的劳动成果，体会春华秋实的劳动成就感。

（4）开展班级特色劳动活动

各班利用班会课以及课间时间开展各种各样的劳动活动，如“收纳整理小能手”，在班主任的带领下，坚持收纳整理的成果。又如“神奇的豆芽”，在教室里发豆芽，并让同学们照顾小豆芽，豆芽发好后带回家和家人分享。倡议同学们制作劳动小报，内容包括劳动教育宣传，展示自己的劳动成果等。由班级初赛，年级复赛，校级决赛，评选出优秀的劳动小报并在全校升旗仪式上对获奖同学颁奖。

（5）营造劳动教育协作环境

在各级家长会中，包括新生入学家长会，期中、期末家长会，宣传劳动教育，树立家长的劳动教育意识，促进家校协同的劳动教育。同时，发表劳动主题推文，利用微信公众号，发布学校的劳动教育动态，不仅激发学生，更能带动家长和社会各界一起广泛宣传劳动教育。

在劳动教育基地劳作

烘焙课的快乐

琢玉成器选修课

整理个人学习用品

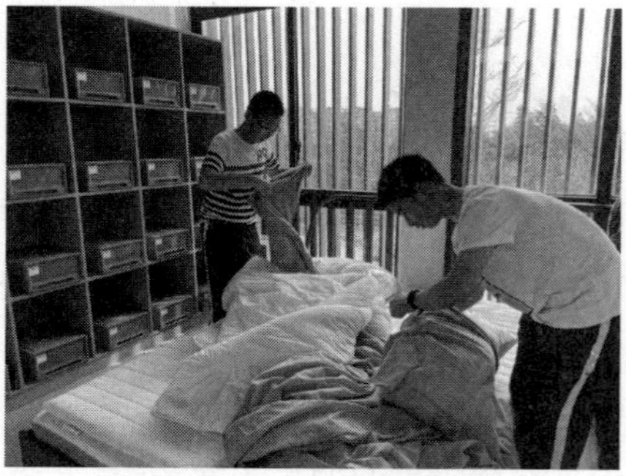

劳动比赛

五、课程评价

（一）评价原则

时效性原则：重视劳动效率，需在一定的时间内完成相应的劳动任务。

整合性原则：整合个体、家庭、学校、社会力量，对学生的劳动质量进行评价。

双导向原则：质的导向和量的导向相结合对学生的劳动进行评价。

多维度原则：根据劳动态度、劳动强度、劳动难度以及劳动者对社会的贡献，影响等角度出发进行评价。

（二）评价方式

劳动评价以劳动银行为载体，通过劳动积分的获得，根据学生在学校、家庭、社会的劳动情况，参照劳动存折评价量化表，以学期为单位，对学生的劳动情况进行量化评价。

关于劳动银行：德育处统一印发劳动存折并牵头，各班分别对学生的劳动情况进行统计及证明，学生会劳卫部在劳动银行处设点，统一对各班劳动积分进行统计，并在劳动银行处进行公示。学生根据参与劳动时长、效果和态度进行积分。学校根据学生评价积分，一学期颁发一次劳动奖章和劳动之星奖状及奖品。

（三）评价标准

评价类别	能力评价	态度评价	质量评价（单位：劳动积分）
日常生活劳动	个人管理能力：管理个人空间（包括物品的清洁，整理）和公共空间（家庭、班级、学校公共物品清洁，整理和区域的清洁整理和美化）的能力	认真整理自己的物品，积极参与公共物品整理，有责任心和集体荣誉感	家电清理，缝补纽扣，缝补衣物开口，深度清洁，整理家庭公共区域，美化家庭环境，美化教室等，每完整参与一次获1分，表现良好获2分，表现优异获3分
	日常生活技能：制作饭菜和制定合理的菜谱；能够参与家庭活动；帮助和照顾身边有需要的人	有家庭责任感和社会责任感，积极并乐于帮助需要帮助的人	制定营养菜单、菜谱，烹饪特色菜，每完整参与一次获1分，表现良好获2分，表现优异获3分；参与家庭活动管理，照顾需要帮助的家人，每完整参与一次获2分，表现良好获3分，表现优异获4分
生产类劳动	农耕劳动：会堆肥；熟悉基本的作物种植方式；正确从事学校劳动基地耕种	积极学习农耕知识，认真积极参与学校劳动基地的劳动任务	嫁接树木，堆肥，种植作物。和其他田间劳作，每完整参与一次获2分，表现良好获3分，表现优异获4分
	手工制作劳动：掌握一门以上手工制作技能，能较快掌握一般基础手工制作。了解基础电子信息技术、航空航天技术、生命科学技术等现代高新技术	手工制作过程认真负责，愿意积极主动学习新知识和新技术	制作各类手工制品，维修家电，制作非遗项目和校园文创产品，制作智能控制系统，学习激光切割知识，参观及学习高新技术产业，根据劳动强度和耗时长短及劳动效果和劳动评价，可获2~5分不等
服务类劳动	能够较快适应并做好一般的校园及社会志愿者工作	有较强的社会责任感，关注社会问题，积极投入到各类志愿者工作中	参与班级服务活动，每完整参与一次获1分，表现良好获2分，表现优异获3分 参与校级服务活动，每完整参与一次获2分，表现良好获3分，表现优异获4分 参与社会服务活动，每完整参与一次获3分，表现良好获4分，表现优异获5分

（执笔人：王　源　张　林　罗晚秋　魏子英）

出力流汗 启智润心 动手动脑 培根铸魂

四川大学附属中学高中部

根据《中共中央 国务院关于全面加强新时代大中小学劳动教育的意见》等上级文件精神，为构建德、智、体、美、劳全面培养的教育体系，加强“出力流汗 启智润心 动手动脑 培根铸魂”四川大学附属中学劳动课程的探索和实践。

一、课程背景

（一）政策背景

劳动教育是新时期党对教育的新要求，是中国特色社会主义教育制度的重要内容，意义重大；劳动课程是劳动教育实施的重要环节，是践行树德、增智、强体、育美目标的现实载体。根据2020年《中共中央国务院关于全面加强新时代大中小学劳动教育的意见》，教育部印发《普通高中课程方案和语文等学科课程标准（2017年版2020年修订）》《大中小学劳动教育指导纲要（试行）》（以下简称《纲要》），2020年武侯区教育局印发《武侯区全面推进新时代中小学劳动教育实施方案》等文件的精神和意见，结合川大附中的办学宗旨和办学特色，学校全面融入并落实文件各项刚性要求，把劳动课程摆到“五育并举”的新高度，整体设计课程目标和课程体系。

（二）现实背景

教育必须与生产劳动相结合是马克思主义的基本原理，也是党的教育方针的重要组成部分。近年来，一些青少年中出现了不珍惜劳动成果、不想劳动、不会劳动的现象。据《川大附中关于开展家庭劳动教育的调查问卷（家长卷）》显示，在1847份有效样本中，仅有15%的学生能够主动坚持做家务，50%的学生偶尔主动做一点家务，其余学生在家长要求下做或根本不做家务。有超过77%的家长认为孩子不做家务主要原因是忙于学习没时间。仍有超过11%的家长认为适度劳动与学业关系不大，甚至耽误学业，挤占学习时间。由此可见，劳动独特的育人价值在一定程度上被忽视，劳动教育正被淡化、弱化。结合当前劳动教育体系空缺、劳动教育缺位的现状，重视劳动教育，弘扬劳动精神，建立健全劳动教育体系迫在眉睫。

（三）学校背景

劳动教育体系的核心是劳动课程体系，这是劳动教育在学校扎实落地的重要环节。将劳动教育纳入学校课程体系，全面推动教育课程体系建设，使之成为劳动育人的有效载体。作为积淀悠久的百年名校，川大附中依托四川大学和成都科分院研究文化，不断深化拓展“培养—研究型”大学附中这一办学特色。近年来，学校秉承“全育·双责”的办学理念，以核心问题主导学科课堂教学、实践探究的综合实践课程，取得了一系列实效性成果。2020年7月，学校被教育部认定为新课程、新教材实施国家级示范校。作为新时代劳动者共同建设的社会主义现代化高中，学校将劳动精神融入办学理念文化，将研究基因融入劳动课程开发与实施过程。

四川大学附属中学春季劳动教育实践课

二、课程目标

劳动教育是落实五育并举的重要途径，通过日常生活劳动教育、生产劳动教育、服务性劳动教育三种途径相结合，努力构建德、智、体、美、劳全面培养的教育体系。我校劳动教育拟实现以下几个方面的目标。

（一）以劳树德

通过家校合作，组织校内劳动和家庭劳动，提高学生劳动技能，增强自理能力。培养珍惜劳动成果、尊重劳动、热爱劳动的思想品德，并增进亲子沟通、师生沟通、生生沟通，增强学生家庭、学校归属感，对学生进行感恩教育。通过与社区、生产基地合作，组织实施生产劳动、社区志愿服务，培育学生的道德感、责任感、使命感。

（二）以劳增智

在劳动教育中渗透学科知识，促进手脑并用、脑体结合，通过系统劳动教育，提升学生学科知识的掌握，锻炼学生动手能力和协作能力。通过劳动教育，鼓励学生主动发现问题、积极解决问题，激发学生智力的发展和能力的提高。

（三）以劳强体

通过开展强度合适的劳动教育活动，激动学生感知劳动艰辛，锻炼学生的身体素质和意志品质，以辛勤劳动为荣，以服务人民为荣。通过劳动教育改善心理、恢复体力，培养健康的心理品质。

（四）以劳育美

通过开展劳动实践渗透劳动的美育功能，通过建立多维度的劳动素养评价机制，引导学生形成良好的生活习惯，学会从劳动中感悟美、发现美、创造美，增强审美情趣和艺术表现力。

（五）以劳创新

通过开展创造性劳动实践项目，培育学生的创新意识与能力，尤其是将构想化为现实的能力。在劳动教育中努力发现问题，不断探索解决问题的新途径、新方法，培养勇敢顽强的性格，超越自我的品质、迎接挑战的意志。

四川省劳模工匠讲师团进校园

三、课程内容

（一）学校劳动课程体系

为更好达成“全面发展 长于研究”的培养目标，彰显“培养—研究型”大学附中办学特色，按照国家、省、市、区相关劳动教育的文件精神，学校以“点—线—面—体”四个维度层次进行劳动课程顶层设计。

第一，点：以劳动教育目标为起“点”。我校将劳动课程的目标聚焦于以下四点：树立正确的劳动价值观；增强必备的劳动知识与技能；培养良好的劳动习惯和品质；提升开拓进取的创新精神和实践能力。

第二，线：以核心问题为主“线”。课程设计实施的具体要求是：基于核心问题设计实施《项目课程实施规划纲要》；课程实施符合核心问题教学环节和课程资料搜集整理要求。

第三，面：以生活劳动、生产劳动、服务性劳动三大主题劳动与相应课程内容、课程资源、课程实施纵横交织为平“面”。通过问题探究方式，引导学生在发现问题、探究学习、解决问题的过程中进行深层次思考，从内心深处感悟、认同劳动的价值和意义，从而在审美愉悦提升劳动素养。

第四，体：劳动课程“一形态四功能”特色为立“体”，“一形态”指基于核心问题开发实施的课程共同具有的外在形式特征，主要从五方面体现：融入情境、根植缄默、问题导向、活动体验、思维高阶；“四功能”指基于核心问题开发实施的课程共同具有的内在四大作用。四大作用是：践行五育并举，统筹课堂内外，促进深度体验，积淀研究素养，从而实现学生全面而有个性的发展。开发实施形成如图所示的劳动课程体系（见下图）。

围绕生活劳动、生产劳动、服务性劳动三大主题，通过问题探究方式，引导学

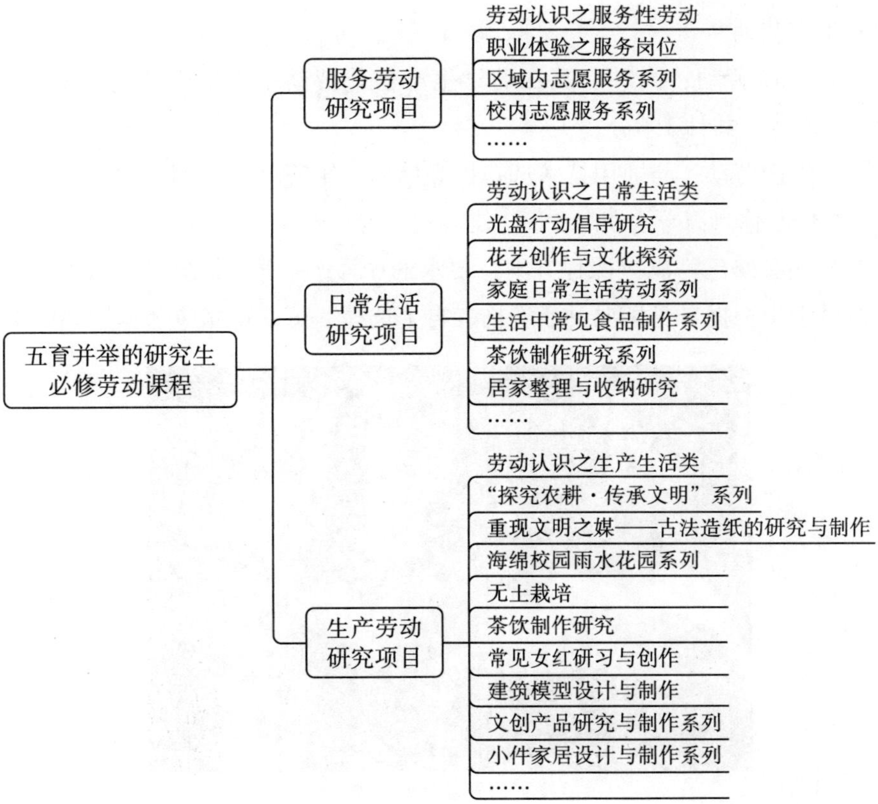

生在发现问题、探究学习、解决问题的过程中进行深层次思考，从内心深处感悟、认同劳动的价值和意义，从而在审美愉悦提升劳动素养。

（二）劳动课程学分规划

学校根据《普通高中课程方案（2017年版2020年修订）》要求的各类课程学分设置，学校整体规划了劳动课程的学分安排，将劳动课程中的必修课程分为“统一必修”和“选择性必修”两个部分。劳动课程至少修满9学分，其中统一必修即可修满9学分，选择性必修不作硬性要求，鼓励参与，特制订川大附中劳动课程学分规划。

1.统一必修（9学分）。

（1）服务性劳动

①校园值周志愿服务系列活动：高中三年共2次，按每天工作至少80分钟、每周5天计算，共计1学分；

②校外志愿服务：课外进行，三年时间不少于20小时，共计1学分；

③职业体验：高一、高二的四个寒暑假进行，共计2学分；

（2）生活劳动

高中三年每学期一个主题展开，共计1学分；

（3）生产劳动

①课外生产劳动：高一、高二的学生于校外劳动基地集中劳动；每年劳动3天，每天9课时，共计3学分；

②课内生产劳动：与通用技术选择性必修内容统筹融合，计1学分。

2.选择性必修（x1学分）。

虽然统一必修已修满《课程方案》要求的6学分，学校仍提供丰富的研究性劳动课程，供学生根据自身情况灵活安排、自主选择，可获得相应选择性必修学分。

学校文创产品设计与制作

四、课程实施

（一）独立开设劳动教育必修课

1.组织学生参与校园卫生保洁、校园环境美化、过道绿植养护和餐后垃圾监管等校园生活事务。划分绿化区域、生物生态园作为校园劳动实践基地，让班级、学生认领“责任田”，修剪树枝、种植花草和呵护绿植。构建《川大附中校园生活劳动分配及督查制度》。

2.实施校内生产劳动，开辟“三空间六领域”作为校内学生的劳动基地，让学生进行作物栽培和水产养殖。构建《川大附中课内生产劳动规划与指导制度》《川大附中课内学生生产劳动写实记录》。

3.学校构建《川大附中学生服务性劳动方案》，由学校组织学生在校内外参加各种服务性劳动，如参与食堂帮厨、探访退休教师或老人、参加拥军优属、帮贫扶困等志愿服务，如参与大型赛事、社区清洁卫生、交通疏导、环境保护、募捐活动等公益活动。构建《川大附中学生服务性劳动写实记录》。

（二）在学科专业中有机渗透劳动教育

与通用技术的选修内容及综合实践活动课程、校本课程相结合进行，还可采用学科融合课程、社会实践课程、专题讲座、主题演讲、宣传栏制作、劳动项目实践等形式进行，举办“劳模大讲堂”“大国工匠进校园”、优秀毕业生报告会等劳动榜样人物进校园的活动。

（三）在课外校外活动中安排劳动实践

1.家庭生活事务的处理，学会做饭做菜，每期学会做两个菜，会用针线（包括男生）。鼓励学生利用家庭条件在家搞个人的种植或养殖。构建《川大附中学生家庭生活劳动规划》。

2.课外生产劳动课程由学校利用寒暑假，联系校外劳动实践基地，组织每学年一次的生产劳动周。学校制订《川大附中学生生产劳动周实践指导手册》，明确教学目标、工具使用、考核评价、安全保护等劳动教育要求，明确教师与学生在真实场景中生成并解决核心问题的要求。构建《川大附中学生生产劳动周写实记录》。

3.深入城乡社区、福利院和公共场所等参加拥军优属、敬老服务、帮贫扶困、志愿服务等公益劳动，积极参加大型赛事、社区建设、环境保护等公益活动，经历真实岗位工作的见习实习过程。

（四）在校园文化建设中强化劳动文化

川大附中着力创新劳动文化建设，学校明确“固化”“优化”“深化”三化建设思路与步骤。第一步：固化成果，完善制度。学校持续开展劳动文化系列活动，使活动系列化、常态化、制度化，将劳动元素深度融入学院的重大节日、纪念日等活动中。制定完善学校劳动教育的实施方案，将劳动教育贯穿于教育教学全过程。第二步：优化环境，营造氛围。以“十四五”校园文化建设规划为契机，学校统筹校园文化环境布局，建设劳动文化景观，优化提升室廊文化，形成一批劳动文化特色景观。第三步，深化研究，总结提升。结合学校校庆、新校史馆建设，深入挖掘学院劳动文化内涵，总结提炼文化建设经验，加强劳动文化理论研究。经过一系列建设，学校将形成劳动文化研究、劳动文化景观、劳动文化活动、劳动文化教育相结合的“四位一体”劳动文化体系。

川大附中“三空间·六领域”劳动教育基地

五、课程评价

重视多元评价的作用，促成学生、教师、学校的共同发展，重视评价反馈，及时调整劳动教育内容，促进劳动教育的良性发展。同时综合线上线下评价，对学生劳动素养进行多元评价，并将劳动教育评价纳入学生综合素质评价体系。

（一）评价时段：日常评价、阶段评价、毕业评价相结合

学校针对师生劳动教育的实施情况，采取日常评价、阶段评价、毕业评价相结合的方式。在劳动教育实施活动中对学生进行日常评价，关注学生劳动技能的习得，关注现实问题的解决能力，关注课堂提问、小组讨论、实践成果所指向的表现。对教师教学设计、组织与实施进行日常评价。在劳动教育结束后进行阶段评价，对教师的教学反思、学生的活动感悟、作品成果等进行评价。在毕业时进行毕

业评价，结合前两种评价结果，以及学生在高中三年的劳动表现、劳动成果汇总为成长记录档案袋，进行毕业评价。

（二）评价方式：日常质性评价与项目制量化评价相结合

对出勤情况、学习态度、体验获得、习惯养成、技能掌握、成果质量等进行日常质性多元评价。评价以“写实记录”“研究报告”“成果呈现”“成长档案袋”等方式呈现。我们把学生高中三年的劳动教育研修学分纳入到高中毕业总学分中考量。同时，我校对劳动教育进行项目制量化，每一位学生在三年高中学习期间要求完成相应的生活、生产、服务劳动、通用技术、综合社会实践等项目的量化研修任务，并纳入学生综合素质评价之中。

（三）评价人员：社会评价、教师评价、学生自评与互评相结合

分析预测劳动项目产生的社会影响，以及与社会环境、人文条件的相互关系，形成社会评价。劳动教育主题课程有大量需要学生亲身实践、动手操作的内容，通过显性的劳动过程，也会有相应的显性成果，也就是学生学会某项技能、收获某种产品。因此，学校和教师对课程的学习结果进行评价，将运用观察、调查、测验、问卷、量表等工具进行。另一方面，由于劳动教育还尤为关注学生在精神涵养方面的自我收获，与价值观、情感有关的品行的收获。因此，自评与互评不可或缺，主要是运用劳动实录、心得体会、互评表等方法收集信息，最后通过档案袋评价法汇集学生作品的样本，记录学生的劳动、学习和成长情况。

（执笔人：刘世刚　冯刚　吕敏　王旭）

第二章 教师教学设计实施案例

午餐后，我给地面“洗洗脸”①

——清洁地面油污

学校： 成都市簇桥小学
教师： 靳艳
劳动类型： 日常生活劳动
所属任务群： 清洁与卫生
年级／学段： 四年级／第二学段

一、背景分析

（一）资源分析

教室是学生学习和生活的地方，同时也为学生提供了进行日常生活劳动锻炼的场所，整洁的教室环境也是学生创造美好生活的需要。

（二）学情分析

四年级的学生观察能力、动手操作能力都有相应的提高，已经具备了一定的卫生清洁的日常生活劳动技能，为清洁教室地面的油污打下了基础。

（三）选题依据

《义务教育劳动课程标准2022年版》第二学段任务群“清洁与卫生”内容要求

① 此案例获得2021年成都市劳动教育教学设计一等奖。

为“正确使用卫生工具，参与教室卫生打扫，创造洁净的生活环境和学习环境”。素养表现为“正确使用简单的卫生工具，具有打扫卫生的劳动能力，具有用劳动创设洁净生活的意识，具有热爱劳动的态度，初步学会与他人合作劳动”。《成都市大中小学劳动教育项目清单（试行）》小学中高段日常生活劳动任务群“清洁与卫生”，列举了“清洁教室公区”劳动项目。《午餐后，我给地面“洗洗脸”》可以帮助学生掌握清洁地面油污的劳动技能，培养自觉维护班级环境的意识。

二、教学目标

1.了解地面清洁工具的使用方法，并根据需要选择最佳清除地面油渍的工具。

2.能亲手将教室地面的油污清除干净。

3.通过合作劳动，体会劳动创造美好生活的快乐。

三、教学准备

场所准备：班级教室。

工具材料准备：清洁地面的各种工具（洗涤剂、洗衣粉、肥皂、刷子、钢丝球、牙刷、纯棉毛巾、超细纤维毛巾、拖把、水桶、喷水壶）。

本课时准备：量杯12个、餐具洗洁净12瓶、小喷壶12个、钢丝球12个、无纺布帕子12张。

四、教学过程

（一）创设情境，寻求去污方法（教室5分钟）

1.创设情境，引发思考。

同学们，教室是我们学习、生活的地方，整洁的教室环境可以让我们身心愉悦，（出示图片）可是每次午餐后，教室的地面就像画了一个大花脸，出现了很多大大小小的黑色斑块，很不美观。你们知道这是为什么吗？

2.学生观察地面后发表见解。

3.总结原因。

（1）同学们在教室内就餐，饭菜的汤水不小心洒在了地面上。

（2）因为没有及时清理，同学们在走动时把污渍带到教室各个角落。

（3）油渍沾上灰尘后变成了难以去除的黑色的污渍。

【设计意图：播放学生熟悉的关于教室环境的图片，引起学生的共鸣，激发他们维护班级环境的愿望，教师在此基础上引出清除地面油污的课题。】

（二）联系实际，选择去污用品（教室10分钟）

1.认识去除污渍的物品。

（1）（出示图片）这些污渍该怎样去除呢？

（2）认识清洁用品，了解它们的功能。

老师根据学生的回答，相机板书去除污渍时要用到的物品名称，并指导学生对其分类。

去污产品：洗衣粉、肥皂、餐具洗洁净……

去污工具：拖把、毛巾、牙刷、海绵、钢丝球……

2.选择便携的去污物品。

（1）去除污渍的清洁用品真是多种多样！不过，我们要清除自己座位周围地面的污渍时，除了要考虑它们的功效，还要考虑是否携带方便。如果你只能从这些清洁用品中选三样，你们觉得哪三样清洁用品最合适？

（2）先小组讨论再全班交流，确定既便携又必要的清洁用品"去污三件套"——稀释后的餐具洗洁净、钢丝球、无纺布帕子。

【设计意图：认识并选择合适的清污用品是清除地面油污的前提，极简的"去污三件套"的确立考虑了去污用品的实效性和便携性，让学生明白劳动中也处处充满智慧。】

（三）通过实践，掌握去污技能（教室15分钟）

1.教师示范去除污渍的过程，演示使用方法。

第一步：（一喷）将稀释后的餐具洗洁净喷洒在座位底下有黑色污渍的地方，如果面积比较大就多喷一点。

第二步：（二刷）用钢丝球向下用力在地面上打圈或者来回摩擦，直到地面上的污渍被刷的不见为止。

第三步：（三擦）用帕子将地面上的污水擦干净。

第四步：（四清）将粘有污水的帕子清洗干净，帕子拧干后再将地面擦拭一遍。

2.每个小组发放一套清洁用品，在小组内实践。

3.合作小组的同学通过互帮互助，让每个人都掌握去污技能。

【设计意图：本部分是学会清洁地面油污的重点，通过老师示范、组内实践、组员互助一步步巩固并掌握去除地面污渍的四个步骤，才能保证学生在今后每一天把午餐后的地面油污清理干净。】

（四）班级合作，提高去污速度（教室8分钟）

1.激发兴趣：同学们，很高兴你们学会了清洁地面污渍的技能！回家后，你们可以为自己准备一套独有的“去污三件套”。有了这三件宝贝，我们就可以每天午餐后给班级地面“洗洗脸”了。

2.设置困难：不过，全班同学的“去污三件套”一起工作的时候，你们将会面临“时间紧、任务重、空间挤”的三大困难，你们有没有信心战胜这些困难，让教室的地面焕然一新呢?

3.小组讨论，商量合作方法。

4.全班共同制定“教室地面去污合作公约”。

（1）分餐要小心：分餐、就餐要小心，做到排队不推搡，餐盘要端稳，避免把汤水漏在地上。如有油污要及时清理，避免被他人踩到。

（2）区域负责制：每个人负责清除自己的座位周围区域地面的污渍，两个座位相邻的区域则由两人共同完成。

（3）机动又灵活：谁先吃完午餐就谁先开始清洁自己负责区域内的地面。

（4）团结加互助：先把板凳整齐地排在过道中间，把自己的座位下面擦干净后，再把板凳移回来擦过道。

【设计意图：这部分是该课的难点，学生在掌握了清除地面油污的技术之后，还要学会为他人考虑、与他人合作，共同完成全班的地面清污工作。制定“教室地面去污合作公约”，可以帮助学生在合作中获得更好的劳动体验，逐步爱上劳动。】

（五）勤加练习，展望去污盛况（教室2分钟）

师总结：养成良好的就餐习惯，自觉地维护地面清洁，就能“防患于未然”，还能大大减少餐后的地面清污劳动量呢。让我们携起手来，共同护卫教室地面，和地面油渍说“拜拜”!

【设计意图：畅想未来，既让学生知道要珍惜自己的劳动成果，又能帮助他们感受到劳动带来的干净整洁的生活，提升他们热爱生活的态度。】

五、评价与实践拓展

（一）回顾梳理清洁地面油污的方法和技能要点，并记录在下面表格，并完成评价

午餐后，我给地面“洗洗脸” ——清洁地面油污		
班级：		姓名：
劳动收获	劳动项目	技能要点
	一喷	
	二刷	
	三清	
	四擦	
多元评价	自我评价	☆☆☆☆☆
	同学评价	☆☆☆☆☆
	教师评价	☆☆☆☆☆

（二）实践拓展

回家后，用所学的去污方法清洁家中厨房的油污，并和父母共同探讨减少厨房油污产生的途径与方法，设计一本微型“去污百科全书”。

内容建议：污渍类型、污渍特点、去污方法，去污效果。可以图文并茂的形式，兼具一定的知识性、艺术性和趣味性。

六、板书设计

午餐后，我给地面“洗洗脸”

——清洁地面油污

去污三件套

餐具洗洁净

钢丝球

无纺布帕子

去污四步法

一喷　二刷

三擦　四清

去污合作公约

分餐要小心

区域负责制

机动又灵活

团结加互助

熨烫衣物有方法[①]

学校：成都市棕北中学
教师：杨应红
劳动类别：日常生活劳动
劳动任务群：整理与收纳
年级／学段：七年级／第四学段

一、背景分析

（一）资源分析

我校秉承“勤以立人”的核心理念，在26年的劳动教育中了确立“开生命之源，育完整之人”的劳动价值观。学校现有劳动教育专职1名，兼职教师30余名，设有劳动教育课程29门，劳动教室2间，可作为学生日常生活劳动和生产性的学习场所。

（二）学情分析

通过问卷调查发现，多数同学参与过家务劳动，具备一定的生活自理能力，但多数学生并未真正动手熨烫过衣物。校园内穿着干净整洁的校服是中学生最美的形象之一，定期清洗校服、熨烫校服特别重要。

（三）选题依据

本课是以《义务教育劳动课程标准》（2022版）第四学段整理与收纳任务群为依据，结合《成都市大中小学劳动教育项目清单（试行）》中学日常生活劳动任务群“清洁与卫生”中的“保持仪容仪表”项目中“保持衣物整洁”，选择衣物熨烫作为本课内容。

---

① 此案例获得2021年成都市劳动教育教学设计一等奖。

二、教学目标

1.了解熨斗的起源、历史发展及熨斗的使用和熨烫衣物的相关方法和知识。
2.掌握不同材质的衣物熨烫技能，熨烫好一件衬衣，持续提升家务劳动能力。
3.养成生活自理及认真细致生活的好习惯，逐步培养自强自立的劳动精神。

三、教学准备

实践场所：劳动实践教室。
劳动工具：蒸汽熨斗、熨烫板（以2人一组准备劳动工具）。
劳动材料：棉质衬衣、冷开水（纯净水）。
教师准备：熨斗的照片、制作视频，以及提前准备好材料。
学生准备：提前查阅熨斗的历史起源、发展和衣物熨烫的流程等相关资料。

四、教学过程

（一）课题导入、激发兴趣（5分钟）
1.PPT图片导入，以褶皱和整洁服装进行对比，引出衣物熨烫的主题。
2.以提问的形式，分组讨论拓展思维。
关于服装的基本保养方法，如衣服的熨烫知道多少？
对于熨烫工具——熨斗的起源和历史发展又知道多少呢？
3.教师分享熨斗的起源和历史发展，了解劳动工具的演变，激发学习兴趣。
（二）讲解示范、学习方法（12分钟）
教师讲解示范。组织学生学习熨烫前的注意事项，熟悉步骤。以蒸汽熨烫机熨烫衬衣为例给学生做示范，对比衣物熨烫前后，学习正确的熨烫方法和步骤。
1.熨斗加水和预热。
教师提醒熨烫衣服前要注意设备的温度和预热，根据材质选择温度，开始预热。当蒸汽自动喷出时，就可以开始熨烫衬衣了。

熨烫小贴士

★120～140℃时，发出“嗤嗤”声，适合直接熨烫锦纶绸面衣物、羽绒服、锦纶混纺衣物、腈纶交织混纺衣物及丙纶衣物等。
★150～160℃时，水珠滴上后先发出“啾”的声音，适合直接熨烫涤纶衣物及毛涤纶混纺衣物，也可直接熨烫毛料衣物，或垫水布熨烫锦纶、腈纶、丙纶衣物。
★170～190℃时，发出“扑哧”声，适合熨烫喷过水的丝绸衣物及棉织品、人造棉织品、人造丝织品。
★200～250℃时，发出短脆的“啪”声，适合垫湿水布熨烫各种毛料衣服、毛呢料衣物。

2.熨烫衣物的主要方法。

*学习熨烫方法。教师指导学生学习熨烫衣物的技术方法：归、推、拨。

归，就是归拢，是把衣片某一部分按预定的要求缩短。

拨，就是拨开，是把衣片某一部位按预定要求伸长。

推，就是推移，把衣片某一部位的向预定方向推移。

推、归、拨三者关系密切，互为一体。操作时三者同时进行，它们之间相互结合、相互转化、相互促进。

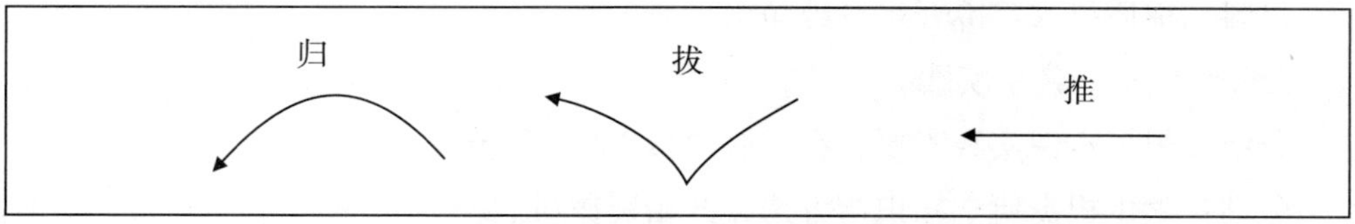

（推、归、拨熨烫方法示意图，箭头为熨斗的移动走向）

*学习熨烫步骤。根据衬衣的面料调整温度，当蒸汽自动喷出时，利用熨斗的蒸汽和底板温度进行推、归、拨等技术熨烫衬衣。

步骤一：熨烫衣领。通电后，打开熨斗，根据材质设置好衬衣所需的高温度。

步骤二：熨烫袖口。先烫里面，再烫外面，最后烫交叉处。

步骤三：熨袖子。对齐、铺平袖子开始熨烫，注意腋下的缝合处。

步骤四：烫左门襟、左前片，右门襟、右前片。将衣服放平，避开纽扣熨烫。

步骤五：烫后背。将衣服放平，烫平整。

步骤六：烫肩部。将衬衫肩部放在熨板铺平，从肩部到衬衫的后摆开始熨。

3.掌握注意事项。

*物品收纳。

熨斗：断电、倒尽余水、变凉后收进盒内。

衣物：晾干后，挂衣柜或叠放。

*安全注意事项

①检查插线板有无损坏或漏电，通电前熨斗竖立避免烧坏线路。

②蒸汽熨斗不能使用自来水，以免水垢堵住喷气孔。

③使用前请正确佩戴专用手套和口罩，做好烫伤保护。

④注意避免烫糊衣物，引起火灾。不用时将熨斗竖立或放置在熨斗架上。

⑤使用中，不能用手触碰熨斗的底板，避免高温蒸汽烫伤。

4.强化熨烫方法。

*教师现场展示熨烫衬衣的方法。

*展示教师的成果：将熨烫前的衬衣照片和熨烫后的实物进行对比。

*学生观看示范，了解熨烫前的准备工作，认真学习熨烫衣服的步骤、过程和熨斗的收放及安全注意事项。

（三）分组实践，熨烫衬衣（15分钟）

1.认识材料，做好准备。

教师介绍熨烫衣物的设备和相关工具及物品。

工具：蒸汽熨斗、熨烫板（以2人一组一套准备劳动工具）

材料：棉质衬衣、冷开水或纯净水。

2.分组劳动，亲手实践。

分组：根据本课实践需要，在班级内按2人一组分工合作。

劳动：学生根据所学知识与方法，开始熨烫衬衣。

指导：教师在教室内巡查指导，并时刻提醒安全使用熨斗工具。

（四）展示成果，评价总结（8分钟）

1.展示成果，畅谈感受。

学生对熨烫过的衬衣进行展示，并发表自己的感受。

预设1：皱巴巴的衣服变得平整，很有成就感。

预设2：原来妈妈平常给家人熨烫衣服真的很辛苦，我以后要协助妈妈多做家务事。

预设3：劳动让我们的衣着更加整洁，精神更加饱满。

教师肯定学生劳动过程中认真细致、协作配合、规范安全的态度与精神，就存在的问题进行引导。希望学生爱惜服装，保持干净的面容、整洁的服饰，主动为父母分担家务。通过劳动技能的学习，让劳动更有意义、更有价值。

2.互动评价，反思提升。

通过劳动实践相信你已经掌握了熨烫衣服的技术方法。请围绕下面四个方面为你的劳动成果打分。

正确使用工具	☆☆☆☆☆	掌握熨烫方法	☆☆☆☆☆
衣服整洁有型	☆☆☆☆☆	小组团结合作	☆☆☆☆☆

五、实践拓展

本课是以熨烫衬衣为例进行衣物的熨烫学习，课后根据本课学到的知识延伸到家庭中，试着为全家人熨烫不同类型的衣物，用劳动服务家人，并将劳动的方法记录在下表：

不同衣物熨烫方法表

常见衣物	熨烫方法	注意事项
纯棉T恤		
麻质衬衣		
真丝长裙		
校服裤子		
牛仔裤		
运动裤		

六、板书设计

熨烫衣物有方法

主要方法：

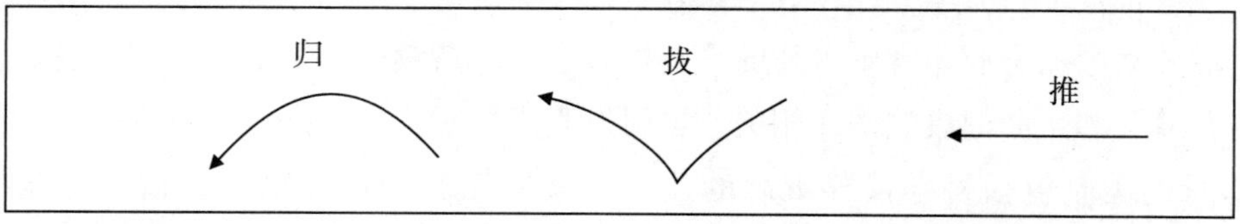

基本步骤：衣领—袖口—袖子—门襟（避开纽扣）—后背—肩部

我是小厨工①

——学习择菜、洗菜

学校： 成都市沙堰小学
教师： 乔宁
劳动类型： 日常生活劳动
所属任务群： 烹饪与营养
年级／学段： 二年级／第一学段

一、背景分析

（一）资源分析

从事日常生活劳动，已经成为家庭中孩子们日常生活的一部分。厨房劳动是日常生活劳动中孩子们非常感兴趣的重要内容之一。持续的疫情更让我们感受到“烹饪与营养”和生命健康的密切相关。也引发我们思考：学习烹饪，不仅是一项技能的掌握，还应包括科学营养观念的建立、文明用餐习惯的培养、饮食文化的熏陶等。

（二）学情分析

第一学段的儿童具备基本的生活自理能力，能够在学习中发展简单的厨房劳动技能。但接触厨房劳动，切入点要选好。择菜、洗菜与烹饪有关，作为“烹饪与营养”任务群的第一项内容，避开了使用刀具、火灶等存在安全隐患的劳动，符合第一学段儿童的年龄、能力特点。从小培养孩子掌握烹饪技能，引导儿童乐于做好厨房烹饪的基础性工作，容易激发儿童的劳动兴趣，体验成就感，让儿童在日常劳动

① 此案例获得2021年成都市劳动教育教学设计一等奖。

的深度参与中慢慢感悟生活的美好。

（三）选题依据

《义务教育劳动课程标准》（2022年版）第一学段目标中指出，第一学段儿童应参与简单的家庭烹饪，并在劳动课程内容安排中明确提出，“参与简单的家庭烹饪劳动，如择菜、洗菜等食材粗加工”。《成都市大中小学劳动教育项目清单（试行）》小学低段日常生活劳动任务群“烹饪与营养”中列举了“择洗瓜果蔬菜”劳动项目。择菜、洗菜是对食材进行粗加工，是烹饪与营养任务群中的基础内容，正适合第一学段的儿童进行学习。

二、教学目标

1.了解蔬菜的分类，认识各类蔬菜的可食用部分。

2.学会各类蔬菜择捡方法及清洁方法。

3.在劳动实践中体会“我能为烹饪做好准备工作”而产生的自豪感；体会“这是我能做好的家务事，我会主动承担”的责任感；体会“不怕脏累，有困难我也能想办法解决”的成就感。从而更加珍惜劳动成果，产生更加体谅、理解家人的态度和情感。

三、教学准备

场所准备： 教室，学生4~6人为一个学习小组。

工具材料准备： 根茎类、花叶类、瓜果、豆类、蔬菜各两种（每小组一份）；塑料小刀（每小组一个）；洗菜盆、盘子（每小组各两个）；桌面垃圾桶（每小组一个）；蔬菜清洁用小苏打少许（每小组一份）；满水桶、空桶各一个，水瓢一个。

教学准备： 学生家庭餐食照片、卡纸、微课、ppt、评价表、约定卡。

四、教学过程

（一）创设情境，激愿望（教室3分钟）

1.教师引导：咱们班同学的爸爸妈妈真是烹饪能手，看看他们制作的美食吧，小主人来为大家介绍介绍。（播放提前收集的孩子家里的餐食照片）

学生分享介绍。

2.教师引导：这些美味的菜肴在刚走进咱们的家庭厨房前，可还是这个样子呢！（出示蔬菜实物）它们是怎么完成大变身的呢？

学生分享交流。

3.教师激发愿望：原来蔬菜进入家庭厨房，首先要完成择捡、清洁，才能成为烹饪备用的食材，不要小看这一步，做好这一项工作，才能制作健康美味的食物打下一个重要的基础。今天我们就来一起实践择捡、清洁蔬菜的方法，让我们一起来学做一名合格的小厨工。（揭题——我是小厨工之择菜洗菜）

【设计意图：孩子自己家里的餐桌上的美食图片一下子拉近了孩子与食物的距离，也激发了他们对制作美食劳作的浓厚兴趣。】

（二）观察分享，识蔬菜（教室5分钟）

1.教师引导：请同学们观察桌上的蔬菜，你认识它们吗？如果请你给它们分分类，你会怎么分呢？

各小组分享蔬菜的名称，尝试给蔬菜分类。

邀请两个小组向全班介绍自己的分类，并说说理由。

2.观看微课《蔬菜分类》，了解根据蔬菜的可食用部分，可以把蔬菜分为根茎类、花叶类、瓜果豆类三种。

3.各小组重新调整蔬菜分类，并在小组卡纸上写下同类的更多的蔬菜名称，粘贴在黑板上。

【设计意图：孩子具备基本的蔬菜常识，让他们先根据自己的知识储备和思考来对蔬菜进行分类，再学习微课，有助于让孩子在主动思考中接纳新知识。】

（三）讨论交流，定标准（教室10分钟）

1.观看小视频：一名孩子在择洗芹菜，择菜叶时连带择去了一半的茎，残留菜根，垃圾满地都是，水龙头常开。

教师引导：这样做可以吗？要做合格的小厨工，应该怎样来择菜洗菜呢？小组一起来制定“合格小厨工择菜洗菜标准”吧。

2.学生分组讨论并简单记录。

3.小组分享展示讨论成果，教师根据学生汇报梳理并板贴：

不能吃的部分择干净（不可食用、发黄、腐烂）；

能吃的部分不可浪费；

借助工具来清理（塑料小刀）；

垃圾及时入筐袋；

洗菜用盆少流水。

【设计意图：视频中的不当择洗方式引导孩子在主动纠错中自然而然地思考劳动标准，在讨论中逐步清晰和完善标准，为后续自评互评做了铺垫。】

（四）妙用微课，学中做。（教室17分钟）

1.播放微课《择洗蔬菜有妙招》：分别以根茎类胡萝卜、花叶类折耳根、瓜果豆类青椒为例，介绍择洗的方法步骤。

以折耳根为例：摘去黄叶或腐叶；用小刀切去带泥土的根部；收拾垃圾；放入水盆中搓洗每片叶子；浸泡十分钟；换水再清洗一次；按顺序摆盘。

蔬菜种类		择捡步骤
根茎类：	萝卜、土豆、藕	洗去表皮泥土—去蒂
花叶类：	折耳根、韭菜等	去黄叶、烂叶—去根—去虫害部位
瓜果豆类：	豆角、四季豆等	去除边缘丝状物—去虫害部位
	辣椒、苦瓜等	去蒂—剖开—去籽

2.教师带领学生回顾并梳理步骤。

择捡蔬菜—清理垃圾—初步清洗—浸泡十分—再次清洗—美观装盘

小结：孩子们记住这六个步骤，就能轻松地择菜、洗菜了。

3.小组交流。

在刚才的微课中，除了发现这6个择洗步骤外，还看到了有哪些重要的问题需要注意的呢？

学生回答问题，教师根据学生的回答梳理：

使用塑料有锯齿的小刀更加安全；

清洁剂（盐、小苏打）的使用要适量；

开小量流动水再次清洗；

物有定位，物归原处。

小结：孩子们总结出来的劳动注意事项，既有安全须知，又有清洗方法和劳动习惯，希望你们一会儿择洗蔬菜时要记牢哦。

4.认材料，识工具。

教师引导：接下来，我们就要准备动手实践了，请同学们认真观察你们面前的劳动工具及材料有哪些？

学生回答问题。

小结：每组桌面上有一个菜盆、两个盘子和一块案板；一袋蔬菜；小苏打少许；塑料小刀一把；一个桌面垃圾桶和一块抹布；在两组之间有1桶清水，里面有1把水瓢，1个空桶承接清洗后的污水。一会儿你们择洗完蔬菜就摆放在盘子里。

5.学生分组实践，教师指导记录。

教师引导：孩子们，用自己的双手、用自己的劳动把蔬菜洗干净吧。

（1）学生在分组桌上择洗蔬菜。（大屏倒计时提醒，教师指导安全、卫生操作。）

（2）教师巡视并指导学生择洗蔬菜的过程，拍摄学生劳动的照片（选择典型，做得特别好或者不好的地方）。

6.实践结束后，学生组内进行自评互评，填写记录表和评价表。

【设计意图：本部分是学会择洗蔬菜的重点，老师引导学生观看微课、回顾梳理、总结注意事项，反复强化清洗六步和注意四项，逐渐内化掌握步骤，才能保证学生掌握择洗蔬菜的技能。按照步骤进行劳动实践，帮助孩子养成自理、主动、有序的劳动习惯，在学中做，提高孩子的动手能力和发现问题、解决问题的能力。】

（五）总结反思，强情感（教室5分钟）

1.教师分享学生分组活动的照片和劳动成果照片，带领孩子一起观察、反思。

教师引导：在你们劳动过程中老师随手拍了一些照片，我们来看屏幕，找一找哪些做法符合“我制定”“我会做”的要求，哪些不符合呢？

引导学生讨论，在讨论中再次明确掌握择洗蔬菜的标准和择洗的六步骤。

2.小结：大多数同学都能按要求择洗蔬菜，并将劳动工具整理好，桌面擦干净，个别同学在择洗过程中没有注意到将使用过的物品整理好，也不要气馁，多练习就能掌握方法，养成好习惯了。

3.学生自由谈劳动实践后的收获、发现的问题或劳动后的感悟。

4.教师引导：孩子们学会了择菜洗菜，在实践过程中不怕脏也不怕累，遇到问题还会积极想办法解决，你们都是善于智慧劳动的好孩子！你们学会了择菜洗菜，每个人都可以成为家庭里的合格小厨工，家庭餐桌上的美味菜肴也有你的一份付出，这样的美食吃起来一定格外香！家人有了你们的帮助，一定会感受到你们的成长，家里的小孩子长大了，我们的家也因为你们而更加温暖了！

【设计意图：孩子们在分组实践中，老师一边指导一边用照片记录他们的劳动过程及成果，用于劳动结束后的分享评价，总结反思，既能帮助学生看到自己的劳动成果，又能帮助学生找到劳动中存在的问题，固化劳动技能，养成良好的劳动习惯，起到加强巩固和激发成就感、自豪感的作用。最后老师的点拨更是关注了劳动实践中的精神导向，增强了孩子的正面情感。】

五、总结评价与实践拓展

（一）课堂自评、互评记录

我是小厨工——学习择菜、洗菜		
班级：	姓名：	
劳动收获	我能择捡干净蔬菜	☆☆☆
	我能及时清理垃圾	☆☆☆
	我会清洗蔬菜，适量使用小苏打	☆☆☆
	我能安全使用塑料小刀	☆☆☆
	我能美观装盘	☆☆☆
自我成长	我能集中注意力完成任务	☆☆☆
	我掌握了这项劳动技能	☆☆☆
	劳动结束后我能将物品放回原位，收纳整齐	☆☆☆
	在劳动中，我不乱扔垃圾，不浪费材料	☆☆☆
	我喜欢做这项劳动	☆☆☆
同伴认同	小伙伴能管理自己，有很强的执行力	☆☆☆
	小伙伴能和我们一起合作完成劳动	☆☆☆
	小伙伴会主动关心和帮助同学	☆☆☆

（二）学会了新技能，那就快快使用起来吧

每周凭着小厨工成长约定来老师这里可以获得劳动卡片哦。

小厨工家庭成长约定卡		
班级：	姓名：	
我们的约定	自评	家长评
1. 我愿意主动分担择菜洗菜的家务。	♡♡♡	♡♡♡
2. 我每周至少能完成（　）次择洗任务。	♡♡♡	♡♡♡
3. 我会按照工作标准来完成任务，我是合格小厨工。	♡♡♡	♡♡♡
4. 我愿意为创造更美好的生活环境而劳动。	♡♡♡	♡♡♡
爸爸妈妈想对你说：		

【设计意图：课后，《小厨工家庭成长约定卡》保障了孩子延续性的劳动实践，帮助孩子在实践中养成主动、自觉的劳动习惯。】

六、板书设计

我 是 小 厨 工

——学习择菜、洗菜

我会认

①根茎类

小组补充

②花叶类

小组补充

②瓜果豆类

小组补充

我制定

择菜、洗菜标准

小组标准

小组标准

小组标准

我会做

择捡蔬菜

清理垃圾

初步清洗

浸泡十分

再次清洗

美观装盘

土豆成长记①

——土豆的点播

学校： 成都市磨子桥小学分校
教师： 周屈舟
劳动类型： 生产劳动
所属任务群： 农业生产劳动
年级／学段： 六年级／第三学段

一、背景分析

（一）资源分析

我校北校门外有一块面积为22亩的闲置空地，武侯区教育局批准将该空地划拨给我校作为生产劳动实践基地。学校专门聘请了毕业于成都市农业科技职业技术学院的一名老师，作为学校专任劳动教育教师。学校分给每个班级一块责任土地，根据学校整体规划及农时节令开展相应的生产劳动实践。

（二）学情分析

六年级学生身体和思维均已发展到一定水平，身体和四肢的控制性、协调性及精确性大大提高，具备了较强的动手能力，为参加适量的农业生产劳动提供了基础；注意力也有所发展，集中注意力、专心致志的时间大大提高；同时也具备了一定的独立性和自主性，对自己感兴趣的问题会主动探究，也能积极主动地与同伴合作进行实践活动。我校地处2.5环，学生对农业生产劳动基本不熟悉，加上学生对

① 此案例获得2021年成都市劳动教育教学设计一等奖。
本课例在2023年四川省中小学劳动教育研讨活动中作现场课展示。

土豆及土豆做出的美食比较感兴趣，此项劳动容易激发学生的兴趣。

（三）选题依据

《义务教育劳动课程标准（2022年版）》在第三学段“农业生产劳动”任务群中明确提出，种植1～2种当地常见的蔬菜，让学生感受持续性劳动的艰辛和不易，懂得珍惜劳动成果。《成都市大中小学劳动教育项目清单（试行）》小学中高段生产劳动任务群“农业生产劳动”中列举了“参与四季劳作”劳动项目。

二、教学目标

1. 了解土豆的生长习性、营养价值等知识。

2. 了解土豆点播的方法和步骤，掌握相关技能，能够完成土豆的播种。

3. 亲身体验劳动过程，体会粮食来之不易，懂得珍惜粮食；在小组劳动的过程中养成团结协作的劳动品质。

三、教学准备

场所准备：校内幸福农场。

工具材料准备：铁锹、耙、拉线工具、白灰、水桶、漏眼水壶、土豆种等。

四、教学过程

（说明：本课时为土豆的点播，是土豆成长的第三课时。第一课时学生认识土豆的生长习性，了解其营养价值；第二课时完成土地的平整、起垄和选择土豆种，为第三课时做好准备。学生还在课前完成了小组分工。）

（一）链接课前，揭示课题（讲解区3分钟）

1. 师生以趣味知识问答方式回顾前两课的内容：各个地方不同的土豆名称、土豆的种植历史、土豆的营养价值，生长周期及特点等。

2. 明确本节课的劳动任务是点播土豆。

（二）明确纪律，做好准备（讲解区5分钟）

1. 明确注意事项。

（1）明确劳动纪律：各小组排好队按照顺序、按老师的指令进行轮流操作，不得在试验田边喧哗打闹，发现问题要在讨论环节举手表达。

（2）下地劳动要求：劳动要站在垄间的沟里进行；站稳后再操作，防止跌倒和摔伤；要与铁锹等操作工具保持安全距离。

（3）总结评价要求：实际操作结束后各小组根据组员各方面表现评选一名“劳

动小能手”，班级予以奖励，颁发学校劳动币3枚。

【设计意图：明确劳动前的纪律要求、劳动安全及工具的使用要求等，做到规范劳动、安全劳动，避免安全事故的发生。】

（三）示范讲解，学生实操（田间25分钟）

引导学生了解播种土豆的步骤，指明复述，根据回答情况再次回顾：拉线定点——沿线刨窝——点播土豆——盖土浇水。

第一步：拉线定点、沿线刨窝

1.教师示范讲解要领，学生观察思考。

（1）拉线定点

拉线：教师引导两位同学示范，一位同学手握线的一端，站在田沟边缘处不动，另一个同学拿着线往另一端走，边走边放线，到另一端后蹲下，沿着厢的边缘处把线固定好。

注意事项：拉出来的线绳要保持平直。

问题探究：怎样才能使拉出来的线绳平直?

定点：找到线绳上提前标记好的红点，在每个点对应的泥土上撒上白灰做标记。

（2）沿线刨窝

教师取出铁锹，蹲下身，右手握铁锹，先找准标记好白灰标记好的点位，在点位处刨土窝，刨出的泥土堆在箱面中间，窝不能太大太深，拳头大小即可。

注意事项：土窝深度8厘米左右，拳头大小。

刨完一行后，再刨第二行，每垄两行土窝，第二行不用拉线，对着第一行的两个土窝中间位置刨，让两行土窝刚好错开排列。

问题探究：两行土窝为什么是错开排列而不是对齐?（这样可以给长出来的土豆苗预留出足够宽的空间。）

2.学生实操，教师巡视指导。

教师在巡视时发现个别问题单独指导，发现共性问题及时暂停，引导学生观察并思考出现问题的原因，学生明白后再次操作，确保劳动过程正确规范。

3.学生互评，选出最优小组。

（1）每个小组派出一名小评委，认真观察，给其他小组打分，最后选出做得好的三个小组。引导学生得出规范的刨窝标准：大小均匀，深浅合适，整齐美观。

（2）各小组及时思考总结，发现有问题的及时修正。

问题探究：小组在拉线定点和刨土窝时有没有遇到困难？是怎么解决的?

预设1：开始时线绳怎么也不直，后来通过观察，我们发现，是因为我的绳是松的，绷得不够紧，于是把绳杆固定好，这个问题就解决了。

预设2：在刨土窝的过程中，发现有的点位下面有很大很硬的土块，我们想办法把这些大土块切碎，挖土窝就很容易了。

【设计意图：使学生明确种植农作物前刨土窝的作用，学习如何把土窝做得大小合适，深浅均匀；在劳动中培养相互协作的意识。】

第二步：点播土豆、盖土浇水

1.教师示范讲解要领，学生观察思考。

（1）点播土豆

教师示范，将提前准备好的土豆种放在土窝中，根据大小每个土窝放一至两个土豆种，明确芽眼朝上。

注意事项：每个土窝放一至两块土豆种，芽眼朝上。

问题探究：点播土豆时为什么要芽眼朝上呢？

（引导回顾上一节课的知识：因为土豆的芽眼就是土豆苗长出来的地方，所以要尽量使芽眼朝上。）

（2）盖土浇水

往放好土豆种的土窝里撒上少许细碎的泥土，把土豆完全盖住即可，也不可太多，要使泥土保持疏松，不要压得太紧。再取出装满水的水壶，对准土窝均匀地浇上水，浇透即可。

注意事项：盖的泥土不能太多，保持疏松。浇水也不能太多，浇透即可。

问题探究：怎么判断浇水的量是否合适？

可以引导学生观察泥土的颜色，当泥土的颜色由浅白变为黑褐色就说明浇水量够了。

2.学生实操，教师巡视指导。

教师在巡视时发现个别问题单独指导，发现共性问题及时暂停，引导学生观察并思考出现问题的原因，学生明白后再次操作，确保劳动过程正确规范。

3.小组自查，教师验收。

（1）各小组组长到箱面巡视检查，如发现有遗漏的及时补种，发现有土豆露出土面的及时修正。

（2）小组完成所有劳动任务后举手示意等待老师验收，验收合格的小组整理工具，及时归位，有序退回到讲解区。

【设计意图：使学生明确如何正确放置土豆种，掌握点播和浇水的方法要领，在劳动中培养相互协作的意识。】

五、评价拓展

1.学生分享学习收获和感想，交流点评。

2.回顾梳理点播土豆的方法和技能要点，并记录在下面表格，并完成评价。

土豆成长记 ——点播土豆		
班级：		姓名：
劳动收获	劳动项目	技能要点
	拉线定点	
	沿线刨窝	
	点播土豆	
	盖土浇水	
多元评价	自我评价	☆☆☆☆☆
	同学评价	☆☆☆☆☆
	教师评价	☆☆☆☆☆

3.查阅资料搜集信息，小组合作设计一本微型的《土豆的百科全书》。

内容建议：土豆名称、种类及特点、种植历史；土豆制作的美食、营养价值；与土豆相关的趣味故事等。可以是图文并茂的形式，兼具一定的知识性、艺术性和趣味性。

【设计意图：激发学生学会在劳动中思考，智慧地劳动、创造性地劳动，有意识地引导学生回顾劳动历程，培养学生吃苦耐劳、勤俭节约的品质。将劳动课程延伸至课后和生活中。】

六、板书设计

土豆成长记

——土豆的点播

方法步骤： 拉线定点—沿线刨窝—点播土豆—盖土浇水

技能要点： 线绳绷直，疏密一致，大小均匀，深浅合适，1～2块，芽眼朝上，泥土疏松，盖住土豆，浇水3秒，浇透即可。

我是小小生活家——蚂蚁搬书①

学校：四川大学附属实验小学
教师：孙雪
劳动类别：日常生活劳动
所属任务群：整理与收纳
年段/学段：五年级/第三学段

一、背景分析

（一）资源分析

博览群书添雅趣，缕缕书香随风来；建校114年的川大附小像一本等待品读的书，聚焦“做堂堂正正中国人、成和善创造生活家”的教育追求，基于劳动教育的72行实践活动，历经12届20余年，引导学生在不同行业的劳动实践中，树观念、提能力，养品质，探索并落实党的二十大提出的尊重劳动、立德树人、五育并举的要求。

（二）学情分析

作为武侯区首批书香校园，附小校外毗邻川大图书馆；校内班级书柜、年级图书角、校级百合书苑处处书香浸润；开放的状态使读书成为孩子们的生活常态。

（三）选题依据

便捷的同时也伴随部分书籍被同学阅读后未及时归还、归还后又未放置正确位置；稍显凌乱，部分书籍甚至出现“窜馆”的现象；寻书、整理、收纳，迫在眉睫。基于上述背景，劳动教研组学《课标》，习《纲要》，进行了关于“书籍整理与收纳”的系统规划设计。

1. 义务教育《劳动课程标准》中列举了小学高段日常生活劳动“整理与收纳”

① 此案例获得2022年成都市中小学劳动教育说课比赛特等奖。

任务群要求学生通过对物品的整理与取舍，清理自己的学习与生活空间，如书籍、衣物等；能进行劳动规划，制定解决方案，整理与收纳劳动实践要有一定的依据，掌握较高的整理收纳能力。

2.《成都市大中小学劳动教育项目清单（试行）》中关于小学中高段日常生活劳动任务群“整理与收纳”劳动项目，要求学生能完成家庭房间的整理与美化，如整理书柜里的书籍，体悟劳动创造美好生活的意义。基于上述问题，一项大主题、长周期的真实劳动项目——《我是小小生活家——蚂蚁搬书》课程提上日程。

3.基于现状，教师思考四条路径联动、四个阶段推进，指导学生在劳动前了解家庭书柜、班级图书角、学校书苑书籍整理收纳的需要及空间大小，进行劳动规划，制定解决方案；进而完成书籍整理空间、劳动实操内容、书籍整理与收纳方法的逐步进阶和劳动思维的推陈创新。

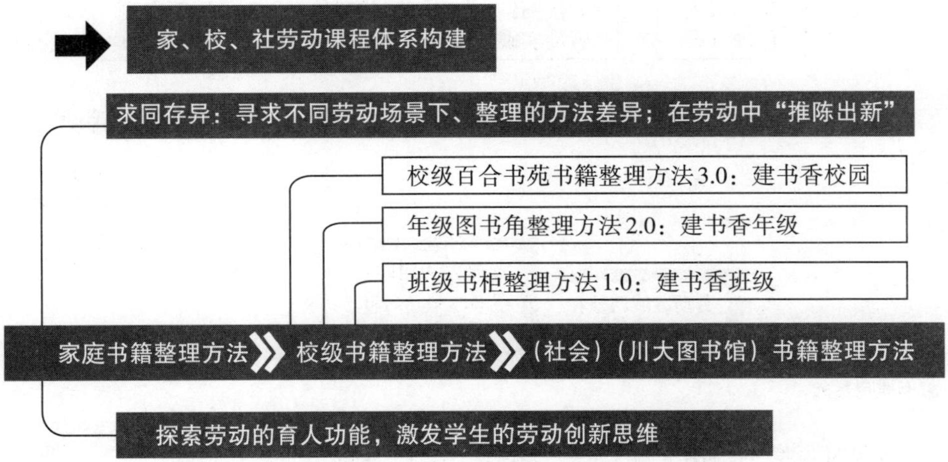

学生将在劳动必修课中学习书籍的整理收纳知识与方法，在学科融合中探索劳动路径；在课外活动中实操书籍整理收纳，在书香校园文化中强化劳动教育。

本次劳动项目设计为四个“课时”：

课时一：书苑一探——前期准备，检索调研（1课时）

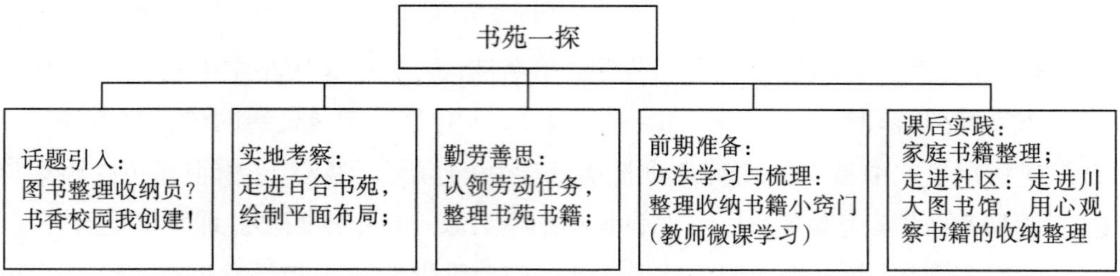

课时二：蚂蚁搬书——班级、年级图书角整理，劳动技能习得；

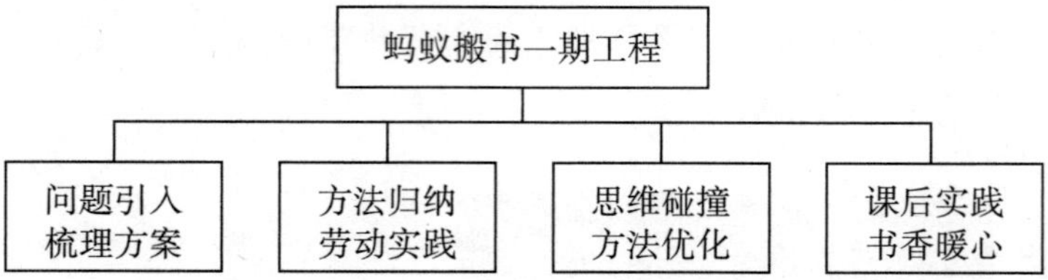

课时三：劳动实践活动——百合书苑我整理（一学期的劳动实践活动）

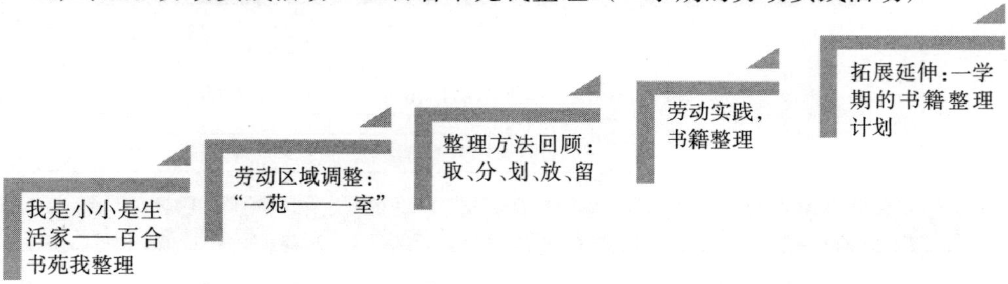

四课时：搬书与搬“粮”——反思总结（1课时）

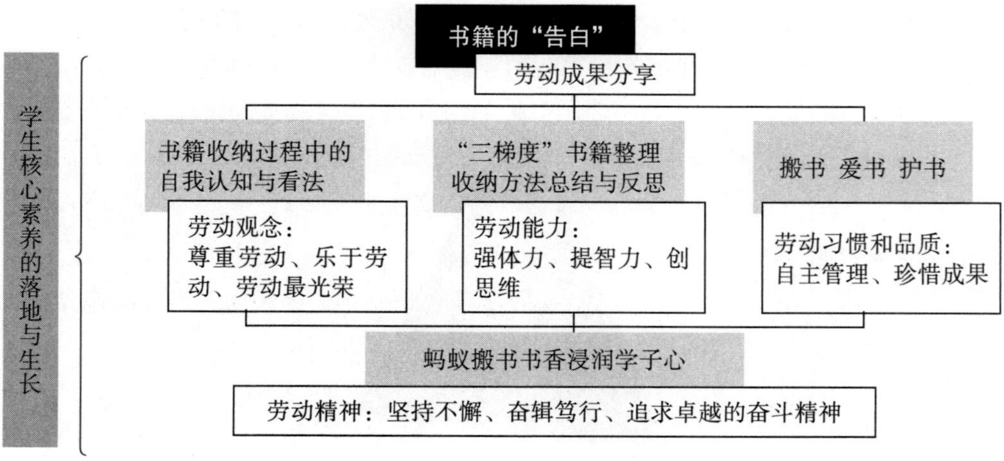

本课时为第二课时，即“蚂蚁搬书——班级、年级图书角整理，劳动技能习得”；学生从家庭书籍整理，到学校班级、年级、校级书籍整理，再到校外图书馆的整理方法的探索，学生思考不同年段、不同劳动场所下，同样书籍的整理收纳任务中的劳动方法的“求同存异”、劳动思维的推陈出新；劳动的育人价值与让孩子们出力流汗同样重要。

学情分析：通过中低段的劳动学习，五年级的学生已经初步掌握简单的整理与收纳的基本方法与意识，具有一定的学科融合思维。前期微课已唤醒其低段书籍、衣物整理收纳的记忆，习得并掌握家庭书籍整理收纳方法；但占地657平方米、内藏书63 852册的百合书苑对五年级的“小蚂蚁”们来说，仿佛是一座小山，山高险阻，等待整理收纳。

二、教学目标

1. 掌握班级、年级、校级图书整理收纳的劳动知识与方法。

2. 养成长期图书整理收纳的习惯与品质。

3. 享受劳动思维创新的快乐、体会劳动创造美好书香环境，形成爱书、护书的劳动精神与社会责任感。

三、教学准备

劳动实践场所准备：班级书柜、年级图书角。

劳动工具材料准备：抹布（擦拭书籍）、便笺纸、剪刀、胶布、彩笔等。

本课时教学资源准备：微课、采访视频资料、教学课件。

四、教学过程

（一）链接课前，揭示主题（讲解区3分钟）

1. 教师提问激趣，引导学生回顾上一节课所学的内容，讨论并总结第一课时后学生走进川大图书馆进行劳动场所实地考察的收获。思考：家庭、学校百合书苑、川大图书馆三处劳动场所差异及书籍整理的依据或难点分别是什么？探索劳动场地及书籍整理收纳任务方法的“求同存异”。

2. 学生结合前期实践：思考三处劳动场所书籍整理的通性问题与方法差异。

求同：梳理班级、年级、校级书苑书籍摆放的通性问题。

存异：三处劳动场地，同样书籍整理收纳的劳动任务、条件的差异性。

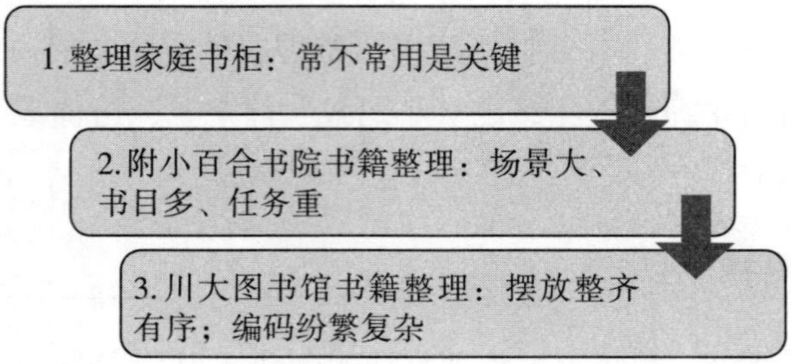

【设计意图：家、校、社三方劳动资源的引入，学生对比发现不同的劳动场景下，同样的书籍整理任务、方法却各不同，进而分别梳理班级、年级书籍整理方案；激发劳动创新思维，激发劳动兴趣——“整理是门学问，有点难，但有趣！”】

（二）明确纪律，做好准备（讲解区2分钟）

1.明确稍后劳动过程中的注意事项。

（1）明天劳动纪律：小组人员听从组长指挥，分工明确。

（2）注重劳动过程中的安全：正确使用劳动工具，如剪刀；安全取放书籍。

【设计意图：明确劳动前的纪律要求，培养学生的团队合作能力及集体意识；安全使用劳动工具，在劳动过程中也谨记安全劳动，培养学生的安全劳动习惯与团队合作品质。】

（三）示范讲解，学生实操（班级书柜、年级图书角书籍整理收纳25分钟）

引导学生回顾并梳理班级书柜、年级图书角书籍整理收纳方法。

第一步：小组分工，方案梳理，方法调整。

（1）方案梳理

在本环节，学生将分为A、B两组，小组分工合作，分别梳理班级书柜、年级图书角整理收纳方案。

（2）书籍整理步骤

在整理班级书柜时，A组学生依据以下方法步骤，完成书籍的整理收纳。

一观：书籍观察细致看。

二分：大小、材质分一分。科目、类别分一分。

三写：序号、书名写一写。

四贴：标签、格栏贴一贴。

五放：书脊向外整齐放。

在整理年级图书角时，因为数量多、种类多，B组学生则依照年级图书整理角整理2.0的方法，即书籍：按类不按班，大的在下重在下，小的在上轻在上。

注意事项：不同劳动场所，书籍整理收纳方法的差异性。

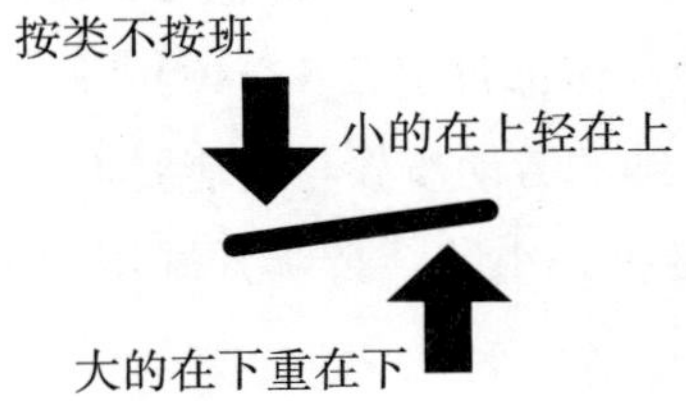

第二步：学生劳动实操，书籍整理收纳。

A、B两组学生在规定时间内分别依照书籍整理方法1.0版本即2.0版本，完成书籍整理收纳。

第三步：教师巡视指导，提请安全事项。

教师在巡视时发现，在整理年级图书角时，由于年级图书角的书柜较高，部分学生在取书籍的时候踩在书架中间位置，存在安全隐患；在用剪刀剪书籍“分类卡”时，剪刀不对人；提醒学生注意安全劳动。

【设计意图：在整理收纳过程中，学生主动思考，解决问题，使学生劳动知识与整理技能均得到提升；进一步认识到书籍整理对班级文化、年级文化、校园书香环境建设的意义，形成热爱劳动、安全劳动的劳动品质与精神。】

（四）思维碰撞，整理方法“再”优化（讲解区5分钟）

教师指导学生探索学校百合书院书籍整理收纳“新”方法，做好与下一课时的衔接。

第一步：方法总结，思维碰撞。

学生结合刚刚的劳动体验，交流、反思，哪些方法适用学校百合书苑书籍的整理，哪些需要改进，进行思维碰撞。

第二步：观看采访视频，探索书苑“新”方案。

学生观看书苑管理老师采访视频，听取建议，并因地制宜，因“域”收纳，化繁为简，形成“取、分、划、放、留”百合书苑书籍整理方案3.0版本。

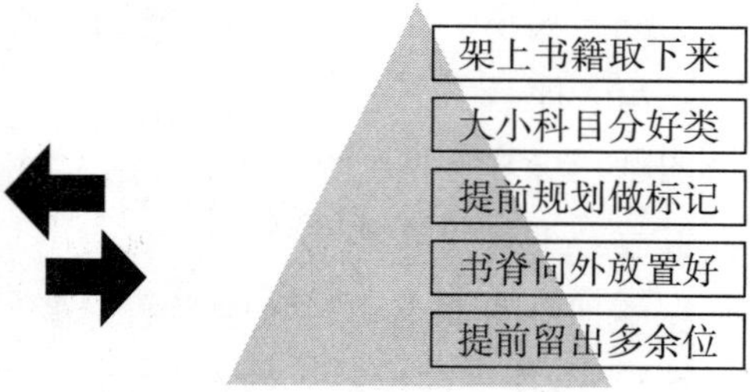

【设计意图：为下阶段时百合书苑书籍整理提升了劳动能力，淬炼了劳动技能；激发学生的劳动思维，在劳动实践中探索书籍整理收纳方法的推陈出新。】

（五）总结交流 拓展延伸（课上讲解区5分钟）

1.回顾本节课书籍整理收纳的劳动步骤与技能要点，梳理整理收纳方法的差异。

2.建立书籍整理收纳“维护”小队，持续开展班级书柜、年级图书角书籍整理收纳与劳动成果维护。

【设计意图：激学生的劳动创新思维；同时，有意识的引导学生养成吃苦耐劳，唱起坚持的劳动习惯与劳动品质。】

五、评价拓展

评价：反思、总结实操，完成评价量表。

在劳动实操后，学生反思、总结自己在整理过程中的参与度与收获感；引入教师、学生、家长等多元评价，完成评价量表，促进学生自身成长发展与核心素养生长。

蚂蚁搬“书”过程性评价表——在评价中成长

班级　　　　姓名　　　　时间

项目	评价要点	自评	同伴评	教师评	家长评
劳动中树立正确的劳动观念	能够在调研学习中知道劳动创造美好生活，树立正确的劳动观念	☆☆☆☆☆	☆☆☆☆☆	☆☆☆☆☆	☆☆☆☆☆
	调研及实践中尊重劳动，尊重普通劳动者	☆☆☆☆☆	☆☆☆☆☆	☆☆☆☆☆	☆☆☆☆☆
实操中提升劳动技能方面	掌握基本的书籍整理与收纳的劳动知识与技能	☆☆☆☆☆	☆☆☆☆☆	☆☆☆☆☆	☆☆☆☆☆
劳动习惯与品质的养成	具有劳动创新创造能力，能在开展活动过程中及时参与，完成任务	☆☆☆☆☆	☆☆☆☆☆	☆☆☆☆☆	☆☆☆☆☆
	能够进行团队合作，自觉自愿、认真负责、安全规范地完成班级、年级图书角书籍的整理收纳工作	☆☆☆☆☆	☆☆☆☆☆	☆☆☆☆☆	☆☆☆☆☆
劳动精神培养	能够珍惜自己的劳动成果，诚实守信	☆☆☆☆☆	☆☆☆☆☆	☆☆☆☆☆	☆☆☆☆☆

评价表2：总结性评价

项目	评价要点	自评	他评
一、劳动前期准备	小组能够认真地进行前期的准备调研，完成本组整理方案的制定，提升同学们的学习兴趣（5分）		
	在前期书籍整理收纳知识培训中，我有认真学习，积极回答问题（5分）		
二、劳动参与实践	在书籍整理收纳过程中我有积极参与（10分）		
	我能与小组成员积极合作，有效沟通（10分）		
	当组员遇到问题时，我能主动帮助（10分）		
三、学生劳动成长情况	能及时反思自己的言行与劳动方法、劳动技能，创新思考，及时调整（10分）		
	积极实践，发挥自己的长处，实施才能（10分）		
四、老师的评语			

拓展：学生小组讨论，自主选择一项任务进行实践拓展。

拓展一：书籍跨年度捐赠、“劳动小导师”——书籍整理我助力。

学生整理出不适合本年段学生特征的书籍，捐赠给低段学生；同时，化身“劳动小导师”，为其讲解书籍整理收纳知识。

拓展二：携手四川大学自强社，一募三捐暖人心。

携手四川大学自强社，从整理出的书籍中选择有意义的书籍，捐赠给大凉山的孩子们；呼吁同学们捐赠“三个一”——一本书、一份文具、一件冬衣，让爱与温暖洒满大地。

【设计意图】：在实践拓展中，学生充分地理解劳动实践意义与价值，小伙伴们的合作能力得到提升，能在后期持续参与，感悟到了劳动创造美好生活；更能认同百合书苑书籍整理的价值。

六、板书设计

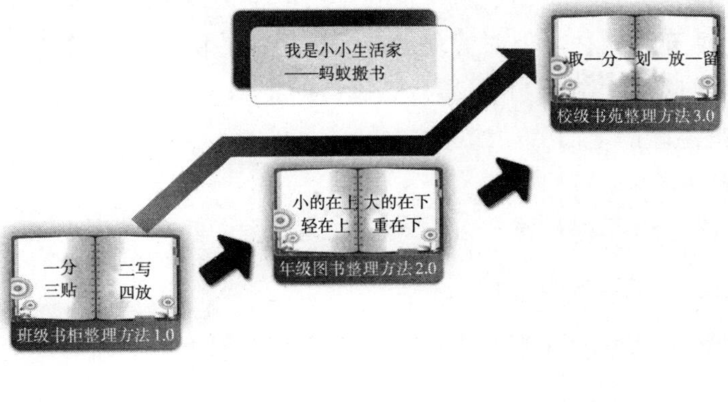

心“礼”有您 “手”护温暖①

——制作护手霜

学校：成都市龙祥路小学
教师：何俊容
劳动类别：生产劳动
劳动任务群：工业生产劳动
年级/学段：五年级/第三学段

一、背景分析

（一）资源分析

学校以两段三类型十一主题构建了劳动教育的内容体系，开辟了“阿福童传统农场”和“阿福童有机农场”，能给孩子们提供一个贴近生活的劳动实践场所。学校有专兼职劳动教师27名，设立了学校劳动教育中心组在课程资源方面，推动劳动教育与其他专业课程的融合渗透，创设多维度劳动教育场景。

（二）学情分析

五年级学生通过中低段劳动课程的学习，积累了一些基本的生活常识，习得了一定的生活技能，具备一定的创新精神和小组动手实践能力，对新鲜事物具有好奇心，对美好生活充满向往。但对劳动创造美好生活的认识不够深刻，生活中的感恩表达方式欠缺。因此，结合11月25日感恩节即将到来，开展冬日暖心——心“礼”有您 “手”护温暖的生产劳动课程。

（三）选题依据

《义务教育劳动课程标准（2022年版）》《大中小学劳动教育指导纲要（试

① 此案例获得2021年成都市劳动教育教学设计一等奖。

行）》中都列举了小学中高段生产劳动任务群“工业生产劳动”劳动项目，要求学生能够通过手工制作的劳动任务选择合适的材料和工具、技术与方法，安全、规范、有效地开展劳动。

立冬时节，代表着已进入冬季。天气寒冷，空气干燥，亲手做一支护手霜送给我们身边的人，表达我们的感恩之情。学生能通过劳动获得幸福感和成就感，感受劳动创造美好生活的劳动价值观。

二、教学目标

1.了解制作护手霜各类材料的作用。

2.掌握制作护手霜的基本方法与流程，小组合作完成护手霜的制作，增强善观察、勤思考、乐动手实践的能力。

3.学生在劳动过程中通过不断探索感受创造性劳动带来的成就感；在劳动成果中体会到了劳动创造美好生活的价值，懂得分享和感恩。

三、教学准备

场所准备：劳动课教室。

工具材料准备（以32人课堂为例，每组2人，共16组）：护手霜材料包16包、量杯16个、搅拌棒16支、纯净水16瓶、厚手套16双。

其他准备：

教师准备：撰写教案，制作PPT，录制护手霜的微课，评价表、微课。

学生准备：橡胶手套、计时器、抹布。

四、教学过程

（一）“揭”秘手霜（6分钟）

1.导语开课，引出感恩节制作护手霜的意义，揭示课题。

2.回顾课前，解开护手霜相同成分的小秘密（都需要4类成分：油相、水相、乳化剂、其他类）。

3.查阅资料，揭开关于古时候护手霜的文化 。

（二）“慧”制手霜（22分钟）

1.劳动准备，认识分区。

（1）桌面分区

通过老师PPT出示：材料区、卫生区、计时区、制作区

（2）认识材料

量杯、玻棒：搅拌棒是玻璃材质，使用时要注意安全，避免破碎。

具有油相成分的：精油、浸泡油。他们的作用是润滑。

具有水相成分的是：纯净水、甘油。他们的作用是保湿。

乳化剂：乳化成乳液。

其他组分：维生素E、抗菌剂 。

针筒和挤压管。

2.方法提炼，明晰步骤。

学生观看微课视频，学习制作步骤；学生通过游戏互动，牢记制作“六步法”。

①加入三类成分。

②加入乳化剂。

③加入纯净水。

④加入乳化剂（剩余三分之二）。

⑤加入精油和抗菌剂。

⑥灌装美化。

3.分工合作，项目实践。

（1）小组分工：把全班分成15个2人小组。在开始动手实践前，教师必须讲清楚安全事项、遵守规则、规范流程，学生根据六步法进行合理的小组分工，共同制作护手霜。

（2）教师运用希沃教学现场抓拍学生良好的卫生习惯、小组合作、专注的照片等照片投屏。

（3）制作结束后，通过提问法，制作过程中哪个环节最神奇，引发学生的好奇心和探究精神。最后老师引入“双师教学模式”，进行学科融合，帮助学生从科学的角度分析问题、解答问题，培养学生在劳动中严谨的科学态度、规范劳动意识。

（三）展“示”手霜（6分钟）

1.老师评。

通过希沃技术，老师在大屏上呈现刚刚抓拍学生的画面，点评制作中专注、整洁、合作的小组。

2.小组互评。

桌面始终保持干净、整洁；用完的瓶罐能及时放进垃圾袋	卫生星
每一环节时间充分、流程正确	规范星
闻一闻：香味清新自然	质量星
擦一擦：滋润而细腻	
拍一拍：吸收且清爽舒服	

前后2组相互交换制作护手霜，通过卫生星、规范星、质量星的内容进行互评贴星，完成评价表。

3.交流分享：学生思考、总结自己在制作中的感悟和体会。

（四）心“礼”有您（3分钟）

1.观看公益短片《身边的背影》，体会身边的劳动人民的不易。

2.唤醒升华，引导学生可以亲手制作护手霜去感恩身边的普通劳动者。

五、课后拓展，实践创新（3分钟）

本节课介绍了护手霜基础款制作的方法，课后孩子还可以根据不同的需求添加不同的成分，让护手霜华丽地“变身”。如经常做家务——适合滋润型（+矿物油、凡士林），手较粗糙——适合去角质型（+杏核仁颗粒）和上班族——适合修复型（+水解大豆蛋白+蜂王浆）。

六、板书设计

——制作护手霜

	步骤	状态	搅拌时间
1	加入三类成分		1分钟
2	加入乳化剂		2分钟
3	加入纯净水	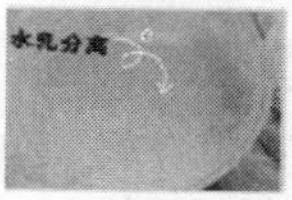	2分钟
4	加入乳化剂	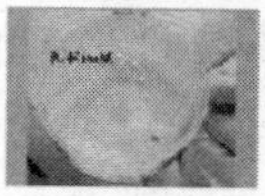	4分钟
5	加入精油和抗菌剂	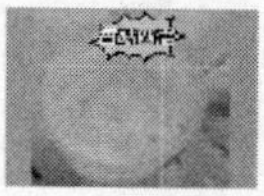	1分钟
6	灌装美化		

传承之旅 逐梦风筝[1]

——风筝的制作

学校： 成都市太平寺西区小学

教师： 李芹

劳动类型： 生产劳动

所属任务群： 传统工艺制作

年级／学段： 四年级／第二学段

一、背景分析

（一）资源分析

中华文明博大精深，而风筝是传统手工艺珍品，是非物质文化遗产之一。作为成都市艺术教育特色学校，我校将非遗文化遗产——风筝引进了校园，并将风筝的手工制作与劳动课程相结合，邀请“西南风筝王”——邓静老师参与学校风筝工作，每周开设一节风筝课程。

（二）学情分析

四年级的同学都喜欢风筝，且具备一定的动手能力。他们有着一定的自主学习与思考能力，会在老师的指导下对事物进行探究。比如我们日常放飞的风筝是经过哪些步骤制作出来的？传统风筝的图案的含义是什么？风筝在中国古代是从何时起源，它经历了怎样的发展，历史又赋予了它什么意义？通过这些问题的思考可以激起学生的求知欲，展开他们对风筝制作和风筝背后非遗文化的探究。

① 此案例获得2021年成都市劳动教育教学设计一等奖。

（三）选题依据

《成都市大中小学劳动教育项目清单（试行）》小学中高段生产劳动任务群“传统工艺制作”，列举了“尝试非遗项目”的劳动项目。根据课标中该任务群的内容要求和素养表现指导，本课程以我校“风筝工作坊”为依托，以传承非物质文化遗产——风筝的制作为主题开展学生的劳动实践活动。引导学生尝试设计简单的风筝作品，并根据规范流程进行制作，提升学生的动手实践能力；在设计制作风筝的同时感受传统工艺技术的精湛，培养学生对风筝文化的热爱之情，形成传承并发扬传统工艺的意识。

二、教学目标

1.通过查找资料，了解中国古代风筝的起源、作用及意义。通过思考风筝的外形、图案的含义，引导学生主动探究，了解中国传统文化。

2.通过调查、搜索、观察等方式，搜集记录相应的信息，培养学生对调查数据的整理与分析能力；通过小组合作制作一面六角风筝，掌握风筝的制作技能，锻炼学生的动手操作能力。

3.通过小组的形式分工、合作制作风筝，培养学生团结协作的劳动精神。通过对风筝文化、制作的探究，激起学生对“逐梦风筝”的兴趣，达到文化传承的目的。

三、教学准备

场所准备：学校风筝工作坊。

工具材料准备：薄白纸、细竹篾、细线、剪刀、胶水、勾线笔、水彩笔。

学生准备：收集风筝的来源历史、发展过程、风筝种类、制作技艺等资料。

老师准备：工具材料5套、4面特色风筝、风筝节视频，邀请“西南风筝王”邓静老师录制风筝制作视频、风筝制作记录表、《传承之旅 逐梦风筝》评价表。

四、教学过程

（一）视频激趣、引出课题：逐梦的风筝(讲解区6分钟)

1.古诗猜谜，点明主题。

谜面：借得天边东风力，鸟雀飞到半空中；

用根丝线来相连，只怕下雨不怕风。

谜底：纸鸢——风筝

2.播放视频：2021年崇州国际风筝节视频（节选）。

学生思考：有哪些种类的风筝？有什么感受？

小组交流：说一说自己曾经放过什么样的风筝？怎样放飞的？有什么样的感受？

3.小组分享：各小组上台展示所收集的相关资料。

一小组：风筝的起源、历史发展。

二小组：风筝的种类（传统、现代）。

三小组：传统风筝图案的文化内涵。

四小组：中外风筝的不同特点。

五小组：风筝放飞的条件。

4.老师小结：中华文明博大精深，风筝是我国传统手工艺珍品，放飞风筝是民间传统节日文化习俗，是非物质文化遗产之一。我们每一个人都可以是中华文化、传统手工艺的传承者。

【设计意图：学生在观看“国际风筝节”视频的过程中，感受风筝的魅力，激起学生想要动手制作风筝的欲望；而各小组用图片、小报、PPT等形式进行风筝文化的分享，进一步增进了对风筝这一项非物质文化遗产的理解。】

（二）亲密触碰：载梦的风筝（讲解区6分钟）

1.传统风筝展示：老师现场展示出硬翅风筝、软翅风筝、板子风筝、立体风筝这四大类风筝。

2.分组讨论：观察、讨论、思考，为后一个制作环节做准备。

学生观察各风筝类型的特点，并进行讨论。

学生观察各风筝上的图案，思考图案的含义。

3.老师小结：在传统的中国风筝中，随处可见吉祥寓意和吉祥图案的影子：“福寿双全”“龙凤呈祥”“百蝶闹春”“鲤鱼跳龙门”“麻姑献寿”“百鸟朝凤”“连年有鱼”“四季平安”等，这些风筝无一不表现着人们对美好生活的向往和憧憬。

4.播放视频：“西南风筝王”邓静老师讲解制作风筝的步骤、方法。

老师介绍：初扎风筝时，邓老师才6岁多。“那时，农村物质条件不甚充裕，孩子们的童年时光缺乏玩具做伴，因此每逢春天油菜花盛开时节前往户外放风筝便成了人人期盼的一件乐事”。邓静老师回忆道，“那时家人忙，无暇为我扎风筝，于是便想着自己动手寻找乐趣”。他先是从姐姐的作业本上撕下几页纸，偷偷拿出家里缝被子用的线，再找来几根粗竹条，模仿风筝的形状做了一个王字形结构的“衣裳风筝”。

提出要求：现在作为四川省风筝协会副秘书长的他而言，风筝不仅是儿时的玩伴，更是对传统手工艺一生不懈的追求。我们有幸请到了邓老师教大家制作六角风筝，希望每一位同学能够认真观看，并记录制作要点。

风筝制作记录表

步骤	风筝制作要点	小组分工人员
扎（绑扎）		
糊（裱糊）		
绘（绘画）		

播放讲解视频，学生仔细观察并记录要点。

【设计意图：同学们通过观察视频、讨论视频信息，层层深入地梳理风筝制作的方法，为下一个制作环节做准备。同时进行制作记录表的填写，训练同学们的提炼关键点、总结经验的能力。】

（三）制作体验——手中的风筝（制作区25分钟）

1. 分发材料、小组分工。

老师：相信同学们对风筝有了较为深入的了解，现在就让我们一起来亲手制作一面承载你们梦想的风筝吧！请各小组讨论一下你们的分工，遇到困难也可以求助老师、与组员们互相帮助。大家在制作记录表上填写好分工名单后，请组长领取制作材料。

2. 小组合作，制作体验。

提出要求：扎糊精巧、绘画生动、独具个性、安全第一。

各小组进行风筝制作，老师巡查指导。

问题预设1：在搭建风筝骨架的时候，我们总是绑不好，原因在于绑绳时的松紧程度、骨架是否对称均衡等。

问题预设2：裱糊的时候老是把纸弄破，原因在于纸是否铺得平整、胶水涂抹在竹篾上的分量是否合适等。

问题预设3：风筝绘面时有几种方式，可以画好再糊，也有先贴再画或者剪贴图案上去。

问题预设4：风筝下部吊上彩穗（尾部）时风筝会出现偏倒等情况，那就既要考虑它的装饰性，也要注意在粘贴尾部时要调节两边位置，增强风筝的稳定性。

3.制作结束后，清洁整理工作台，垃圾入袋。

【设计意图：在制作体验环节中，同学们用小组合作的方式，有分工、有合作，培养团结协作的意识；通过“绑扎、裱糊、绘画”的步骤掌握制作风筝的劳动技能，体会到动手劳动的乐趣，进一步体会风筝文化带来的魅力。】

（四）展示成果，分享收获：我们的风筝（讲解区3分钟）

1. 各小组上台展示所制作的风筝。

分享交流制作过程中的得与失；所制风筝图案的寓意、寄托的心愿。

2. 老师总结：看到每一组的风筝作品，各具特色，各美其美，同学们你们的动手能力、审美能力真棒！通过这一次的风筝课程，我们班的每一位同学都是我们学校的“风筝传承大使”。你们不仅学习、掌握了风筝制作的基本技艺，也担负起了传承风筝文化的重担，让我们的非遗风筝走出校园、走进家庭、走进社区，放飞在祖国美好的河山中！

【设计意图：互相欣赏制作的风筝，交流设计意义，体会劳动带来的快乐。将风筝文化传播给身边的人，做到文化传承，达到文化传播，让学生学以致用，物以致用。】

五、实践拓展——放飞梦想

（一）完成《传承之旅——逐梦风筝》劳动课程评价表

评选出各类“风筝传承大使”：风筝文化大使；风筝制作大使；风筝绘画大使等。

（二）参加校园亲子游活动

在老师的指导下规划设计风筝展示区；在老师的带领下用风筝作品进行布展；风筝传承大使负责介绍风筝文化、指导制作、放飞互动活动。

《传承之旅　逐梦风筝》劳动课程评价表

学校		年级		姓名			
课程主题							
评价	评价要点	学生自评（打“√”）			同学互评（打“√”）		
		优秀	良好	一般	优秀	良好	一般
课程活动表现	参与课程的热情						
	探究学习的态度						
	搜集和处理信息的能力						
	分析和解决问题的能力						

续表

学校		年级			姓名		
	交流与合作的能力						
	动手操作能力						
	劳动素养、情感态度等						
课程活动反思	在活动中我学到了：						
	我还需努力的是：						
教师评价							

六、板书设计

传承之旅　逐梦风筝

风筝制作要求：造型优美、扎糊精巧、绘画生动、独具个性

风筝制作要点：扎、糊、绘

绑扎——简练、轻巧、对称、均衡、扎缚牢靠

裱糊——薄白纸裱糊在骨架上、裁出风筝的样子；

将风筝的尾巴贴在风筝的下方，较好线与风筝的角度

绘画——画面有寓意、绘画生动、颜色艳丽

安全提示：竹篾两头不要对着人、剪刀用完要收好

画脸谱，识国粹[①]

——京剧脸谱DIY

学校：成都佳兴外国语学校
教师：徐燕
劳动类别：生产劳动
劳动任务群：传统工艺制作
年级／学段：四年级／第二学段

一、背景分析

（一）资源分析

我校从创建之初一直秉承内涵式发展的教育管理模式，致力于全面培养并提高学生的综合素养。从2015年以来，学校小学段每周固定开设第二课堂，研发了农业生产劳动、烹饪与营养、传统工艺制作、公益劳动与志愿服务等二十多门劳动课程，学校不定期还举行“非遗文化进校园”的活动并开展相应的体验项目，同时，组建“非遗文化中的传统技艺在小学德育课程中的融合研究”课题组，从而培养学生多方面的实践操作能力，实现劳动教育的综合育人价值。

（二）学情分析

四年级学生的认知和理解力都相对较强，已具备本课所需的关于线条、图案、色彩、临摹等方面的美术功底；同时他们的想象力、创新力、动手操作能力较强，对新鲜事物充满好奇，但对中国传统文化的了解不够深入，特别是对中国国粹——京剧的了解知之甚少。本课旨在引导学生在参与体验中进行非遗文化熏陶，感受中

① 此案例获得2021年成都市劳动教育教学设计一等奖。

国传统文化的博大精深，让学生对国粹有着浓厚的学习兴趣。

（三）选题依据

（1）《成都市大中小学劳动教育项目清单（试行）》小学中高段生产劳动“传统工艺制作”任务群，“尝试非遗项目”劳动项目，要求学生尝试非遗作品的制作。《义务教育劳动课程标准》（2022年版）第二学段（3～4年级）任务群6传统工艺制作，要求选择1～2项传统工艺制作项目，了解制作的技能和方法。识读简单的示意图，尝试设计简单作品，并参考规范流程进行制作。

二、教学目标

1. 初步了解非遗项目中的京剧文化，欣赏京剧脸谱，学会制作京剧脸谱的彩绘方法。

2. 能对脸谱模型进行勾描、着色、粘贴、组合等步骤，感受传统工艺技术的精湛；发挥想象力和创造力，尝试制作不同人物的京剧脸谱，体验劳动的艰辛和成就感。

3. 学生在制作中不断创新和探索，收获成功，形成传承并发扬传统工艺的意识，初步养成专心致志的劳动品质；丰富劳动经验，增强劳动能力；体会传统工艺的魅力，弘扬中国传统文化的精神。

三、教学准备

场所准备：传统工艺制作教室。

工具材料准备：各种不同的京剧脸谱材料包（空白京剧脸谱面具模型1份、大小不一的毛球15个、胶水1瓶、中国结1个、A4纸大小的菱形竹编1个、长短相同的挂绳1根）。

本课时准备：京剧脸谱资料2张、图片2～3张、水彩笔或马克笔1套、剪刀1把、双面胶1个、亮片若干。

四、教学过程

（一）链接课前，引出课题（3分钟）

1. 师生以提问的方式回顾第一节课的内容：中国国粹之京剧文化及京剧脸谱的基本常识。

2. 明确本节课的劳动任务就是自制京剧脸谱。

（二）明确要求，讲解步骤（7分钟）

1.明确活动要求。

（1）保持相对安静的制作环境；小组内的组员之间可以小声讨论，组长要维持好纪律；

（2）使用剪刀、小刀等物品要注意安全；

（3）保持桌面和地面的干净整洁；

（4）四人或六人小组可以合作完成，也可以独立完成作品；

（5）确定好手里京剧脸谱的样式和色调；

（6）敢想、敢画、大胆创新、大胆实践。

2.讲解活动步骤。

（1）准备好相应的材料包、水彩笔或马克笔、胶棒等制作工具；

（2）用水彩笔或马克笔着色、涂染脸谱；

（3）粘贴毛球，毛球多少根据脸谱人物特征来定；

（4）在眼部或额头等部位贴上闪片或亮片当作配饰；

（5）将完成好的脸谱贴合在竹编上；

（6）穿中国结，做挂绳，完成作品。

【设计意图：明确活动的要求和步骤，做到心中有数，而不是盲目、胡乱地进行实践操作，这样更有条理性。】

（三）示范讲解，学生实操（20分钟）

第一步：分发材料、着色涂染。

1.小组长按照男女生分发不同的京剧脸谱。

2.对脸谱面具模型进行着色、涂染。

（1）教师示范讲解着色方法，学生观察思考（课件演示—涂色过程）。

①先用勾线笔或黑笔对脸谱轮廓进行勾描；

②再涂颜色，要按照由浅入深的顺序进行涂染，脸部颜色用肉色或类似肉色进行涂染；

③最后根据角色涂染其他颜色。

注意事项：每个脸谱至少有三种颜色；着色时先勾边线再涂染；切忌不要用手弄花脸谱。

（2）学生实操，教师巡视指导

教师在巡视中发现个别着色问题单独指导，发现共性问题及时暂停，引导学生观察并找出问题的原因，学生明确后再次操作，确保制作过程规范。

【设计意图：老师讲解了着色方法和注意事项后，大胆放手让学生自己参与实践操作，对有困难的学生可以从旁指导，但不能越俎代庖替学生着色或涂染。这样才能真正培养学生的操作能力和劳动技能。】

第二步：粘贴毛球、贴上亮片。

1.教师示范讲解粘毛球的要领，学生观察思考。

（1）将分到的大小不一的15个左右的毛球进行分类，最大的用于头部或帽子中间定型，其余则有序粘贴在头部左右两边或鬓角上侧；同时注意排列的位置大小要适宜；

（2）毛球数量多少根据脸谱人物特征来定；

（3）毛球颜色的选择要岔开；

（4）在脸谱的眼部和额头正中部位贴上少量亮片起到更好的装饰效果。

注意事项：贴完后要搁置一会儿等毛球全部粘贴在脸谱上，以免掉落。

问题探究：为什么毛球颜色的选择要岔开？

（角色不同，选择的毛球颜色也有所区别，不能一概而论，这样搭配起来才更美观）

2.学生实操，教师巡视指导。

教师在巡视中发现个别问题单独指导，发现共性问题及时暂停，引导学生观察并找出问题的原因，学生明确后再次操作，确保制作过程顺利进行。

【设计意图：明确毛球粘贴的要领，学会如何将毛球美观地粘贴在正确的部位上，大小适宜、数量恰当、颜色均匀；在劳动中培养合作意识。】

第三步：将完成好的脸谱粘贴在竹编上。

1.教师示范讲解要领，学生观察思考。

（1）竹编提前取出并作简单整理，让其更平整；

（2）已经完成好的脸谱在背面用粘胶进行粘贴；

（3）竹编摆放成菱形形状，再将脸谱贴于竹编中间位置进行固定。

注意事项：竹编取出时呈圆筒形，需要提前进行压置才能更平整。

问题探究：竹编事先摆成菱形形状，再将脸谱贴于竹编中间位置，在进行固定时有没有遇到困难？是怎么解决的？

预设1：竹编取出来不是菱形，当人为摆成菱形很容易又回缩到不规则形状，后来我们想办法将竹编的顶端和末端的竹条分别进行修整和固定，这样就成型了。

预设2：脸谱与竹编进行粘合时用液体胶老是贴不上，后来我们采用双面胶来进行贴合。

【设计意图：让学生明确竹编要提前进行压置的作用，学习如何将脸谱与竹编进行整体粘合；在劳动中培养会观察、爱思考的能力。】

第四步：系中国结，做挂绳。

1.教师示范讲解要领，学生观察思考。

（1）在竹编的最末端系上寓意吉祥如意的中国结；

（2）在竹编的最顶端做一条长短适合的挂绳，方便提取。

注意事项：系中国结时，不要让中国结的流苏打结了。做挂绳的时候，挂绳不宜太长，适合即可。

问题探究：怎么判断挂绳的长短是否合适？

可以引导学生观察整个脸谱的大小及脸谱悬挂的位置来调节挂绳的长短，最好做成伸缩型的挂绳，方便随时调节。

2.学生实操，教师巡视指导。

教师在巡视中发现个别问题单独指导，发现共性问题及时暂停，引导学生观察并找出问题的原因，学生明确后再次操作，确保最后一步圆满完成作品。

【设计意图】：整个脸谱的制作过程全部由学生独立完成或小组合作完成。通过让学生在自制过程中直接体验从简单劳动到复杂劳动、创造性劳动的发展过程，让学生学会使用制作工具，掌握制作技能，从而感受劳动创造的价值，体会平凡劳动中的不易和伟大。

（四）评价拓展（5分钟）

1.各活动小组进行自评。

2.每小组推荐1～2份优秀作品，进行互评，让其他组的同学观看进行点评。

3.老师全班点评，鼓励学生的制作，表扬有创意的作品进行奖励。

劳动课堂多元评价单

评价内容 评价方式	自评			互评		
	优	良	合格	优	良	合格
劳动流程						
劳动态度						
劳动成果						
劳动拓展						
注意事项						

【设计意图：通过小组自评、互评、全班点评，对学生的制作给予肯定和表扬，从而鼓励学生在以后多参与类似于的劳动实践活动，提高学生的参与性和积极性。】

（五）作品展览，活动总结（5分钟）

1.每个学生将自己的作品参加展览。

2.对作品进行分类整理。

3.布置场地进行展览、学生分享活动收获。

4.教师点评总结。

这节课我们不仅学习了京剧脸谱的制作步骤，而且对脸谱绘画和设计进行了大胆创新，相信我们每个人都有自己的收获和感想。在今天这个特殊的日子里，我们通过自己的劳动亲手制作了六一节日礼物更是具有特殊意义和价值，希望在以后的学习和生活中也能用自己勤劳的双手创造美好生活。

【设计意图：通过在校园里进行作品展览，一方面让学生体会劳动带来的乐趣，明白快乐和幸福是靠自己的双手奋斗出来的意义；另一方面也让学生把京剧国粹分享给更多的同学，让更多的人喜欢上中国的传统文化。】

五、课后实践拓展

1.课后运用学到的技巧和方法自制灯笼、花环、卡通面具等手工作品。

2.结合美术课和中国的传统佳节，开展“巧手绘扇面”活动。

六、板书设计

画脸谱，识国粹

——京剧脸谱DIY

脸谱自制步骤：

1.备好材料包和制作工具。

2.着色、涂染脸谱。

3.粘贴毛球。

4.贴上配饰。

5.脸谱贴合在竹编上。

6.系中国结，做挂绳。

乐收纳 悦成长①

——分享汇报家居收纳实践与收获

学校： 成都市龙江路小学
教师： 罗秀
劳动类别： 日常生活劳动
劳动任务群： 整理与收纳
年级／学段： 六年级／第三学段

一、背景分析

（一）资源分析

我校在2000年就开设了劳动课，配置了劳动专用教室。近年，学校成立劳动教育发展中心，探索新课型，研发新课程，将劳动课程纳入到龙小“乐悦课程”整体体系中，将劳动教育纳入学校教育的全过程，充分建设劳动课程内容任务群，结合“长短课时”落实三类劳动课程，形成了不同学段相互衔接、家校社相互融合的学校劳动教育课程立体化体系。

（二）学情分析

通过收纳主题课程的学习，六年级的绝大部分学生已经掌握了个人学习用品及区域的简单收纳方法，能够独立完成校内学习空间的安排和整理，并能简单整理个人衣物。在学生即将结束小学学习生活之际，对所学收纳技能进行总结性学习和拓展运用，并进行反思评价，有利于提升思维，深化“劳动创造美好生活”的价值认同。

① 此案例获得2021年成都市劳动教育教学设计一等奖。
本课例在2020年四川省网络教研活动（劳动教育）中作录像课展示。

（三）选题依据

义务教育《劳动课程标准》（2022版）和《成都市大中小学劳动教育项目清单（试行）》在小学高段的日常生活劳动板块设置了任务群“整理与收纳”，要求学生能通过对物品的整理与取舍，完成家庭房间的整理美化，用劳动和智慧为自己和家人创造更舒适的生活环境。据此，我们设计了从低段到高段系列收纳主题课程，引导学生学习收纳知识和技能，热爱劳动，向往美好生活，并树立对于集体、家人及社会的责任感，从而实现武侯区中小学劳动教育的核心理念——“勤以立人”。

二、教学目标

1.深化对收纳方法的结构化认识，形成关于书桌、衣柜、行李箱收纳的结构化方法。

2.通过分享交流、课堂体验，突破收纳关键点——规划的能力和系统的思维，提高自我管理意识和创新意识。

3.深化收纳与生活的关系，感受“劳动创造美好生活”，从而树立劳动最美丽、劳动最光荣等劳动观；深化精益求精、锲而不舍的劳动精神。

三、教学准备

教学场所：教室。

工具及材料准备：

学生：收纳成果的照片或收纳过程的视频，自制收纳神器，本组展示汇报所需的素材，已填写的活动记录表格和活动评价表格。

教师：教学课件、学生收纳照片合辑、收纳共性关键点的词卡、安全预案。

四、教学过程

（一）情境引入，提升表达愿望（2分钟）

1.教师导入。

古人有云：“几案洁，笔砚正，物似主人形。”我们的学习生活空间就是我们的第二张面孔。上节课，我们学习了让这“第二张面孔”变得整洁美观的收纳方法，回家后，同学们自选区域用所学的方法进行了收纳的体验，现在我们来看看大家上传的收纳成果。

2.生观看学生收纳照片合辑。

3.过渡语：同学们有什么感受？达到这么好的效果，是怎么做的呢？

【设计意图：情境引入，回顾成果，引导学生了解彼此的收纳成果，为后面的分享交流做铺垫。】

（二）分组合作，推选收纳达人，完成全组妙招梳理、整合（8分钟）

1.明确推荐方法和标准。

（1）推荐方法：根据组员的分享，全组举手推荐一名收纳小达人。

（2）推荐标准：①收纳中有自己独特的方法；②收纳后的区域整洁，便于拿取。

2.学生分小组推荐一名收纳达人，然后合作完成妙招梳理等。

【设计意图：明确推荐方法和标准，分工合作，提升学生的合作意识与能力，并在小组交流当中学习同伴的收纳经验，在分享中，让自己和同伴的收纳更有条理。】

（三）分组汇报、展示（20分钟）

1.书桌组分享（5分钟）。

（1）学生分享。

A.书桌组收纳达人分享本组同学共同梳理的书桌收纳小妙招。

B.书桌组组长等三位同学分享本组同学在收纳中根据自己的个性化需要设计制作的“秘密武器”：①巧用现有的工具；②优化原有工具；③创造新工具。

师点评：在劳动过程中，工具可以提高效率，帮助我们更好地收纳。

（2）师提问：对这个几乎天天使用的学习区域，你在收纳中有没有什么困惑？

学生谈平时在书桌收纳中存在的困惑，其余同学分享自己的做法。

（3）师小结：“集中整理”过后，需要做的还有“日常整理”和及时清扫，保持这些好的收纳习惯，勤动手，就能让我们保持学习空间的干净整洁。

（4）生回顾书桌收纳秘籍（结构图）。

明需求，断舍离。

按特点，分好类。

看频率，划区域。

记归位，勤清理。

2.行李箱组分享（组长主持）（9分钟）。

（1）学生进行情景剧表演，再现某某同学当时收纳的情况。

（2）生生互动（针对收纳过程和方法进行）。

师提问：不是说东西都放不下了，为什么后来又放下了？

在劳动实践中学会坚持，不断寻找解决问题的办法，这是劳动中相当可贵的品质。

（3）师提问：行李箱收纳中哪一步是最关键、最难的？（出示ppt行李箱收纳结构图）

列清单，带必备。

铺物品，分好类。

卷一卷，装好袋。

重物底，硬物上。

用软物，塞缝隙。

生谈行李收纳中的关键点。

（预设：规划空间）

师追问：你知道生活中还有什么时候需要规划吗？

生说出两三个生活中规划的事例。

师补充具体事例：出行，去哪个地方，不规划行不行？课表，如果有一天到学校来，发现没有课表，会怎么样？

生设想并回答。

（4）师小结：规划不仅在收纳中很重要，在生活的方方面面都很重要。规划不仅是一种收纳方法，更是一种思维能力。规划空间，能让我们的生活环境更整洁，在这样的环境里劳动，心情都更美丽了；规划时间，能让我们从容不迫，更有条理地学习、生活。

3.衣柜组分享（组长主持）（6分钟）。

（1）组长分享本组同学在收纳衣柜的过程中遇到的难题。

（预设：叠衣服很慢，不是很整齐，收好的衣服一拿就垮）。

（2）衣柜收纳小达人教同学叠校服

师引导学生展示自己学习叠衣服的成果，并小结：真是“百闻不如一见，百见不如一干。你们知道吗？在收纳中发现了实际困难，可以通过学习新方法来解决问题，达到更好的效果”。

（3）组长展示本组同学合作完成的收纳海报（海报中有收纳小妙招和二维码，扫一扫可以看到亲子合作完成收纳的视频）。

（4）PPT出示衣柜收纳方法

铺物品，分好类。

看频率，划区域。

柔软物，可卷折。

最上面，放棉被。

中间层，放当季。

最下层，用抽屉。

【设计意图：将三个收纳过程进行结构化的梳理，并结合学生贴近他们的具体场景来引导学生设想，可以增强体验感与认同感，形成规划能力。】

（四）师生互动，总结拓展（10分钟）

1.师提问大家是否发现这三个区域共同的收纳关键点。（PPT出示三个收纳组梳理的小妙招）

生对比，找出共同的关键点，形成收纳秘籍（通用版）：

系统思　断舍离

找共性　分类别

有规划　优空间

看需要　用工具

师：还有很多具体而实用的小妙招，期待同学们在平常的收纳中去学习和发现。

2.颁奖环节。

收纳达人：战胜劳动的不容易，练就收纳技能，坚持收纳好习惯，习得劳动好品质。

最佳合作小组：在交流讨论中总结了清晰又完整的**区域收纳秘籍。

3.师采访台上获奖者，请同学发表感言，并提问：你觉得收纳是一件什么样的事情？

（学生回答过程中聚焦劳动习惯、劳动品质、劳动观念等，师相机追问、引导）

小结：劳动不是一件又苦又累又脏的事，而是能够带给我们愉悦感的事，和**同学有一样感受的同学举手。

4.观看收纳大师视频合辑。

用好的方法来解决收纳过程中的问题是愉悦的，说不定，你也会像这些收纳大师们一样喜欢上收纳！

5.总结。

同学们，收纳是生活中一件极平常的小事，但我们的收纳大师却将这样的小事做到了极致，用他们的双手和智慧让生活变得更加美好了。我们不仅要学习收纳方法，更要学习劳动精神，让我们在手与脑的勤劳动中快乐成长！

【设计意图：引导学生对比结构化的方法与技能找到收纳的共性关键点，既训练收纳技能，又培养学生劳动的高阶思维，特别是条理思维和系统思维，深化收纳方法和技能的结构化认识。拓展的视频重在引导学生学习大师之所以成为大师，是他将劳动中小事做到了一种极致，即“如切如磋，如琢如磨”，体会工匠精神，深化精益求精的劳动品质。】

五、实践拓展

1.结合所学，回家完善自己的收纳。
2.用彩笔再次完成活动评价表上的自评。

六、板书设计

乐收纳 悦成长
——分享汇报家居收纳的实践与收获

系统思 断舍离
找共性 分类别 劳动创造美好生活
有规划 优空间
看需要 用工具

附件1：

“我是收纳魔法师”活动记录表

班级：________ 收纳小魔法师：________

我整理的区域	1.书桌 2.衣柜 3.行李箱 其他（ ）
我整理的步骤（写关键词）	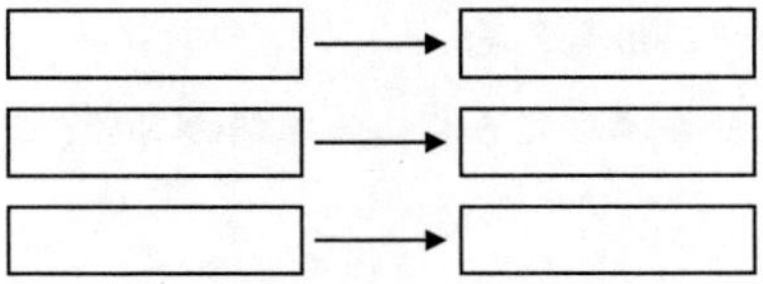
我学到的收纳小妙招（1.总结的方法；2.用到的、改进的、独创的收纳工具）	
我的收纳成果（图片展示）	
我在收纳中或收纳后还存在的困惑（困难也可以）	

附件2：

"我是收纳魔法师"活动评价表

班级：__________ 收纳小魔法师：__________

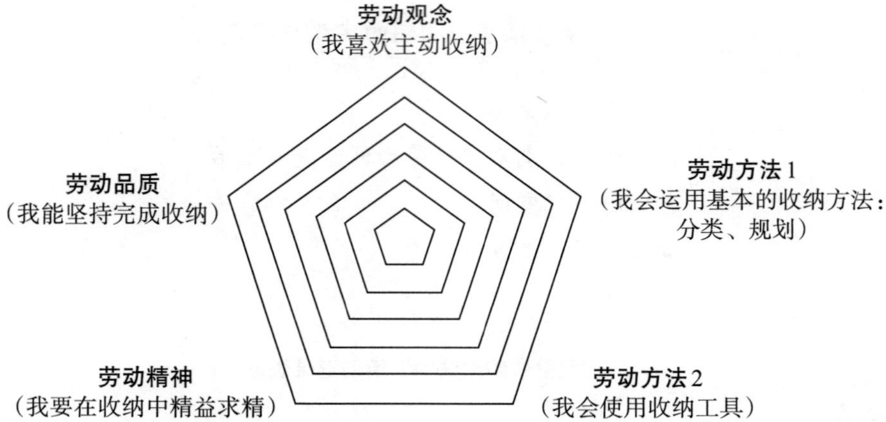

☞ **温馨提示**：

自评：用红色笔在相应评分项对应拐点标记圆点，然后将各个圆点用红笔连线。

家长评：用黑色笔。

交流分享课后完善自己的收纳再自评：用彩笔。

附件3：

收纳小达人推荐方法和标准

1.推荐方法：根据组员分享的收纳过程和成果，全组举手推荐一名收纳小达人。

2.推荐标准：①收纳中有自己独特的方法；②收纳后的区域整洁，便于拿取。

3.推荐完成后，综合收纳达人和全组同学的收纳方法，形成本区域的收纳秘籍，准备汇报展示。

4.组内分享、推荐时间：7分钟，音乐停即结束。

泡菜的秘密①

——学做四川泡菜

学校：四川大学附属实验小学
教师：蔡姝
劳动类别：日常生活劳动
劳动任务群：烹饪与营养
年级／学段：三年级／第二学段
课时计划：3课时，本课为第2课时

一、背景分析

（一）资源分析

在我校构建的“三段六年十二梯步”劳动课程体系中，中段着眼于“日常生活劳动”中的“烹饪与营养”任务群，开发了“学习制作地方特色小吃”的劳动项目，以此辐射带动学生开展家庭服务性劳动。学校设立专用劳动教室，提供相应设施设备、材料用具，保障学生学习制作、参与体验。同时，成立“地方特色小吃”项目开发团队，从制定项目目标、选择项目内容、确定劳动场域、明确项目过程，提炼项目操作方法等方面落实劳动课程内容及其教育价值。

（二）学情分析

三年级学生的学习方式已逐渐从被动学习、个体学习向主动学习、合作学习转变，学生学习过程的组织性，认知过程的规范性、严谨性更强，学生也积累了一些基本的生活常识，习得了简单的生活技能，具备了从事简单日常生活劳动的能力。同时，三年级学生对于泡菜是既熟悉又陌生，他们常常吃，但是并不清楚泡菜是怎

① 此案例获得2021年成都市劳动教育教学设计一等奖。

么做出来的，因此引导孩子亲手制作泡菜、品尝美食，可以帮助他们习得一项劳动技能，体会劳动创造美好生活的快乐。

（三）选题依据

义务教育《劳动课程标准》第二学段“烹饪与营养”任务群中提出：使用简单的烹饪器具对食材进行切配，按照一般流程制作凉拌菜、拼盘。加工过程注意卫生、安全的内容要求。《成都市大中小学劳动教育项目清单（试行）》列出小学中高段日常生活劳动任务群包括“烹饪与营养”，并以“制作川味小吃”为劳动项目示例。川味小吃众多，其中身份特殊的四川泡菜堪称“国粹”，被誉为“川菜之骨”，具有突出的地域文化特点。引导四川学生在了解泡菜、制作泡菜的过程中了解家乡，传承文化，创新文化，符合新时代劳动教育的要求。

二、教学目标

1. 认识制作泡菜需要的基本材料，会用基本工具。

2. 体验泡菜的制作过程，在合作中掌握大致流程和方法，能主动遵守操作规范。

3. 在制作泡菜中激发探究兴趣，体会劳动的快乐，尊重劳动成果，进而感受川菜文化，传承川菜文化。

三、教学准备

教学场所：劳动课教室。

课前准备：学生准备：学生的备菜视频（1人准备）、洗好切好的蔬菜、口罩、围裙、头套、清洗干净双手。

教师准备：撰写教案、PPT课件、录制制作泡菜的视频、板书内容贴条、准备制作泡菜所需的材料和工具。

材料工具：以50人课堂为例，两人一组，共25组。

工具：能密封的泡菜瓶25个（500毫升）、电子秤25台、剪刀25把、调料盒125个、筷托25个、小勺25个、干净的筷子25双。

材料：矿泉水25瓶（200毫升）、白酒600毫升、泡菜盐500克、冰糖250克、干辣椒75克、花椒50克、乳酸菌粉25袋（1克）。

（注意：每种材料可以多备一些，以免学生称量过程失误；每组材料搭配分量不少于下图标准）。

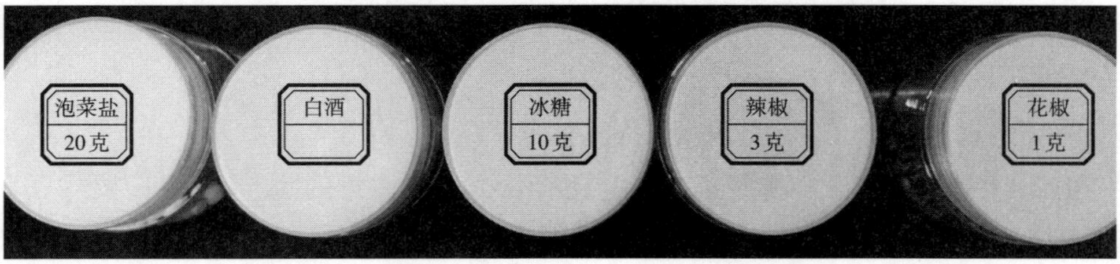

四、教学过程

（一）故事引入，激发兴趣（3分钟）

1.四川泡菜历史悠久、天下闻名。有位名人这样称赞四川泡菜（PPT出示）“天府之国，地杰人灵，民以食为天，新繁泡菜，天下一绝也”。大家知道是谁吗？他就是和我们成都武侯祠极有渊源的诸葛亮。他和泡菜的相遇还有一段奇妙的故事。（播放《诸葛亮与泡菜的故事》）

2.具有如此神奇魔力的泡菜是怎么做出来的呢？今天我们一起来探索泡菜制作的秘密。板书课题：泡菜的秘密。

【设计意图：武侯诸葛亮是学生喜欢且崇拜的人物，用诸葛亮和泡菜的故事激发学生探究泡菜制作的兴趣。】

（二）认知回顾，提升激情（4分钟）

1.上节课我们认识了蔬菜，说一说你准备了哪些蔬菜？分别属于什么种类？

2.我们还学习了备菜五步法，有一个小朋友把她备菜的过程拍成了小视频，有请XXX来为我们介绍。

【设计意图：链接回顾课前准备环节的知识技能，展示初步劳动成果，激发劳动成就感，提升学生实践操作热情。】

（三）观看视频，提炼方法（8~10分钟）

1.让我们跟随小视频，了解泡菜制作的秘密吧。

2.观看小视频第一部分。

做泡菜的第一个步骤是什么？（板书：一涮瓶）

需要什么材料？（板书：白酒）

3.观看视频第二部分。

第二个步骤是什么？（板书：二调水）

需要哪些材料？分别是多少分量？（板书：矿泉水、调料、乳酸菌粉）

4.观看视频第三部分。

第三个步骤是什么？（板书：三泡菜）

需要的材料是什么？（板书：自备蔬菜）

泡菜时哪些菜在下？哪些菜在上？还有什么需要注意的呢？（板书：根茎豆下，瓜果叶上；水淹没菜 压紧留空）

5.请两名同学现场实操演示，老师相机讲解注意事项，发现问题及时纠正。

一涮瓶——学生示范，相机讲解并板书：消毒卫生。

二调水——学生示范，相机讲解并板书：称料要准、物品归位、有序摆放。

6.结合板书小结：通过学习，我们找到了泡菜制作的两个秘密，分别是制作泡菜的秘方和秘诀。

【设计意图：分三个步骤看教学视频，让学生明确泡菜制作的步骤和材料。再请两名学生现场实操演示前两个步骤，帮助学生再次熟悉强化操作步骤和相关材料，明确操作中的注意事项。】

（四）实操淬炼，分享交流（20分钟）

1.了解制作的步骤、秘方和秘诀后，同桌两人为一组分工合作，10分钟时间制作泡菜。

2.各小组制作泡菜，教师巡视指导、拍照、背景音乐（循环）。

3.成果展示，相机点评。

【设计意图：学生运用学到的方法合作动手实操。在制作体验中加深了解泡菜文化。在成果展示中，重在评价引导学生形成良好的劳动习惯，端正劳动态度，树立健康的劳动意识及积极的劳动精神，而非局限于劳动结果的好坏。】

（五）文化浸润，总结收课（3分钟）

1.泡菜在漫长的生活实践中形成了从开胃菜、到调料、配菜的演变。许多川菜因为有了泡菜的加入变得更加美味。烂肉泡豇豆、泡椒凤爪、泡菜鸭血、泡菜鱼，酸萝卜老鸭汤……哪一样离得了泡菜呢？泡菜是当之无愧的川菜之骨！

2.古时候，诸葛亮与泡菜有一段神奇的相遇；今天，我们与泡菜也有了一段奇妙的旅程。小小的泡菜里装着我们的劳动成果，带给我们劳动的快乐，期待下节课的“泡菜品尝分享会”能让我们品出劳动的幸福。

【设计意图：通过了解泡菜在川菜中的重要地位和作用进一步了解泡菜文化，激发对泡菜的喜爱，自觉地在生活中去传承泡菜文化，探究泡菜更多的秘密。】

五、实践拓展

(一) 爱心秘方：运用学到的泡菜制作方法，结合家人口味设计秘方。

(谁) 送给 (谁) 的爱心泡菜秘方

材料	能密封的瓶子（坛子）、秤、白酒、凉白开（矿泉水）、筷子（不沾油）、乳酸菌粉
送给他（她）的原因	
调料	基本调料：泡菜盐、冰糖、花椒、干辣椒 爱心调料：
爱心蔬菜	
创意爱心菜品	

(二) 爱心泡菜

六、板书设计

泡 菜 的 秘 密

——学做四川泡菜

步骤	秘方	秘诀
一涮瓶 二调水 三泡菜	白酒 调料、矿泉水、乳酸菌粉 自备蔬菜	消毒卫生 称料要准 根茎豆下、瓜果叶上 水淹没菜、压紧留空 物品归位、有序摆放

小月饼，大团圆①

——冰皮月饼的制作

学校： 四川大学附属实验小学江安河分校
教师： 郭志敏
劳动类型： 日常生活劳动
所属任务群： 烹饪与营养
年级／学段： 三年级／第二学段

一、背景分析

（一）资源分析

我校的实践教室十分宽敞，内有长桌，方便小组合作进行实践活动，是孩子们专门的室内劳动场所。

（二）学情分析

三年级的学生刚刚从低段升入到中段，日常生活能自理，学习和模仿能力强，对动手操作兴趣浓厚，有丰富的想象力，有简单劳动经验的积累，能主动参与班级集体劳动，能在家长的指导下完成简单的家庭劳动项目。但独立劳动的能力和协作劳动的能力都比较欠缺，劳动意识和劳动安全意识还有待加强。

（三）选题依据

《劳动课程标准》（2022年版）第二学段（3~4年级）任务群3“烹饪与营养”提出，学生能使用简单的烹饪器具对食材进行切配，加工过程中注意卫生、安全。

① 此案例获得2021年成都市劳动教育教学设计一等奖。
本课例在2021年四川省网络教研活动（劳动教育）中作录像课展示。

该阶段的劳动素养表现要求为：形成生活自理能力，初步建立健康饮食的观念，具有初步的食品安全意识，能正确认识烹饪劳动的价值，形成热爱劳动、尊重普通劳动者的观念。

《成都市大中小学劳动教育项目清单（试行）》小学中高段日常生活劳动任务群“烹饪与营养”，列举了“制作简单餐食”劳动项目。同时，月饼作为中秋节的传统吃食，因时令性、价高等原因，很多家庭很少能吃到冰皮月饼这种美食，孩子学会冰皮月饼的制作技艺，会让生活变得更加美好。

二、教学目标

1.亲历冰皮月饼的制作过程，了解冰皮月饼的制作工序。

2.掌握包馅的技巧，感受月饼制作过程的不易，知道珍惜劳动成果。

3.亲历与同伴的协作劳动，体验劳动的快乐，并认识到劳动是人与人、人与社会的纽带，懂得尊重普通劳动者。

三、教学准备

场所准备：实践教室。

工具材料准备：食材半成品（月饼皮面团、调好的月饼馅）、月饼按压器、一次性手套、打包盒、托盘、油碟、油刷、不锈钢碗、硅胶垫板。

本课时准备：多媒体课件、录制冰皮月饼制作的微课、准备重点流程和注意事项的词卡。

四、教学过程

（一）课前衔接，引入课堂（5分钟）

1.导语开课，引出中秋节吃月饼的习俗。

2.通过观看视频了解月饼的由来及演变历史。

【设计意图：了解中秋节在“唐宋明清”历朝历代的变迁以及月饼取意团圆的历史轨迹，感受传统文化的魅力。】

3.展示课前学生做月饼皮和月饼馅的照片，请学生分享亲子劳动过程，引出本节课活动主题——制作冰皮月饼。

【设计意图：通过课前制作月饼皮和馅料的亲子活动，让孩子感受到和家人一起劳动的美好。同时让孩子亲历月饼皮和馅料的制作过程，感受劳动不易。】

（二）劳动指导，初步尝试 （10分钟）

1.劳动准备，养成习惯。

（1）穿戴装备。教师指导学生洗手后穿好围裙、戴好袖套、戴上手套和帽子。

（2）认识材料。教师带着学生一起清点桌子上的材料和工具：月饼皮面团、月饼馅、月饼按压器（配有三种花片）、油碟、油刷、硅胶垫、包装盒、托盘、抹布。

【设计意图：洗手、戴帽子、穿围裙，戴袖套手套，清点桌子上的材料和工具，每一项准备都在培养孩子讲卫生、做事有序的劳动习惯。】

2.观看微课，学习方法。

通过观看微课，了解做冰皮月饼的流程，梳理出四个步骤：搓圆—包馅—刷油—压花。

师生共同总结每个步骤的操作要点。

（1）搓圆：把月饼皮和月饼馅都搓圆。

（2）包馅：先压窝，再慢慢收口。

（3）刷油：防止面团粘在月饼按压器上。

（4）压花：均匀用力，按压三秒。

【设计意图：让孩子了解月饼制作的全程工序，感受到制作月饼的乐趣，通过教师讲解示范，让孩子明确“搓圆—包馅—刷油—压花”的制作程序和要点。】

3.尝试操作，抓住要点。

（1）教师引领，提醒要点

教师带着小组长一起做，其他同学认真观看。

请组员评价组长的作品，在生生互评中明确一个“漂亮月饼”的制作标准及掌握“压花”的技术要点：力度要适中，花纹才能清晰，做出的月饼才会薄厚均匀。

【设计意图：通过学生的试操作，在生生互评中加强技术要点的掌握、强化操作的规范意识，以期达到教、学、评的一体化。】

（2）回顾要点，清楚要求

师生共同回顾制作冰皮月饼的注意事项，教师板书步骤及要点。

【设计意图：一步步反复引导学生了解“搓圆—包馅—刷油—压花”的制作过程，逐渐内化掌握冰皮月饼的制作技艺。】

（三）动手实践，协作劳动（15分钟）

1.小组协作，明确要求。

小组合作来完成冰皮月饼的制作。每个小组只有一个月饼按压器和一张硅胶垫，锻炼学生协作劳动的能力，使其学会规范有序地制作月饼，合理分配劳动工具和材料。在做之前教师明确制作要求：

（1）操作要安全（注意“按压器”的规范使用）。

（2）制作要专注（不交头接耳，不大声喧哗）。

（3）协作要有序（合理分配材料和工具，规范有序）。

（4）月饼要漂亮（花纹清晰，薄厚均匀）。

（5）桌面要清理（养成良好的劳动习惯）。

【设计意图：从劳动态度、劳动习惯、劳动品质、劳动安全等几个方面提出了小组协作劳动的“五要”要求，让学生明白劳动的注意事项。】

2.动手操作，体验过程。

学生动手完成“搓圆—包馅—刷油—压花”四道工序，电脑限时计时。教师巡视关注，重点指导动手能力不强的孩子，使其能体验到成功的快乐；教师适时表扬鼓励制作冰皮月饼数量最多的小组，制作冰皮月饼最专注的小组……适时提醒学生清理桌面，养成良好的劳动习惯。

【设计意图：让学生亲历“搓圆—包馅—刷油—压花”的制作过程，在动手操作中掌握包馅的技巧，经历与同伴的合作、分享，感受劳动的乐趣。】

（四）成果展示，交流感受（5分钟）

1.教师选取三个小组的劳动成果进行展示，请学生进行自评、互评。教师总结点评，激励学生，使其为自己的劳动成果感到自豪。

2.学生说自己做月饼的感受。教师引导学生学会珍惜劳动成果、尊重劳动人民。

【设计意图：在自评、互评中展示劳动成果，注重过程体验，以反思促改进，感受到劳动成果的来之不易，内化劳动价值观，促进孩子劳动素养的提升。】

（五）总结反思，深化主题（5分钟）

1.播放四川泸州龙马潭的学生做月饼送给医护人员的视频，引导学生向伟大的劳动者致敬，学会和自己尊敬的人分享劳动成果。

2.请学生说一说想把自己亲手做的月饼送给谁，说清楚理由。引导学生关注到身边的普通劳动者。

【设计意图：结合观看四川泸州龙马潭的孩子制作月饼送给医护人员的视频，认识到劳动是人与人、人与社会的纽带，增强社会责任感。】

五、评价拓展，奇思妙想

1.回顾劳动过程，完成评价表格，评选劳动小能手。

劳动项目	技能要点	自我评价	同学评价	教师评价
搓圆		☆☆☆☆☆	☆☆☆☆☆	☆☆☆☆☆
包馅		☆☆☆☆☆	☆☆☆☆☆	☆☆☆☆☆
刷油		☆☆☆☆☆	☆☆☆☆☆	☆☆☆☆☆
压花		☆☆☆☆☆	☆☆☆☆☆	☆☆☆☆☆

2.做一块创意月饼，再写一句感恩的话，送给自己最尊敬的劳动者，使其感受到节日的温暖和祝福。

【设计意图：课后安排有延续性、创造性的课后劳动作业，引导学生回顾课堂所学技巧，制作创意月饼，体验创造的乐趣，让学生认识到只有劳动才能创造美好生活。】

六、板书设计

小月饼，大团圆

——冰皮月饼的制作

1.搓圆（皮、馅）
2.压窝包馅（收口、搓圆）
3.刷油（防粘）
4.压花（均匀用力，按压三秒）